联合国
经济和社会事务部
旗舰报告精选

全球可持续发展报告

2016

GLOBAL SUSTAINABLE DEVELOPMENT REPORT

2016 EDITION

联合国经济和社会事务部　编
上海社会科学院信息研究所　译

上海社会科学院出版社
SHANGHAI ACADEMY OF SOCIAL SCIENCES PRESS

编　委　会

主　编

党齐民

副主编

李　农　王兴全　李天驹

编　委

侯佳嘉　冯和林　马成亮　毛志遥　张关林　王赛锦

夏嘉琪　仝雷雷　季嫣然　徐晓晖　田欣雨　徐怡然

邵晓璇　徐红芳　王亚宁　王会会　张　晔　陈新野

目录 CONTENTS

致谢和免责声明 / 1
执行摘要 / 12
序言 / 29

第一章 “确保不让任何一个人掉队”与《2030 年议程》 / 1
一、引言 / 1
二、“不让任何一个人掉队”与贫困、包容性和平等 / 3
三、可持续发展目标和具体目标中的“不让任何一个人掉队” / 4
四、哪些人属于掉队的群体？ / 8
五、“确保不让任何一个人掉队”的战略 / 15
六、结语——决策者的考虑 / 25

第二章 基础设施、不平等与复原力之间的联系 / 35
一、关键联系 / 39
二、利用协同效应解决利弊平衡 / 50
三、结语 / 55

第三章 科学家对技术和可持续发展目标的看法 / 71
一、技术与可持续发展目标 / 71
二、科学家对可持续发展目标落实推动技术政策和行动的看法 / 77
三、科学家对 2030 年前重要新兴技术的看法 / 90
四、结语 / 94

第四章 为可持续发展服务的包容性制度 / 108
一、引言 / 108
二、为可持续发展服务的包容性制度 / 110
三、国家可持续发展委员会 / 113
四、议会 / 116
五、结语——供政策制定者思考 / 122

第五章 发现可持续发展的新兴问题 / 135
一、引言 / 135
二、发现新兴问题 / 136
三、专家对新兴问题的评估 / 151
四、结语 / 156

第六章 结论 / 164
一、提升对“不让任何一个人掉队”发展战略有效性的理解 / 164
二、为可持续发展服务的包容性制度 / 167
三、确定高层政治论坛中出现的新问题 / 169
四、从前 3 份《全球可持续发展报告》中获取资料 / 170

附录 1 可持续发展目标中不同领域的战略实例以及它们如何带动落后地区的发展 / 174
附录 2 第二章的方法论 / 204
附录 3 科学家对 2030 年以前重要新兴技术对可持续发展目标造成影响的观点 / 205
附录 4 分析国家可持续发展委员会的研究 / 218
附录 5 联合国机构开展的新兴议题进程/机制的事例 / 221
附录 6 更广泛的基础问题框架内的新兴问题事例：扩展矩阵 / 224

致谢和免责声明

本报告中提及“国家”或“经济体”的术语在适当的情况下表示领土或地区，采用的名称和展示的材料并不意味着联合国秘书处对以下问题表达任何官方意见，如任何国家、领土、城市、地区及其管理当局的法律地位，以及对其边界或国界的划分。此外，国家集团名称的使用只是为了统计和分析的方便，并不代表对特定国家或地区的发展阶段作出判断。本报告中大多数国家分组源自联合国统计司的分类方法。报告中提及任何企业及其活动，并不代表联合国对其的官方认可。本报告中地图上标注的国界、名字或名称，并不代表联合国对其的官方认可或接受。

本报告中的表述来自相应的作者，未必反映联合国或联合国高级管理层的观点，也未必反映那些得到认可的专家的观点。联合国经济和社会事务部编辑委员会富有价值的观点得到了高度认可。

对本报告作出贡献的额外资源来自以下两个文件改进的评估标准：联合国第三次发展筹资会议达成的《亚的斯亚贝巴行动议程》，联合国可持续发展峰会达成的《2015年后发展议程》成果文件，即《变革我们的世界：2030年可持续发展议程》（A/70/589）。可持续发展司于2016年4月5—6日在纽约组织召开专家咨询会，对本报告也作出了贡献。

一、作　者

基于专家的贡献，本报告由联合国工作团队筹备撰写。这一团队的成员有

David Le Blanc，Richard Roehrl，Clovis Freire，Friedrich Soltau，Riina Jussila，Tonya Vaturi，Meng Li 和 Kebebush Welkema(来自联合国可持续发展司)，Vito Intini(来自联合国资本开发基金会，负责第二章)，Ingeborg Niestroy(国际可持续发展研究院助理，负责第四章)。提供研究援助和贡献的是 Anastasia Kefalidou，EstherLho，Crispin Maconick，Nelya Rakhimova 和 Lina Roeschel。各个章节的协调员是 David Le Blanc(第一章和结语)，Clovis Freire(第二章)，Richard Roehrl(第三章)，Irena Zubcevic(第四章)和 Friedrich Soltau(第五章)。

二、作出贡献的组织

丹麦人权研究所，联合国粮农组织，英国无国界卫生组织，国际科学理事会，各国议会联盟，国际贸易中心，国际电信联盟，国际工会联合会，少数人权利团体国际，海外发展研究所，联合国人权事务高级专员办事处，联合国秘书长针对儿童暴力问题特别代表处，国际民用航空组织，国际劳工组织，联合国资本开发基金会，联合国贸易和发展会议，联合国经济和社会事务部(发展政策和分析司、公共行政和发展管理司、社会政策和发展司、统计司、发展筹资办公室、人口司)，联合国开发计划署，联合国欧洲经济委员会，联合国拉丁美洲和加勒比经济委员会，联合国教科文组织，联合国环境署，联合国工业发展组织，联合国训练研究所，联合国妇女署，世界银行集团，联合国水资源组织，联合国教科文组织世界水资源评估计划，世界卫生组织和联合国儿童基金会关于水供应和卫生设施联合监测规划。

三、对每章内容作出贡献的个人

第一章

Marcia Tavares (UNDESA)，Abdelkader Bensada (UNEP)，Ana Persic

(UNESCO), Anna Rappazzo (FAO), Babatunde Omilola (UNDP), Astrid Hurley (UNDESA), Chantal line Carpentier (UNCTAD), Chris Garroway (UNCTAD), Claire Thomas (Minority Rights Group International), Clare Stark(UNESCO), Clarice Wilson (UNEP), Devika Iyer (UNDP), Doris Schmitz-Meiners (Office of the United Nations High Commissioner for Human Rights), Edoardo Zandri (UNEP), Elena Proden (UNITAR), Fackson Banda (UNESCO), Fanny Demassieux (UNEP), Halka Otto (FAO), Ines Abdelrazek (UNEP), Irmgarda Kasinskaite (UNESCO), Isabel Garza (UNCTAD), Isabell Kempf (UNEP), Jacqueline McGlade (UNEP), Jason Gluck (UNDP), Jean-Yves Le Saux (UNESCO), Jillian Campbell (UNEP), Joerg Mayer (UNCTAD), Katrin Fernekess (ITC), Kathryn Leslie (Office SRSG on Violence against Children), Kirsten Isensee (UNESCO), Konstantinos Tararas (UNESCO), Lucas Tavares (FAO), Ludgarde Coppens (UNECP), Lulia Nechifor (UNESCO), Mara Murillo (UNEP), Maria Martinho (UNDESA), Mariann Kovacs (FAO), Marie-Ange Theobald (UNESCO), Marion Jansen (ITC), Marta Pedrajas (UNDP), Matthias Eck (UNESCO), Michael Clark (FAO), Michael Stanley-Jones (UNEP), Monika Macdevette (UNEP), Natalia Linou (UNDP), Natalie Sharples (Health Poverty Action), Nicholas Bian (WB), Nina Atwal (Minority Rights Group International), Patrick Keuleers (UNDP), Pedro Conceicao (UNDP), Pedro Manuel Monreal Gonzalez (UNESCO), Piedad Martín (UNEP), Ranwa Safadi (UNESCO), Renato Opertti (UNESCO), Renata Rubian (UNDP), Salvatore Arico (UNESCO), Solene Ledoze (UNDP), Sylvia Hordosch (UN Women), Tim Scott (UNDP), Tina Farmer (FAO), Trang Nguyen (UNEP), Verania Chao (UNDP), Vinícius Carvalho Pinheiro (ILO).

对本章内容进行同行审议的是国际科学理事会科学项目主管 Lucilla Spini。

第二章

Ana Paula Barcellos (State University of Rio de Janeiro, Brazil), Ana Persic (UNESCO), Ananthanarayan Sainarayan (ICAO), Andrew Fyfe (UNCDF), Antonio A. R. Ioris (University of Edinburgh, United Kingdom), Chantal line Carpentier (UNCTAD), Chris Garroway (UNCTAD), Clare Stark (UNESCO), Daniel Albalate (Universitat de Barcelona, Spain), David Seekell (Umeå University, Sweden), Dominic Stead (Delft University of Technology, the Netherlands), Edsel E. Sajor (Asian Institute of Technology, Thailand), Epo Boniface Ngah (University of Yaoundé II, Cameroon), Florence Bonnet (ILO), Gail Ridley (University of Tasmania, Australia), Geraldo Mendoza (ECLAC), Gwen DiPietro (Carnegie Mellon University, United States), Holger Schlör (Institute of Energy and Climate Research, Germany), Isabel Garza (UNCTAD), Jean-Yves Le Saux (UNESCO), Jimena Blumenkron (ICAO), Joerg Mayer (UNCTAD), Julie-Maude Normandin (École nationale d'administration publique, Canada), Kash A. Barker (University of Oklahoma, United States), Kristen Isensee (UNESCO), Kristen MacAskill (University of Cambridge, United Kingdom), Lulia Nechifor (UNESCO), Mara Keller (ICAO), Maria Ortiz (ECLAC), Marie-Ange Theobald (UNESCO), Marie-Christine Therrien (École nationale d'administration publique, Canada), Michael Rütimann (Biovision Foundation for Ecological Development, Switzerland), Miguel Esteban (The University of Tokyo, Japan), Mike Muller (University of the Witwatersrand, South Africa), Nikki Funke (The Council for Scientific and Industrial Research, South Africa), Nicholas Bian (WB), Paolo Bocchini (Lehigh University, Unites States), Ranwa Safadi (UNESCO), Remi Lang (UNCTAD), Romain Zivy (ECLAC), Samuel Choritz (UNCDF), Silvana Croope (Delaware Department of Transportation, United

States), Simona Santoro (UNCDF), Sophie Browne (UN Women), Stig Ole Johnsen (SINTEF, Norway), Sylvia Hordosch (UN Women), Thomas Poder (Université de Sherbrooke and CIUSSS de l'Estrie-CHUS, Canada), Thomas Ummenhofer (Karlsruhe Institute of Technology, Germany), Tim Zinke (Karlsruhe Institute of Technology, Germany), Tirusew Asefa (Tampa Bay Water, United States), Valérie Ongolo Zogo (Ministry of Transport, Cameroon), Vinícius Carvalho Pinheiro (ILO), Wang Xiaojun (Nanjing Hydraulic Research Institute, China).

第三章

Bert de Vries (Utrecht University, The Netherlands); Thomas Reuter (University of Melbourne, Australia); Birama Diarra (Agence Nationale de la Météorologie, Mali); Erick R. Bandala (Division of Hydrologic Sciences, Desert Research Institute, Las Vegas, USA); E. William Colglazier (Center for Science Diplomacy, American Association for the Advancement of Science, USA); R. B. Singh (Delhi School of Economics, University of Delhi, India); Bartlomiej Kolodziejczyk (Department of Mechanical Engineering, Carnegie Mellon University, USA); V. N. Attri (IORA, University of Mauritius, Mauritius); Muhammad Saidam (Royal Scientific Society, Amman, Jordan, and International Council for Science, ICSU); H-Holger Rogner and Nebojsa Nakicenovic (IIASA, Austria); Nicholas Robinson (Pace University, New York USA); Franz W. Gatzweiler (ICSU-IAMP-UNU Urban Health and Wellbeing Programme, and Institute of Urban Environment, Chinese Academy of Sciences, Xiamen, China); Muhammad Yimer (Department of Civic and Ethical Studies, Arba Minch University, Ethiopia); Moshe C Kinn (The University of Salford, Manchester, UK); Oliver Mutanga (Bloemfontein, South Africa); Robert

Brinkmann (Director of Sustainability Studies, Hofstra University, USA); Pan Jiahua (Institute for Urban & Environmental Studies, Chinese Academy of Social Sciences, China); Matteo Pedercini and Steve Arquitt (Millennium Institute, USA); Adriaan Kamp (Energy for One World, Oslo, Norway); Akiko Okabe (The University of Tokyo, Japan); Alice C. Hughes (Xishuangbanna Tropical Botanical Garden, Chinese Academy of Sciences, China); Qinqi Dai and Yu Yang (School of Humanities, Southeast University, Nanjing, China); Sigrid Kusch (ScEnSers Independent Expertise, Germany); Emmanuel Letouzé and Anna Swenson (Data Pop Alliance, Harvard Humanitarian Initiative, MIT Media Lab and Overseas Development Institute, USA); Antje Bruns and Rossella Alba (Governance and Sustainability Lab, Trier University, Germany); Zachary Donnenfeld (Institute of Security Studies, Pretoria, South Africa); Vania Aparecida dos Santos (Forest Institute-IF/SMA/SP, Brazil); Patrick Paul Walsh, Caroline O'Connor and Purity Mwendwa (University College Dublin, Ireland); Mahua Mukherjee (Department of Architecture and Planning, Indian Institute of Technology Roorkee, India); Claudio Huepe Minoletti (Centro de Energía y Desarrollo Sustentable, Universidad Diego Portales, Chile); Anita Shankar (Johns Hopkins University, Bloomberg School of Public Health, Maryland, USA); Lucilla Spini (International Council for Science, France); Laura Diaz Anadon, William C. Clark and Alicia Harley (Kennedy School of Government, Harvard University, USA); Gabriel Chan, (Humphrey School of Public Affairs, University of Minnesota, USA); Kira Matus (Department of Science, Technology, Engineering and Public Policy, University College London, UK); Suerie Moon (Harvard Kennedy School of Government and Harvard T. H. Chan School of Public Health, Harvard University, USA); Sharmila L. Murthy (Suffolk University Law School,

Suffolk University, USA); Keigo Akimoto (Research Institute of Innovative Technology for the Earth, Kyoto, Japan); Ambuj Sagar (Indian Institute of Technology Delhi, India); Chijioke Josiah Evoh (UNDP and Economic & Urban Policy Analysts, Yonkers, USA); Deepak Sharma (Faculty of Engineering and Information Technology, University of Technology, Sydney, Australia); Melika Edquist (Sustainable Development Solutions Network, USA); Richard Watson, Alex Ayad, Chris Haley and Keeren Flora (Imperial College London, UK); Lawrence Whiteley (Wond.co.uk); Dušan Jasovsk ý (ReAct-Action on Antibiotic Resistance, Uppsala University, Sweden); Magdalena Muir (Arctic Institute of North America, University of Calgary, Canada); Jill Jaeger (Vienna, Austria); Manuel Montes (The South Centre); Prof. Xiaolan Fu (Technology & Management for Development Centre, University of Oxford, UK); Steve Sparks (School of Earth Sciences, University of Bristol, UK); Javier Garcia Martinez (University of Alicante, Spain); Stewart Lockie (The Cairns Institute, Australia), Dong Wu (UNCTAD), Claudia Contreras (UNCTAD), Bob Bell (UNCTAD), and Arun Jacob(UNCTAD).

此外,有 97 位专家对技术问题提供了科学政策简报,在此也对他们表示感谢:

Manish Anand, Shailly Kedia (TERI, India); Erick R. Bandala (DRI, USA); Ashantha Gooetilleke (QUT, Australia); Lindy Weilgart (Dalhousie University, Canada); Ashish Jha, Nicholas Zimmermann (Harvard University, USA); Ilona Kickbusch (Graduate Institute, Switzerland); Peter Taylor (IDRC, Canada); Kamran Abbasi (The BMJ, UK); Friedrich Soltau (UN-DESA); Bartlomiej Kolodziejczyk (IUCN CEM, Switzerland); Raymond Saner (CSEND, Switzerland); Steven A. Moore (University of Texas, USA); Carole-Anne Sénit, Henri Waisman (IDDRI, France);

Ademola A. Adenle (UNU); Klaus Ammann (University of Bern, Switzerland); Zeenat Niazi, Anshul S. Bhamra (Development Alternatives, India); Ivana Gadjanski (BioIRC. Serbia); Ying Qin, Elizabeth Curmi, Zenaida Mourao, Dennis Konadu, Keith S. Richards (University of Cambridge, UK); Thematic Group on Sustainable Agriculture and Food Systems; Carl Mas, Emmanuel Guerin (UN-SDSN); Timothy O. Williams, Javier Mateo-Sagasta, Pay Drechsel, Nicole de Haan, Fraser Sugden (IWMI, Sri Lanka); Karumuna Kaijage, Pamela Flattau (PsySiP, USA); Karl Aiginger, Michael Boeheim (AIER, USA); James Ehrlich, Sanjay Basu (Stanford University, USA); David Acuna Mora, Arvid de Rijck, Daphne van Dam, Mirle van Huet, Stan Willems, Carmen Chan, Guilia Bongiorno, Janne Kuhn, Hein Gevers (Wageningen University, Netherlands); Hyosun Bae, Zoraida Velasco, William Daley, Rajiv Nair, Elizabeth A. Peyton, Margeret McKenzie (Tufts University, USA); Lucy Fagan (Global Health Next Generation Network, UK); Adrian Paul Jaravata Rabe, Sharon Lo, Luca Ragazzoni, Frederick M. Burkle; Ali J Addie (Center of Advanced Materials, USA); Moa M. Herrgard (UN Major Group for Children & Youth); Charles Ebikeme, Heide Hackmann, Anne-Sophie Stevance, Lucilla Spini (International Council for Science, ICSU); Simon Hodson, Geoffrey Boulton (ICSU CODATA); Jari Lyytimaeki (Finnish Environment Institute, Finland); Alessandro Galli, David Lin, Mathis Wackernagel, Michel Gressot, Sebastian Winkler (Global Footprint Network, USA); Ibrahim Game, Richaela Primus, Darci Pauser, Kaira Fuente, Mamadou Djerma, Aaron Vlasak, Brian Jacobson, Ashley Lin (SUNY-ESF, USA); Normann Warthmann (The Australian University, Australia); Claudio Chiarolla (PSIA, France); Coli Ndzabandzaba (Rhodes University, South Africa); Alexander Gloss, Lori Foster (SIOP, USA);

Davide Rasella，Romulo Paes Souza（UNDP），Daniel Villela（PROCC，Brazil），Delia Boccia（London School of Hygiene and Tropical Medicine，UK），Ana Wieczorek Torrens，Draulio Barreira（Brazilian National Tuberculosis Control Program，Brazil），Mauro Sanchez（University of Brasilia，Brazil）；Pedro Piqueras，Ashley Vizenor（CE-CERT，USA）；and V.N. Attri（IORA，Republic of Mauritius）.

对本章内容进行同行审议的是 William E. Kelly 博士（美国土木工程师学会可持续发展委员会成员）和 Gueladio Cisse 博士（瑞士热带病与公共卫生研究所流行病学和公共卫生部门生态卫生科学负责人）。

第四章

Simen Gudevold and Elie Hobeika，Division for PublicAdministration and Management，DESA.

对本章内容进行同行审议的是 Raymond Saner 教授（任职于巴塞尔大学、巴黎政治学院、瑞士西北应用科学与艺术大学）。

第五章

Gueladio Cisse（Swiss TPH and ICSU）；William Colgazier（AAAS）；Carl Dahlmann（OECD Development Centre）；Roberta D'Allesandro（Leiden University and ICSU）；Zachary Donnenfeld（ISS）；Gerlis Fugmann（APECS）；Claudio Alberto Huepe Minoletti（Universidad Diego Portales）；Stewart Lockie（James Cook University and ICSU）；Cheikh Mbow（ICRAF）；Manual Montes（Senior Advisor on Finance and Development South Centre）；MantaDevi Nowbuth（University of Mauritius）；Muhammad Saidam（Royal Scientific Society，Jordan，and ICSU）；Anita Shankar（Johns Hopkins University）；Oyewale Tomori（Nigerian Academy of Science and ICSU）；Patrick Paul Walsh（University College Dublin）；Robert Lindner

(UNU-IAS); Nicholas Robinson (Pace University Law School); Chantal Line Carpentier (UNCTAD); Lud Coppens (UNEP); Ana Persic (UNESCO); Dino Corell (ILO); Liisa Haapanen, Petri Tapio (University of Turku); Luca Sabini (Newcastle University Business School); V.N. Attri (IORA); Donovan Guttieres, Gusti Ayu Fransiska Sri Rahajeng Kusuma Dewi (UN Major Group for Children and Youth); Shikha Ranjha (DLGS-IOER-TU Dresden); Simon Hodson, Geoffrey Boulton, (ICSU-CODATA); Charles Ebikeme, Heide Hackmann, Lucilla Spini (ICSU); Ivonne Lobos Alva, Jes Weigelt (IASS); Sigrid Kusch (ScEnSers); Hung Vo (UN Major Group for Children and Youth); Nicola Martinelli (Technical University of Bari), Gabrielle Calvano, Angelo Tursi (Bari University), Giovanna Mangialardi (University of Salento); M. B. Wehbe, M. P. Juarez, I. E. Tarasconi, J. M. Quiroga (Rio Cuarto National University, Argentina); Pranab J. Patar (WCPA), Ms. Surbhi (Earthwatch Institute India); Qinqi Dai, Yu Yang (Southeast University, China); Florian Koch, Kerstin Krellenberg, Sigrun Kabisch (Helmholtz Centre for Environmental Research); Bolysov, Sergey, Nekhodtsev, Vladimir (Moscow State University); Shikha Ranjha (DLGS-IOER-TU Dresden); Erick R. Bandala (Desert Research Institute), Ashantha Goonetilleke (Queensland University of Technology); Pedro Piqueras, Ashley Vizenor (University of California, CE-CERT); Saul Billingsly (FIA Foundation); Chijioke J. Evoh, Owen Shumba (UNDP); Moa M. Herrgard (UN Major Group for Children and Youth), Adrian Paul Jaravata Rabe, Sharon Lo, Luca Ragazzoni, Frederick M. Burkle; Lucy Fagan (Global Health Next Generation Network); Davide Rasella, Romulo Paes Souza (UNDP), Daniel Villela (PROCC), Delia Boccia (London School of Hygiene and Tropical Medicine), Ana Wieczorek Torrens, Draulio Barreira (Brazilian National Tuberculosis Control

Program), Mauro Sanchez (University of Brasilia), Sanjay Basu (Stanford University); Karlee Johnson, Darin Wahl, Frank Thomalla (Stockholm Environment Institute); Annisa Triyanti, Eric Chu (University of Amsterdam); Sara Al-Nassir (DLGS-IOER-TU Dresden); Hamidul Huq, Shafiqul Islam, Khalid Bahauddin (University of Liberal Arts Bangladesh); Nitya Rao (University of East Anglia), Daniel Morchain (OXFAM); Houria Djoudi (CIFOR); Anne M. Larson, Therese Dokken, Amy E. Duchelle (CIFOR); Pham Thu Thuy, Maria Brockhaus (CIFOR); Yong long Lu (Chinese Academy of Sciences), Nebosja Nakicenovic (IIASA), Martin Visbeck (GEOMAR Helmoltz Centre for ocean Research), Anne-Sophie Stevance (International Council for Science); Matteo Pedercini, Gunda Zullich, Kaveh Dianati (The Millennium Institute); H. Suenaga, D.K.Y. Tan, P.M. Brock (University of Sydney); Manish Anand, Shailly Kedia (TERI, New Delhi); Ali J. Addie (Center of Advanced Materials); Bartlomiej Kolodziejczyk (IUCN CEM); Lindy Weilgart (Dalhousi University); Saeko Kajima (UN DESA); Salvatore Arico (UNESCO); Assem Barakat (Alexandria University and ICSU); Tom Beer (ICSU); David Black (ICSU); Lucien Chabason (IDDRI); Chad Gaffield (University of Ottawa and ICSU); Gisbert Glaser (ICSU); Fumiko Kasuga (Future Earth and ICSU); Jinghai Li (Chinese Academy of Science and ICSU); Johannes Mengel (ICSU); Julia Nechifor (UNESCO); Zitouni Ould-Dada (UNEP); Katsia Paulavets (ICSU); Emmanuelle Quillerou (Independent Consultant); Claire Weill (Université Pierre et Marie Curie); Denise Young (ICSU).

执行摘要

以下为《全球可持续发展报告(2016)》的执行摘要。本报告在2014年和2015年报告的基础上,回应了"里约+20峰会"所提出的任务章程,在可持续发展议题高级别政治论坛的背景下,助力于加强科学与政策的衔接。

报告在编写过程中兼容并蓄,兼顾多个利益相关方意见,借鉴了联合国内外的科学和技术专业知识。共有来自27个国家(包括13个发展中国家)的245名科学家和专家对报告的撰写作出了贡献。自公开征集意见以来,共收到62份政策简报。联合国系统的20个机构、部门和项目组也参与其中,为本报告收集信息、建言献策和校正修订。

2015年举办的聚焦发展融资、可持续发展和气候变化三大问题的重大国际会议和首脑会议,为今后15年确立了新的可持续发展议程。从全球到地方,各个层面的注意力都转向这一雄心勃勃的议程的落实问题上。在此背景下,《全球可持续发展报告(2016)》应运而生。

鉴于联合国已经通过了《变革我们的世界:2030年可持续发展议程》,本书亦称《2030年可持续发展议程》或简称《2030年议程》及可持续发展目标,因此本报告将在可持续发展目标范围内进行讨论,遵照其章程对可持续发展目标评估机制进行再评估,力求从科学角度提出一系列与政策相关,但又不是政策的观点。与历年报告一样,本报告将继续探寻一切可能途径和最佳视角,考察可持续发展目标落实过程中科学与政策的衔接情况,并对整合可持续发展目标、行业和问题的科学方法的合理性展开讨论。

本报告是为2016年可持续发展问题高级别政治论坛而专门撰写。2016

年高级别政治论坛的主题是“确保不让任何一个人掉队”，该主题也是贯穿本报告的始终。报告第一章分析了“确保不让任何一个人掉队”原则对实现《2030 年议程》的意义，并简述了其他章节的组织结构。报告其余章节是针对具体议题的讨论，其中包括：通过分析基础设施、不平等和复原力三者之间的关系（第二章）、跨领域科技（第三章）及跨领域制度（第四章），探讨包容性指令对落实《2030 年议程》的影响。此外，本报告还从科学政策角度进行探索，力图对通过科学手段发现的新兴问题进行筛选和分析，以帮助高级别政治论坛制定章程，进而为可持续发展提供高层次的指导。

一、“确保不让任何一个人掉队”和《2030 年议程》

“确保不让任何一个人掉队”处于《2030 年议程》的核心位置，是该议程实施过程中的纲领性原则。执行该议程时，各个国家和利益相关方需自行决定何时、何地以及以何种方式采取行动。在此过程中，各方已作出承诺，“首先尽力帮助落在最后面的人”。15 年后，当我们这一代人和下一代人共同评估《2030 年议程》的实施时，衡量成功的一个关键指标就是，我们在多大程度上改善了最贫困和最脆弱群体的生活，不论性别、种族、年龄、宗教信仰、地域或任何其他因素。很多组织已经开始响应这一呼吁，为实现《2030 年议程》及其使命积极行动，确保不让任何一个人掉队。

鉴于该理念在《2030 年议程》中的重要性，我们有必要明确其对于落实《2030 年议程》的影响。在理论层面，需要解决三个主要问题：第一，哪些人正在掉队或面临掉队风险。第二，如何在实际情况中通过战略和政策手段帮助他们。第三，应该采取何种战略和政策以确保不让任何一个人掉队。对此，科学理论可以提供战略指导，反映战略和政策在实现“确保不让任何一个人掉队”原则时的效果，并有效衡量其在落实可持续发展目标方面的作用。

另外,“首先尽力帮助落在最后面的人”也是《2030 年议程》中一个具有变革意义的宏伟目标。这是否能够说明未来的实施战略将不同以往?对制度建立和技术管理方式等重要跨领域议题而言,这又意味着什么?对此,科学证据同样可以提供启发。

报告第一章从科学政策角度探讨“确保不让任何一个人掉队”对落实可持续发展目标的影响,简述了该原则对《2030 年议程》中不平等和包容性等重要相关概念的意义。本章同时回顾了用于识别掉队群体以及如何在实践中帮助他们的理念和方法。最后,本章援引案例,重点分析可持续发展各个领域的现行发展战略,告诉我们其中哪些战略对“确保不让任何一个人掉队”起到了作用。

很多可持续发展目标及其子目标都与“确保不让任何一个人掉队”原则直接相关,并且指出了在实现这些具体目标和行动时应该持续关注的群体(国家或人)。这也符合联合国“千年发展目标”中提及的贫困、性别、教育、卫生和实施手段等核心议题。在这些领域,从宽泛的视角考虑包容性长期是主要发展理论和实践的一部分,在这一维度的行动和政策也已成为标准发展范式的一部分。

不管是在一国内,还是涉及跨国,都有很多标准可用于识别掉队群体。现实情况中,在《2030 年议程》不同领域的掉队群体可能是不同社会中的不同群体。因此,除了对特定群体(如妇女、原住民、残疾人、年轻人等)和聚焦于单个领域或行业的贫困指标,还存在很多多重匮乏的指数,包含了社会、经济、环境等维度。例如,联合国开发计划署发布的“多维贫困指数”,包括了衡量教育、卫生和生活水平的 10 个重要指标。设立这些综合指标的出发点源于对多维贫困问题的日益关注。鉴于贫困问题可能具有地域集中倾向,“确保不让任何一个人掉队”相关原则也要考虑地域因素。在这方面,发达国家和发展中国家都已开始行动,将复合指标的多维贫困图谱用作在国家及地方层面进行规划管理的一种手段。

包容性发展已经成为众多领域广泛接受的范式。比如,在饮用水、电力及其他基本服务领域，确保资源全面可及通常是战略制定的首要目标，这一点在可持续发展目标中也有所体现。但是，一项战略是否可以成功帮助掉队群体，取决于诸多因素，如各国的具体环境、战略设计、定向方法和具体实践等。目前用来识别掉队群体的定向方法有很多。但是，要实现对掉队群体的准确定位，还需要进一步落实深层数据系统，增强各机构的组织管理能力。可持续发展目标在各个领域的现有评估结果都表明，在有效帮助掉队群体方面，还存在很多巨大的实践挑战。例如，识别粮食补贴受益人的自我定向战略可能会给接受者强加成本，造成转移粮食运输成本增加或带来社会名誉问题等。

本报告还回顾了在“首先帮助落在最后面的人”方面采取干预手段的典型案例，其中包括：在营养方面，发展中国家进行干预的核心对象是发育不良的人；在区域选择方面，干预手段定向于最贫困的地区；另外还有为无家可归者提供住所等战略。即使讨论的主题、涉及的科学不同，第一章、第二章、第三章、第四章都强烈地传递了一个信息，那就是：如果到 2030 年，没有一个人被落下，那么包容的概念就不能被看作是事后的想法或者仅仅是在其他领域的主流。相反，它应该成为机构设计和运作、研究和发展以及基础设施规划和发展的综合组成部分。

从报告中提及的有限证据来看，未来 15 年，可持续发展干预手段中“不让任何一个人掉队”的要求可能并不会对新议程中众多领域带来无法克服的战略困难。但是，要系统实现“首先尽力帮助落在最后面的人”的目标，则可能会面临巨大挑战，在某些情况下甚至要求对战略规划进行显著更新。因此，要实现这一目标，需要对以下三方面进行关注。第一，更好地考虑掉队群体的利益将对评估战略和政策设计的方式提出要求。这反过来又要求从国家和具体地区的语境，增强理解贫困、不平等、边缘化、歧视、脆弱的动态性。这也要求在政策讨论和作出决策时，应为贫困者和被边缘化的群体提供更多的呼吁渠道。很明显，这一制度维度是十分重要的，关于这一点，将会在第四章详细阐述。第二，采取特定手段帮助落在最后面的人，有回顾或更新战略实施方式的必要,以消除在管理能力和数据方面存在的鸿沟,以促进项目定向,消除阻碍进步的其他障碍。第三,在政府决策的最高层面,真正落实《2030 年议程》需要考虑社会目标如何与其他目标平衡,如短期的经济效率。总之,“首先帮助落在最后面的人”从国有部门和私人部门的资源配置中都会得到体现。

未来,要进一步研究现有发展策略在帮助“落在最后面的人”方面的作用,对科学证据的系统搜集将变得至关重要。首先,要对现有的元研究进行搜集整理,这些研究旨在评估用于可持续发展各个领域帮助“落在最后面的人”的发展干预手段的有效性。虽然有很多方法可以用于对可持续发展具体领域的评估,但这些方法在识别和衡量“掉队群体”或”落在最后面的人”以及评估干预手段的有效性方面标准不一。因此,是否有必要进行投资以寻求更好的框架来评估在可持续发展不同领域的干预手段,这一点有待商榷。我们需要在评估投资成本和收益的基础上作出判断。从方法论和成本角度来看,这无疑是一项重大任务。

二、关系图谱:基础设施、不平等与复原力之间的关系

关系图谱就是将一系列问题视作一个整体来进行分析,重点关注各问题之间的相互关系,是《全球可持续发展报告(2016)》研究可持续发展目标的方法之一。一方面旨在让政策制定者了解科学界在分析可持续发展问题时所考虑的关键性联系,从而加强科学与政策的衔接;另一方面也给科学界提供重要的政策性问题,为其指明与政策相关的研究领域。

本报告探讨了基础设施、不平等与复原力之间的相互关系。这三个领域关乎部分可持续发展目标,与包容性和“不让任何一个人掉队”原则紧密相关。第二章重点强调这些领域的主要联接方式,这些方式由 24 位来自不同学科的科学家及联合国专家共同提出。该章节还回顾了数百份文献的主要发现,这

些文献绝大部分都聚焦于某个具体领域。基础设施在推动经济增长和发展方面发挥了关键作用,因而在发展领域受到极大重视。但是,由于专注于每个领域的科学家常常来自不同社区,因此大多数研究都只集中于对三个领域的分别研究,对三者之间相互关系的探讨则相对较少。

对于关系网中涉及的相互关系,科学家的关注度有所不同,有些关系备受关注,有些则鲜有探讨。图 0-1 简要概括了分析中各要素之间的相互关系。本次科学研究很好地关注了基础设施与不平等之间的联系,分析了群体复原力如何分别受到不平等及基础设施抗灾能力的影响。但是,尽管与各学科专家进行了广泛讨论,但本报告对复原力与不平等及基础设施之间的因果关系却只略微提及。因此,未来需要对这两个方面进行进一步研究,以证明它们之间的相互联系、协同效应及利弊权衡。

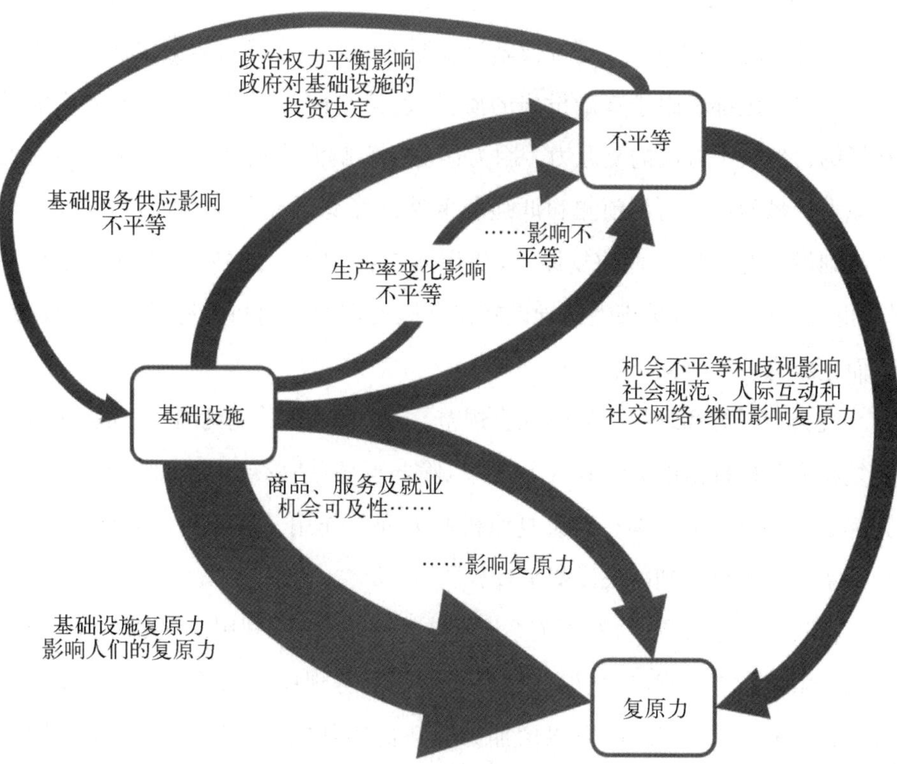

图 0-1　基础设施、不平等与复原力三者之间的关系

图 0-1 中描绘的相互关系可以概括如下。首先,基础设施可以通过 3 种途径对不平等造成影响:饮用水、环境卫生、电力等基础服务供应,劳动生产率因灌溉、电力、信息和通信技术及道路等因素大幅提高(宏观层面),基础设施对获取商品、服务和就业机会的影响(微观层面)。文献回顾发现,基础设施与减少不平等之间通常具有正相关性。然而,在分析了大量计量经济学、微观经济学和其他实证研究后发现,要通过某种途径(或某些途径组合)来实现这种正相关极为复杂。不平等会受到基础设施质量、设计、覆盖率、可及性和分布情况等方面的影响。其中,基础设施的选址及受益者最为关键。

不平等通过影响政治权力平衡来影响基础设施,继而影响政府在提供基础设施方面的决定。这可能导致用于给弱势群体建设基础设施的投资份额过少,并由此加剧和固化社会及地域不平等。打破这一恶性循环对于落实《2030年议程》至关重要。

此外,在关系图示中,基础设施对复原力的影响也是科学界关注的一大焦点。许多文献都着眼于基础设施的质量、设计、分布、互动及运作如何影响其在抵御自然灾害方面的复原力。因为这也会影响到人们在抵御重大冲击时的复原力。虽然目前对易预测和低强度事件已经有了充分了解,但对于如何增强基础设施对重大灾害的复原力,认识还有待加强。此外,由于交通运输系统、电力基础设施等关键性基础设施在自然灾害发生期间极易引发连锁反应,因而也成为一大研究焦点。

机会不平等和歧视会影响社会规范、人际互动和社交网络,进而影响人们的复原力和抗打击能力。在此情况下,脆弱群体往往受到最大影响。大多研究都集中探讨社会资本在建设复原机制方面的作用。但相对于其他关系,这种关系在学术界受到的关注似乎较少。

在政策制定过程中,对于关系图谱中的所有关系,利用协同效应和利弊权衡至关重要。专家指出,减少一切形式的不平等现象有助于更好地提供基础设施和增强复原力,比如,可以增加为弱势群体基础设施进行投资的可能性。在基础设施政策方面,需要同时兼顾效率与公平,利用好相互关系的协同效应。在政策方面，提供基础服务设施时要考虑地域平等问题。另外，还需制定监管和激励机制以增强基础设施与复原力之间的协同作用，将减少灾害风险纳入基础设施生命周期的各个阶段，确保关键性基础设施对自然灾害的抵御能力。此外，鼓励当地社区及其各个部门参与基础设施的投资规划，有利于确保经济、社会和环境三者协调发展。

专家指出，需要进一步细化分析农村和城市情况，以提供更加具体的政策建议。在农村地区，基础设施投资对于个人生活和获取机会至关重要。与之相比，城市地区虽然生活更便捷、机会更丰富，但往往也面临诸多挑战，如治理结构分散、交通拥堵及服务可及性存在巨大差异等，尤其是对于非正式定居点和城郊地区。本报告提供了关系网中有关处理协调效应的政策实例。例如，建设基础设施工程需要大量劳动力，有利于扩大就业机会，减少不平等现象，同时提高对自然灾害的抵御能力。

研究者、实践者、决策者和其他利益相关方之间需要开展进一步的跨学科合作和互动，这也许是相互学习和传递信息的有效方式，有利于科学知识转化为实际战略，充分利用关系网中三大领域的协同效应，并处理三者之间的利弊权衡。

三、科学家对科技和可持续发展目标的看法

本报告第三章主要介绍科学家如何看待技术在实现可持续发展目标过程中所起的作用。如今，科学技术已经大大改变社会、经济和环境状况，同时也受其影响。所以，了解技术在实现可持续发展目标过程中的作用至关重要。事实上，科技、社会和制度三者之间是相互改变的。技术进步需要制度适应，也可能受到社会问题的制约。因此，在实施政策以落实可持续发展目标及“确保不让任何一个人掉队”的过程中，需要考虑其中的相互关系。

科学技术在实现可持续发展目标、利用协同效应优势以及使各目标协调合理方面至关重要,这一点已经受到各方认同,并在可持续发展目标及其具体目标中有所体现。技术不仅是实现17个可持续发展目标的主要手段。同时,在169个具体目标中,有14个目标明确提及"技术",还有许多其他目标关乎技术相关议题。一般而言,与技术最为密切相关的目标可以分为三类:用于改善技术整体性能的相关目标、用于普遍获取特定技术的目标以及用于描述可持续发展全球有效创新体系要素的目标。相较于其他目标,科学文献中对与技术相关的可持续发展目标进行定量研究的相对较少。

科学技术在为许多可持续发展挑战提供解决方案的同时,也在不断带来新的挑战。技术变革既是冲突的温床,也是加强社会包容和增加合作的手段。一切技术都会消耗资源,可能会占用土地或污染空气、水和大气,只是程度有所不同。本报告以实例形式说明,技术是一把双刃剑,其中提及的新兴技术包括数字自动化、纳米技术、生物技术与基因组学以及合成生物学等。这些技术正成为科学研究,特别是经济活动的驱动力,在提高生活质量和应对发展挑战方面发挥着巨大作用,同时也带来很多潜在挑战。

例如,各个部门之间都存在技术差距,这些差异在制约发展方面的属性和严重性截然不同。随着大数据、物联网、3D打印、慕课和数字自动化等新技术的应用,新的差距也在不断涌现。新技术会产生广泛影响,增加现有的不平等,而非减少。虽然这些技术还处于萌芽阶段,但各国必须了解这些技术,识别其潜在影响,以长远目光指导政策规划。

第三章概述了科学家对技术和可持续发目标的看法,综合了来自20个国家57位科学家和专家研究机构的意见,代表了40多个可持续发展科学学科,主要回答两个具体问题:(1)对最适合可持续发展目标以及"不让任何一个人掉队"的技术而言,最有前景的行动或政策要素是什么;(2)2030年前,哪些技术最重要,它们的性能和部署要达到何种程度才符合其重要性。

很多科学家投稿指出,需要在公平问题(特别是技术获取)、技术系统整体性能和支持体制变革方面取得同步进展。实证表明,从长期来看,只专注于其中的一项战略往往是无效的。政策行动一方面要支持研究和开发，以刺激改善前沿技术的性能，另一方面也要推动现有技术在发展中国家及所有国家边缘化群体中的传播和改进。两者相互支持，相互促进。

至于什么才是有效的技术政策，要取决于各国的多样化水平和技术能力。只有具备扎实的科学知识，并考虑到技术变革、转移和传播的复杂性及各国的独特情况，技术政策行动才是最有效的。创新系统是公共和私营部门的机构网络，其活动和互动往往会带来新技术的创造、引入、调整和扩散，只有在实现其中一个过程的基础上，才有可能获得较好的结果。政策行动不仅必须支持逐步的、渐进式的技术和制度革新，还要支持激进的、熊彼特式的"创造性破坏"。两者互为所需，缺一不可。在这方面，教育和基础设施是实现技术变革的先决条件。

为利用技术手段推动实现可持续发展目标，科学家提出了各种政策和行动方案，这些方案往往包括不止一个方面，而是涵盖以下领域中的多个方面：如研究、发展与人口，技术转让与扩散，为具体技术或技术体系设定目标、指标和规定（例如，规定可再生能源发电的最低份额等），政策环境与市场激励，知识共享与能力建设以及利益相关方的参与和治理等。科学家往往强调远远超出自己学科专长的政策和行动，这也说明在《2030 年议程》背景下探讨技术系统时，要进行全面考虑。

科学家强调，需要制定国家和国际层面的行动计划及技术路线图。各国可以自行确定其要发展的优势技术路线和新兴行业。科学家建议，不仅要投资新技术，还要投资旧技术；不仅要提高先进技术的性能，还要增强落后社区的技术适应性；不仅要支持大型基础设施建设，还要支持单位数量多的小规模技术开发。他们还建议，科学路线图应该包括有关负担能力和包容性的措施，而且这些措施从一开始就要纳入研发过程。科学家提出的其他重要举措或政策要素包括：增强国家层面科学政策衔接的有效性，加强政策前瞻性和构想性，鼓励社区学习，包括落后社区学习，进行聚类分析。后者分析了企业间的联系网络（如在生产链、地缘、相关买家、供应商、基础设施及劳动力或类似方面存在联系等),以强调创新系统存在的系统缺陷。

展望2030年,科学家提出了实现可持续发展目标的关键新兴技术,其中包括生物技术、数字技术、纳米技术、神经技术和绿色技术等。然而,对于这些技术在2030年需要达到何种水平以及如何部署,科学家似乎并未给出足够信息。在此方面,虽然已有一些量化实施办法,但仍有必要进一步加强可持续发展构想和路线图之间的合作,并将技术手段明确纳入其中。另外,构建长期技术路线图也有助于业务发展和政策规划。

四、建立包容的机构:以国家可持续发展委员会和国家议会为例

各方已清楚认识到,机构体系对于实现“不让任何一个人掉队”指令极为重要。机构是实现包容性的重要推动者,但不是唯一的。虽然《2030年议程》中并未规定国家层面的制度模式,但却概述了机构应努力实现的治理原则,如“建立有效、负责和包容的机构”(可持续发展目标16),“确保各级决策反应迅速,具有包容性、参与性和代表性”(目标16.7)以及“加强可持续发展政策的一致性”(目标17.14)。

机构政策会激发某些行为或趋势,对发展结果特别是包容性带来积极或消极影响。包容的机构能够赋予平等的权利和资格,使人人平等获取机会、话语权和资源与服务。一方面,设立机构时可以依照普遍性原则(例如,确保人人平等拥有诉诸司法或获取服务的机会)、不歧视原则(例如,完善继承法以保护寡妇拥有土地权)或针对性行动原则(例如,实施平权行动以增加妇女政治代表比例)。另一方面,权力主体也可设立专为特定群体而非所有社会群体服务的组织机构。不具有包容性的机构可能会损害权利和资格平等,阻碍人人平等获取机会、话语权和资源与服务,加剧经济劣势,同时还可能对非经济层面的贫困产生负面影响,如缺乏获取服务的机会、丧失话语权及容易受到暴力

和腐败影响等。

从科学政策角度来看,我们自然要问,实现包容性目标需要设立何种类型的机构。不论何种具体目标,其实现都涉及以下因素,即法律及监管问题、各机构在不同层面的干预以及广泛存在的潜在社会变化,如机构变更可能会推动社会规范变化等。例如,为促进性别平等,各层级需采取一系列行动,同时各机构也要颁布不同任务和目标进行干预。相反,个体机构,特别是具有广泛授权力的机构,则可以在众多不同领域及社会范围内促进包容性的实现。此外,对机构包容程度,以及机构是否及如何通过其行动促进包容性进行评估也极为重要。对此,本报告具体探讨了两种机构,即国家可持续发展委员会和国家议会。另外,还需对其他类型机构进行更为深入的评估,研究其在新议程背景下如何促进实现包容性。这应该成为未来可持续发展报告的重要组成部分。

1992 年,国家可持续发展委员会在《21 世纪议程》中被首次确立为重要组织机构。过去 20 年,许多国家对委员会的组织构成进行了调整,并取得不同程度的成功。这些经验教训对落实《2030 年议程》极具参考意义。研究显示,如果拥有足够资源,国家可持续发展委员将成为促进利益相关方积极参与整个政策周期的有效机制,从而(1) 向广大公众宣传和教育可持续发展相关议题,(2) 刺激公众参与讨论,(3) 鼓励重要利益相关方参与制定政策建议,(4) 让利益相关方融入议程落实和进度审查的各个环节。事实上,政府在利益相关方参与度方面的态度也会影响国家可持续发展委员会的运作及其可以获得的资源。国家可持续发展委员会的组织构成往往反映了其所在的政治制度和文化环境。一般来说,国家可持续发展委员受政府主导程度越高,利益相关方对政府政策的参与度就越高。相反,国家可持续发展委员会越独立,其在决策过程中扮演的角色就越多。

议会作为立法机构,在落实《2030 年议程》和实现可持续发展目标过程中发挥着重要作用。议会参与度取决于各国的制度体制和主权决定。议会负责立法并监督政府对其执行、监督国家政策和战略计划、批准财政预算等。同时,政府向议会汇报工作,并受到来自审计机关等机构的评定和评估。虽然各国议会制度有所不同,但要对可持续发展目标相关文件进行立法,均需获得议会批准。

报告第四章对机构的包容性及通过机构获得包容性进行了区分。前者是指机构本身的设计方式是否有利于社会各阶层(或各国家)拥有包容性代表和话语权。后者是指机构是否通过其行动直接支持或促成了更具包容性的成果。就议会来说,这意味着不仅要考察议会本身在代表社会各群体(包括边缘群体方面)是否具有包容性,还要关注议会在通过立法时如何考虑这些群体的需要。例如,议会在制定法律方面拥有独特地位,有助于消除涉及性别歧视的社会规范和行为方式,加强妇女在决策过程中的参与度,确保人人平等获得资源、基本服务、教育、经济资源、土地和新技术。这些都是可持续发展目标中着重强调的子目标。

就此,第四章对妇女、原住民、残疾人以及儿童和青年进行了专门讨论。研究显示,虽然这些群体在国家议会中的代表性取得了进展,但差距仍然存在。同样,在边缘群体权利法律化方面虽然也取得了进展,但仍有很长的路要走。要"确保不让任何一个人掉队",议会将发挥关键作用。

五、识别可供高级别政治论坛探讨的新兴问题

识别可供政策制定者关注的新兴问题,是科学与政策衔接的重要功能。在 2014 年和 2015 年报告基础上,2016 年报告概述了如何识别可持续发展进程中遇到的新兴问题。

政策制定者将在报告中看到有关新兴问题的大量分析、定级排序和建议以及对现有材料的分类,以便其从可持续发展角度优化政治决策。在"浏览"各种来源中的新兴问题时,需要借助一些标准。这些标准可以对新兴问题的识别过

程进行有效指导，有利于明确什么才是新兴问题。影响和发生概率是识别新兴问题的基本出发点。此外，持久性、不可逆转性、普遍性、新颖性和动员潜力等标准也值得考虑。优先性标准用以确定问题在社会和文化规范方面的重要性或问题对脆弱和边缘化群体的影响，符合“确保不让任何一个人掉队”的原则。

本报告从联合国全球倡议及国家科学院等各种来源中发现了一系列新兴问题。后续章节将对所有科学领域中，对特定国家有益或重要的优先研究事项予以整合和明确。此外，领先的学术期刊也是发现新兴问题的重要来源，其中有很多经过同行评议的学术论文。

除此之外，本报告还通过众包的做法收集了很多科学与政策简报。这些简报来自全球各地的科学家和科研人员，主要关注与可持续发展政策相关的具体问题、发现和研究等。自公开征集发布后，本报告共收到来自世界各地的62 份简报。2014 年和 2015 年共计收到 202 份简报。2014 年以来收到的科学简报涵盖了所有的可持续发展目标，并且提出了目标之间存在的很多相互关系。

在识别新兴问题时，即使是具有指导性的浏览过程，也可能引发大量问题。因此，对问题进行某种形式的汇总和分类，有利于帮助分析。为此，本报告考虑了几种常用的框架。STEEP 框架(社会、科技、经济、环境及政治)具有简约性，在对大量可持续发展问题进行初步分类方面，比其他框架更加适合。不过专家强调，有必要增加额外步骤，以区别与价值、威胁、机会、因果机制和回应相关的新兴问题。

由于一些问题可能同时满足很多标准，因此要发挥科学与政策衔接的作用，还需采取第二个步骤，即在一大组问题中识别出与政策相关的一小部分问题。对高级别政治论坛而言，这意味着如何从具有地区性或国家性意义的问题中，筛选出对决策者来说具有全球性意义的新兴问题。当然，此处并没有清晰明确的区分，因为今天的地区问题或许明天就会恶化升级为全球问题。在高级别政治论坛中，科学家和政策制定者还需在两方面加强对话。一是如何从大量问题中筛选出可供高级别证论坛思考的一小部分问题；二是高级别政治论坛可以考虑的具体实际问题有哪些。

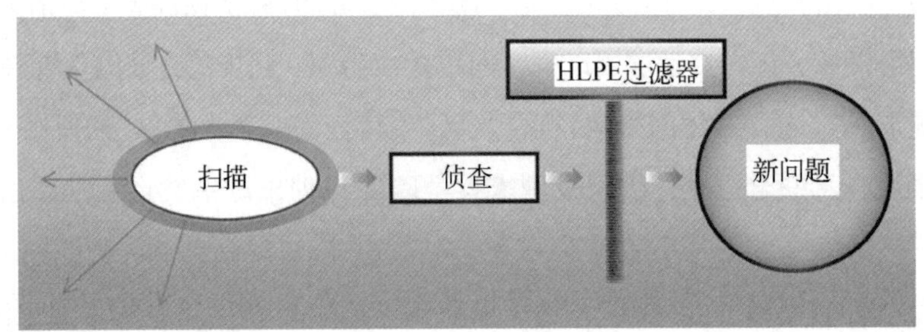

图 0-2　高级别政治论坛识别新兴问题过程

本报告尝试以试点形式实施筛选过程,通过真实演练,提出可供高级别政治论坛参考的问题清单。在此过程中,我们咨询了来自众多学科的专家,他们具有专业的学科知识,在识别新兴问题方面拥有丰富经验。我们在网络调查的基础上起草了本次演练所需的初步问题列表,并让专家参与面对面会议对其进行讨论。在本次演练中,通过集体讨论所列问题的优先次序,专家组得出了排名前 20 的问题,涵盖诸多领域(见链接)。

链接: 跨学科专家在演练中识别的 20 个优先级新兴问题

- 在全球、地区、国家和地方层面,建立可持续发展目标治理体系
- 应对气候变化带来的日益增长的影响
- 因收入和财富不平等加剧引发的政治动荡和社会不安
- 确保人人获得负担得起的、可持续的和可靠的现代能源服务
- 加快落实环境友好型可再生能源目标
- 开发其他经济模式,使经济增长摆脱资源利用,尽可能缓解环境退化
- 保护和恢复生态系统
- 全球贫困仍然存在,包括富裕国家的贫困人口
- 加强执行手段,增强可持续发展全球伙伴关系
- 各国家庭财富分布极不平等

- 增加发展中国家社会和环境保护，以减少在应对环境退化和气候变化方面的不平等
- 全面评估可持续发展路径
- 提升城市和人类居所的可持续性、包容性、安全和复原力
- 海洋鱼资源枯竭，海洋资源过度开发
- 政策行动滞后科学发现数十年
- 人口、气候及其他因素引发的移民和各种形式的人口流动
- 促进可持续的工业化
- 气候变化造成未来农业产量下降，特别在非洲地区
- 医疗体系资金不足，尤其是发展中国家
- 加快落实《2030 年议程》中提及的治理形式和方法

报告表明，通过文献分析、众包、专家会议等广泛资料来源，可以有效识别可持续发展背景下的新兴问题。在讨论过程中，专家的参与贡献巨大，不仅有助于建立新兴问题清单，而且还能将问题识别过程置于具体语境中进行探讨。

报告再次证实，可持续发展问题具有复杂性和跨学科性，涉及经济、社会和环境等方面的复杂关系。科学专业知识可以揭示新兴问题的复杂性和互联性，有助于加强科学与政策的衔接，在面对新威胁或利用新机会时作出更加及时的回应。

六、从历年全球可持续发展报告中获取经验

联合国成员国在“里约 + 20 峰会”将《全球可持续发展报告》作为加强可持续发展问题科学与政策衔接的工具。自此以来，该报告就成为联合国可持续

发展问题相关科学家和专家进行交流的平台和过程。报告欢迎一切联合国利益相关体、组织良好的科学机构和项目组及科学家个体参与其中,唯一的要求是,其贡献必须建立在科学基础上。迄今为止,共有35个联合国实体和千余名科学家参与了报告的筹备工作。自公开征集公布后,仅在科学政策简报方面,就收到了来自全球589名科学家提交的264份简报。其中,国际科学理事会在鼓励科学贡献方面发挥了关键作用。

综上所述,目前发布的3份报告主要以两种方式对科学政策衔接作出了贡献:

首先,报告对高级别政治论坛在未来实践中如何实现科学政策运作衔接提供了具体建议。2015年报告第一章提出了推动高级别政治论坛在联合国科学与政策制定方面进行建设性互动的一系列方法。高级别政治论坛可以考虑实施的行动有:加强科学与政策的衔接,提供与政策相关的数据、分析和信息。此外,高级别政治论坛还可采取行动,以支持加强科学与政策之间的对话,并将科学政策对话成果转化为实际的政策制定方案。3份报告都致力于发现新的和正在出现的问题,比如,如何识别所有科学领域中存在的问题,如何结合现有浏览过程创建一份可供高级别政治论坛探讨的有用的话题清单等,以便论坛予以讨论解决。

其次,历年报告都从不同视角对可持续发展的整体目标及其不可分割的子目标进行了探讨,并根据不同侧重和方法将其置于报告各个章节。2014年报告提供了多种范本,用以探讨如何从长远角度看待可持续发展所取得的进展、如何对研究范畴涵盖众多专题领域的领先机构所采取的可持续发展方案进行整合等。同时,报告还探讨了4种问题关系(气候、土地、能源和水,海洋与生计,工业化与可持续消费和生产,基础设施、不平等与复原力)及一些跨领域问题(减少灾害风险、创新数据和测量方法、技术)。这些成果很好地证实了如何从科学评估中得出相关政策结论。

随着2016年高级别政治论坛的闭幕,《全球可持续发展报告》也进入了全新阶段。来自千余名科学家的具体贡献和共同协作,再加上其他科学政策衔接方面的丰富经验,可以为高级别政治论坛提供有益的基础,以此建立雄心勃勃又切实可行的多年报告。

序　言

2015年举办的关于发展筹资、可持续发展和气候变化的重大国际会议和首脑会议，确立了未来15年新的可持续发展议程。从全球到地方，各个层面的目光都在转向实施这个雄心勃勃的议程。在此背景下，《全球可持续发展报告(2016)》应运而生。在2014和2015年报告的基础上，本报告回应了“里约+20大会”所提出的任务章程，旨在强化可持续发展高级别政治论坛背景下的可持续发展科学-政策衔接。

鉴于联合国已经通过了《2030年议程》及可持续发展目标，本报告将在可持续发展目标范围内进行讨论。本报告并不寻求开创新知识，而是遵照新议程的各项章程，对各种评估进行再评估，力求提出一系列与政策相关但又不是政策的科学视野。与历年报告一样，本报告将继续探寻可能途径和最佳视角，借以考察科学-政策衔接，以及能够影响建立在可持续发展目标、领域和问题的融合和联通之上的科学方法。

本次报告是为2016年可持续发展高级别政治论坛而专门撰写的。2016年高级别政治论坛选择的主题为“确保不让任何一个人掉队”，该主题也是贯穿本报告的主线。

报告内容基于20余个联合国机构的240名科学家及众多专家的知识与经验。报告旨在汇聚全球范围内众多可持续科学领域的信息及前沿知识。同历年报告一样，本报告在准备过程中得到了来自外界各种形式的帮助，包括公开征集稿件及科学简报、联合国机构间合作、专家组会议以及向多个学科的科学家和专家定向约稿。

第一章从科学-政策视角提出参考框架,探索“不让任何一个人掉队”原则,落实可持续发展目标的可操作性。本章示例介绍了不同学科和发展实践者是如何定义掉队者的。本章还着眼于发展干预手段定向和帮助掉队群体有效性的现有定向和评估机制。另外,本章还简要记录了一些在不同可持续发展目标领域中常用的发展战略,以及这些战略如何与“不让任何一个人掉队”及“首先帮助落在最后面的人”的目标紧密结合的现有科学评论。

第二章继续关注报告此前版本之间的相互联系,考察了基础设施、不平等和复原弹性之间的相互联系。本章在咨询了不同学科科学家的基础上,强调了这三方面相互联系的重要途径,并总结了三者之间协同效应和利弊权衡的科学分析结果。本章旨在通过向政策制定者展示科学界如何分析关键性联系,从而加强科学-政策衔接,同时也给科学界提供一些关键的政策问题,强调可能需要进一步研究的领域。

第三章概述了 50 多位科学家对科技和可持续发展目标的看法,旨在例示有前景的行动方案和政策因素,从而充分利用技术手段实现可持续发展目标,也关注“不让任何一个人掉队”的必要性。本章综述了被科学家视为从现在到 2030 年在落实可持续发展目标中最关键的各种技术。

第四章主要关注作为包容社会重要组成部分和推动者的机构。本章以可持续发展国家委员会和国家议会为例,演示了可持续发展相关机构能够促进实现包容性。本章不仅探讨了它们的包容程度,还探讨了它们在支持包容性成果中的重要性。

高级别政治论坛的任务是确保对新生和新兴的可持续发展挑战给予适当考虑。第五章回顾了识别可持续发展新问题的现有方法和流程。本章介绍了未来版本的报告可能用到的引导性衡量标准,以便在不同流程确定出的大量问题中,考察高级别政治论坛可能考虑放入其日程的问题。本章还介绍了专家咨询过程中产生的主要洞见，咨询的目的是测试用于识别新兴问题的方法论，并探讨如何尽量让这些问题引起政策制定者的注意。

第六章汇总了本报告的主要结论，从涉及内容和科学界参与方面，扼要概括了前三份《全球可持续发展报告》的重要经验。

第一章

“确保不让任何一个人掉队”与《2030年议程》

4. 在踏上这一共同征途时，我们保证，绝不让任何一个人掉队。我们认识到，人必须有自己的尊严，我们希望看到目标和具体目标的实现，会落实到所有国家、所有民族和所有社会群体。我们将首先尽力帮助落在最后面的人。

——2015年9月25日联合国大会决议《变革我们的世界：2030年可持续发展议程》

一、引　　言

第一章从科学-政策视角，在《2030年议程》和可持续发展目标语境中，简要阐述了“确保不让任何一个人掉队”这一主题。

“确保不让任何一个人掉队”处于《2030年议程》的核心位置，是该议程实施过程中的纲领性原则。“不让任何一个人掉队”这一表述出现在《2030年议程》序言的第二段以及正文的第四段。在这些段落中，议程认为所有国家和所有利益相关方都有责任予以执行。它强调目标和具体目标的实现应落实到所有国家、所有人民和所有社会阶层，突出首先尽力帮助落在最后面的人。所以，“确保不让任何一个人掉队”与《2030年议程》整体息息相关。

15年后,当我们这一代人和下一代人共同评估《2030年议程》的实施时,衡量成功的一个关键指标就是,无论性别、种族、年龄、宗教、地域或其他因素有何差异,每个人都能得到充分发展。"不让任何一个人掉队"的呼吁已经得到重视——很多组织已经开始致力于这一原则的实施,促进《2030年议程》和其使命的实现。

"不让任何一个人掉队"有多重含义。对一些人来说,这意味着要关注社会的弱势群体,如贫困者、妇女、原住民、年轻人、老年人、残疾人、移民以及生活在冲突和重建环境中的人群。对另外一些人来说,关注的焦点是减少不同国家之间的不平等,包括那些发展程度处于最低水平的国家和面临严重挑战的国家。至于究竟哪些群体掉队了,可能其他人还有不同的看法和定义。对于社会如何为那些掉队的人有效地提供机会,也存在不同看法。这意味着,对于"确保不让任何一个人掉队"的必要措施,人们在其定时和定序方面也会看法不一。这将直接影响如何实施"确保不让任何一个人掉队"。

在理论层面和实践层面,有四大问题需要讨论。第一,哪些人属于掉队的群体?第二,他们为什么会掉队?第三,现在有哪些方法和机制涉及和惠及他们?第四,应制定哪些战略和政策确保不让任何一个人掉队?许多科学领域的实证经验,尤其是社会科学,对解答上述问题能提供很多决策依据。这些实证经验通过揭示战略和政策在多大程度上被用于各种相关的可持续发展目标,以及取得的成果,为实现"确保不让任何一个人掉队"的雄心和挑战提供了衡量标准。除了"确保不让任何一个人掉队"之外,"首先尽力帮助落在最后面的人"的雄心也是《2030年议程》中一个具有变革意义的方面。[①]那么,这是否意味着与既往不同的实施战略?实证经验同样可以为此提供指导。

本章分析了"确保不让任何一个人掉队"对实现《2030年议程》的意义,简要讨论了"不让任何一个人掉队"的承诺与《2030年议程》中贫困、包容和不平等三个重要概念的联系。在此基础上,本章回顾了已经被用作识别掉队群体的概念和方法,以及帮助他们的措施。最后,本章强调了那些已经用在可持续发展不同领域的发展战略案例,以及在"确保不让任何一个人掉队"的有效性方面实证经验能告诉我们什么。

第一章是本报告其他章节的引言，对诸如包容性、公正、不平等、社会包容、歧视等主题的文献不作全面阐述，这些概念需要长篇而论。[②]关于某些群体和国家为何会掉队的问题，本章也不会作出解答。显然，回答这一问题对提出合适的政策和战略至关重要。此外，关于“确保不让任何一个人掉队”对可持续发展目标具体领域的政策影响，其具体分析也留给其他章节讨论。

二、“不让任何一个人掉队”与贫困、包容性和平等

“确保不让任何一个人掉队”的承诺与《2030年议程》三个重要维度紧密相关，即贫困、包容性和不平等。多维度的贫困问题是《2030年议程》的中心议题，之前不仅是“千年发展目标”的中心议题，也被认为是可持续发展的三大主要目标之一。[③]即使对于外行也能看出，贫困是识别掉队群体非常明显的方式。在发展实践中，贫困的指标确实也经常用于识别掉队群体（见下文）。

“包容”一词被用在了《2030年议程》五个目标的标题中，同时被用于五个具体目标，并在议程其他部分出现了22次。它的高频出现意味着，在议程制定的各谈判方眼中，它是一个非常重要的概念。[④]“包容性”（社会、经济、政治、文化）涉及了赋权概念和不歧视原则。它表明了每个个体参与到社会进步中的必要性，同时传递了这样一个观念，即人们不仅应该被允许获得良好发展，还应该在塑造社会发展的过程中拥有表达的权利和有效的机会。尤其是《2030年议程》中的目标5、目标10、目标16，与包容性和赋权的联系十分紧密。以非总体数据监测可持续发展目标的跨部门承诺也反映了包容性的理念。可以说《2030年议程》中“包容性”这一显要概念拓展了《21世纪议程》所探索的“参与”概念。

平等或不平等也是《2030年议程》中非常重要的概念。《2030年议程》中有与之对应的独立目标——目标10：减少国家内部和国家之间的不平等。此外，这一概念还反映在议程的其他目标和具体目标中，也能找到与它直接相关

的表述,如卫生、教育、性别等。

平等这一概念一直以来与结果平等和机会平等相关。结果不平等随处可见,因为关于人口的任何一个变量(如收入或服务获取途径)都会产生某种形式的不平等,这可以通过不同的统计便利衡量。机会不平等是指不同的人或人群在参与社会事务和获得良好发展上的机会不均等。这可能产生于针对某一人群的显性或隐性障碍,例如,存在于法律、习俗和惯例中的歧视现象,会限制某些群体的机遇通道。此外,平等可见于政治意识中,并与赋权相关。这意味着,平等事关在政治和社会制度中赋予不同人和社会群体平等话语权和平等机会,以及决定他们自己生活的控制力。[⑤]

很多人指出,不平等现象不同形式的减少之间并不相互排斥。[⑥]所有都与“不让任何一个人掉队”相关。关注不平等和歧视现象的不同社会群体可能会有各不相同的着重点。例如,在关注人权的方法中,关于具体权利的结果不平等会成为首要关注指标(如不同性别的收入差距,以及入学率)。由此,机会不平等和歧视被视作结果不平等的成因,而赋权可以被视作反对歧视、弥补机会不平等和结果不平等的手段。在关于发展的文献中,支撑全球发展项目长期聚焦结果不平等,以及增加“有产者”数量或减少“无产者”数量。例如,农村电网项目和饮用水、卫生设施的普及项目关注获取这些服务的家庭数量,以及服务的可负担性和质量水平。此外,发展机构对于获取基本服务也很感兴趣,因为这类服务是实现更大的平等机会的必要条件。例如,获得优质教育和清洁饮用水,被发展实践者视作更好的健康和教育机会的关键,以及更高生产力和收入的关键。[⑦]

三、可持续发展目标和具体目标中的“不让任何一个人掉队”

“不让任何一个人掉队”不仅仅是《2030 年议程》中一句重要的口号。可持续发展目标的很多具体目标都对此提出了明确任务;很多具体目标还提出了特定的实现手段，对怎样“确保不让任何一个人掉队”作出了详细的说明。

一些具体目标着眼于国际层面，致力于“不让任何一个国家掉队”。这些目标聚焦于联合国长期以来确定的国家群体：定义的发展中国家、最不发达国家、内陆发展中国家和小岛屿发展中国家。这些具体目标涵盖了非常广泛的议题，从最不发达国家的经济增长到工业化和全球贸易参与度，再到发展中国家参与全球治理机构的广度和深度（见表 1－1）。

表 1－1　与“不让任何国家掉队”相关的可持续发展目标范例

远大目标	确保不让任何国家掉队的手段
减少国家间的不平等（10） 最不发达国家的 GDP 增长目标（8.1） 促进以最不发达国家为重点的包容可持续工业化（9.2） 扩大和加强发展中国家的全球治理机构中的参与度（10.6，16.8） 根据国际商定原则获取及公正、公平地分享利用基因资源和相关传统知识产生的惠益（2.5） 增加小岛屿发展中国家和最不发达国家通过可持续利用海洋资源获得的经济收益（14.7） 大幅增加发展中国家的出口（17.11）	鼓励根据最需要帮助的国家，向其提供官方发展援助和资金，包括外国直接投资（10.b） 为发展中国家特别是最不发达国家提供充足、可预见的手段以执行相关计划和政策，消除一切形式的贫困（1.a） 增加发展中国家的农业投资（2.a） 纠正和防止世界农业市场上的贸易限制和扭曲（2.b） 支持研发主要影响发展中国家的传染和非传染性疾病的疫苗和药品，提供负担得起的基本药品和疫苗（3.b） 为发展中国家提供奖学金（4.b） 开展师资培训方面的国际合作（4.c） 提供更多的财政、技术和技能支持，以促进其开发有抵御灾害能力的可持续基础设施（9.a） 增加向发展中国家提供的促贸援助支持（8.a） 落实对发展中国家的特殊和区别待遇原则（10.a） 实现最不发达国家的产品永久免关税和免赔额进入市场（17.12） 在国际层面促进法治（16.3） 加强在科学、技术和创新领域的合作（17.6） 促进发展中国家开发以及向其转让、传播和推广环境友好型的技术（17.7） 支持发展中国家加强国家统计部门和数据系统的能力（17.18）

注：括号内为目标条目。

链接1-1 提交给《全球可持续发展报告(2016)》的科学-政策简报中论及的性别平等、脆弱性和气候变化

性别歧视一直影响了许多国家发展的方方面面。虽然性别平等和赋予妇女权利已经不是一个新兴议题,但在许多致力于推进平等和改善妇女权利的科学领域似乎有了越来越多的理解,必须对复杂的潜在社会规范进行审视和调整。

非洲、亚洲和拉丁美洲的众多调查表明,由于要适应环境退化和气候变化所带来的影响,两性关系、角色和观念正在地方上发生快速转变。然而通常来说,旨在解决性别问题的政策并没有明确地讨论男性的活动和贡献(或是根本没有),只关注女性的参与,没有审视性别背后的社会和文化维度,而这对女性的平等和赋权来说至关重要。[⑧,⑨]

为了了解脆弱性和能力,并告知有效而反应迅速的适应性计划,对气候变化的脆弱性和影响的评估应该审视性别如何与其他因素相关联,如种族、经济资产和社会地位。[⑩]确实,一般来说,公平的政策制定必须力图找出那些最脆弱的群体——基于一系列的社会人口变量,包括性别、阶层、教育、获得财产的渠道。

资料来源:提交给《全球可持续发展报告(2016)》的科学-政策简报。

还有很多具体目标详细阐述了实现这些任务的支持措施,包括:官方的发展援助和其他金融手段;聚焦于发展中国家,承诺提高或支持在特定领域的投资,如农业、医药和基础设施;国际合作和技术援助;贸易行动;在国际层面推动法律规则;增强在科学、技术和创新方面的合作和获取途径。此外,其他很多具体目标将特殊关注指向处于特殊情况中的国家群体。

在国家层面,明确针对"确保不让任何一个人掉队"的具体目标是多重的。很多具体目标致力于减少结果不平等。这包括:确保人人平等地获取基本服务;确保人人都能获得食物,消除营养不良;实现和维持40%底层人口的收入增长率高于全国平均水平；实现小规模粮食生产者的农业生产力翻番。具体目标详细阐述了支持这些任务的措施：提供社会保障体系和政策，为贫困和脆弱群体建立恢复机制、就业机会，扩展所有人可负担的、公平获取的基础设施服务。

另外一些具体目标聚焦于消除歧视，包括：赋权和推动在社会、经济和政治方面对所有人的包容，消除对妇女和女童一切形式的歧视和暴力，消除对儿童的虐待、剥削、贩卖以及一切形式的暴力和酷刑，认可和尊重无偿护理和家务，提供平等的技术、职业和高等教育，保证同工同酬。详细阐述了支持措施的具体目标有消除歧视性法律、政策和做法，推动和强化与之相关的适当立法、政策和行动；推动法律规则，确保每个人都能平等地享受公正的社会环境；保护基本自由；消除强迫劳动，包括最恶劣形式的童工和人口贩卖；保护劳工权利；为所有人提供法律身份，包括出生登记。

最后，很多具体目标都与机会、赋权和增强能力相关，包括：普及初等和中等教育，普及识字和计算能力；确保在政治、经济和公共生活决策的各个层面，妇女全面有效参与并享有进入领导层的平等机会；确保决策具有针对性、包容性、参与性和代表性；确保普遍享有性和生育健康以及生育权利；确保充分和高产出的就业和体面的工作；增加就业和创业所需的技能。详细阐述了这些支持措施的具体目标有确保平等地获取经济资源；保障公共服务和基础设施供给；强化家庭和中小企业的市场和金融服务渠道；推行政策，支持生产性活动、体面岗位创造、创业精神、创造力和创新；采取财政、薪资政策，逐步实现更大的平等；使用促成技术，特别是信息和通信技术；获得性保健和生育保健服务；在家庭内部提倡责任共担；提倡参与性的规划和资源管理；确保公众获取信息的渠道。[11]

此外，可持续发展目标的很多具体目标划定了需要特别关注的人群。例如：关于可持续交通的具体目标 11.2 这样阐述：“特别关注处境脆弱者、妇女、儿童、残疾人和老年人的需要。”

四、哪些人属于掉队的群体?

(一) 定义和识别掉队群体

为了使“确保不让任何一个人掉队”势在必行并落到实处,第一个需要讨论的问题是哪些人属于掉队的群体。这个问题本身可以拆分为许多小问题,以反映发展过程中空间和时间维度的重要性。第一个小问题是:现在哪些人掉队了,在未来,又会是哪些人掉队。第二个小问题是:那些掉队的群体住在哪里。前一个问题很重要,因为它反映了贫困、不平等和资源匮乏的动态性(见下文“(二)不平等和贫困的动态和静态衡量标准”),以及《2030 年议程》还将持续 14 年的事实。它也反映了代际平等的维度。[12] 后一个问题对于提出解决方案来说是至关重要的,因为掉队群体是不同地区(例如在城市或农村)人口的不同组成成分。此外,大多数(如果不是全部的话)对于发展的干预手段——从投资建校园,到投资饮水和用电设施,再到提供融资获取渠道——都具有内在的空间属性。

如上所述,在发展论述和实践中广泛使用的识别掉队群体的方式之一,就是聚焦于贫困,尤其是收入贫困。[13]

链接 1-2　在“千年发展目标”期间的收入贫困演变

几十年来,收入贫困的发生率已经大幅下降。2012 年(最新数据年份),在新兴和发展中经济体中,极端贫困人口占比刚低于世界总人口的15%(除发达经济体)。预测表明,全球极端贫困比率进一步下降,2015 年降至 12%。这是一个非常显著的下降,1990 年为 47%,2005 年为 25%。亚洲和太平洋地区国家,尤其是中国和印度,在过去几十年,已经显著而有效地减少了贫困。非洲国家的进展一直不太明显，因为撒哈拉以南非洲的41%的人口还处于极端贫困状态。2011—2015年，在西亚，极端贫困比率预计还会上升。

资料来源：《2015年千年发展目标报告》，联合国，纽约，2015年。

在最近几十年里，多维度贫困和多重匮乏的观念在理论和实践层面都得到了很大的发展，并频繁地用于识别掉队的人、群体和社区。在贫穷的收入测度之外，这两个概念都回应了以更加全面的方式识别社会中掉队群体的需要。自2010年[14]起，联合国开发计划署发布了“多维贫困指数”，取代了自1997年以来广泛使用的“人类贫困指数”。多维贫困指数包含10个权重指标，用以衡量教育、卫生和生活标准。[15]其他例子还有：经济合作与发展组织发布的“美好生活指数”；[16]社会进步调查机构发布的“社会进步指数”[17]“人类机会指数”，用以衡量拉丁美洲在不同时期获取基础设施服务的不平等性。[18]这些复合的指数被用于更好地理解那些影响福利或匮乏的因素。

复合指数的方法论总体上涉及与贫困和匮乏等概念的多维度特征，这些概念通过延伸又可以应用到“掉队群体”“落在最后面的人”等概念。如果有多个相关的维度，那么定义“掉队”就成为习俗或价值评判问题。此外，不同价值体系的群体可能不会考虑福利或匮乏的某些指标。[19]但是从规范的角度来看，那些无法获得某些权利、物资和服务的人或家庭被视为“掉队”，这一点是具有广泛共识的。[20]诸如此类“必需的享有”以及相应的定义匮乏的门槛，往往在国家的法律和惯例中受到很高的重视。它们中的大多数也烙印于国际法律和标准中。[21]

现实中，“掉队群体”在不同的社会可能是不同的人群。例如，在考虑营养问题时，很多国家最有压力的挑战仍然是发育不良；然而在其他国家，肥胖以及与之相关的健康、出行、幸福是更重要的议题。同理，在教育方面，发达国家未来的挑战和几十年前的会很不一样。经济合作与发展组织近期的研究显示,在几乎所有被调查的国家中,女孩的阅读能力都优于男孩。在一些成绩优异的国家,这项性别差距尤其大,几乎所有阅读能力欠佳的都是男孩。未来需要特别的战略来应对这一差距。[22]

尽管数据的可得性仍是一个重要挑战,但关于匮乏的个体指标的统计和数据越来越多。这反映在监测可持续发展特定领域成果的工具、手段和程序的扩散。[23]此外,调查研究也已聚焦于审视匮乏的特定维度和其他可持续发展目标领域的交集。[24]

但是,对于"掉队群体""落在最后面的人"等概念的实际处理中,空间的语境下不同类型匮乏的组合往往是最重要的。作为多维度的现象的贫困、不平等、排外在概念化方面的发展,以及过去几十年地理信息系统的快速进步,拓展了贫困空间分析领域。特别是这带来了"多维匮乏图谱"的快速发展,该图谱融合了社会、经济和环境匮乏指标。政府和非政府主体都发布了此类图谱。不管在发达国家还是发展中国家,从国家到区域到市政到社区到街区,这些图谱在不同的空间层面被用作规划和管理工具。[25]当然,数据的可用性仍是一个关键问题。正如在《2030 年议程》中强调的那样,在监测可持续发展目标过程中,关键数据鸿沟仍然存在,这一问题在发展中国家更加严峻。[26]

(二) 不平等和贫困的动态和静态衡量标准

关于贫困和不平等的很多表述,如"底层的 10 亿人""落在最后面的人",由于其被表述的倾向而很容易被静态地解释,隐含地表述了在某一人口群中稳定而可清晰识别的群体。贫困人数比例是衡量贫困最常见的指标,贫困也被广泛测度为存量,这强化了对于贫困的静态认识。[27,28]

然而,不平等和贫困在本质上是动态的。个人或家庭在不同收入分布区间移动,这使得在任一时间点处于贫困风险的群体比固定贫困群体更大。各种对家庭造成冲击的因素(如卫生、就业、食品价格、自然灾害)使得这些人游离于贫困。在一些国家,广泛的社会群体都会短时期体验贫困线以下的状态。[29]

链接1-3 南非多维贫困的小面积指数

2011年多维贫困小面积指数是南非和南部非洲多维贫困指数中的最新一项，这些地区已经使用人口普查数据来描述次级市的多维贫困水平。2011年南非研究的最初报告是行政区级别的，伴随着一系列的进一步改进来发展一个非常小的区域或数据区水平指数(一系列以儿童为中心的指数)，市级水平已更新至2007年。纳米比亚也已经制作了指数数据。行政区和数据区指数已经被国家和省政府运用在很多方面，包括儿童抚养补助金发放的目标区域、具体反贫困措施的优先行政区域，以及约翰内斯堡的事例，作为以贫困政策为目标的机制的一部分。利用指数的具体报告已经发展到许多省份和约翰内斯堡。

资料来源：Noble, M., Zembe, W., Wright, G., Avenell, D., (2013) 2011年南非开普敦的小面积地区的多维贫困和收入贫困水平：SASPRI。

链接1-4 可持续发展目标全球指标框架中的分类

“不让任何一个人掉队”这一概念意味着议程的目标和对象应该是所有国家、人民和社会各群体。确保将这一承诺转化为有效行动需要收集所有人口群体数据并进行分析，包括最脆弱的和最难到达的。但是，正如《2030年议程》所述，处理所有群体(包括儿童、青少年、残疾人、艾滋病携带者、老年人、原住民、难民、国内流离失所的人和移民等)所需的分类数据还是非常稀缺的。在可持续发展目标的全球指标框架下，跨机构和出口集团的可持续发展目标指标建议，所有明确地提及特定人口群体目标的指标都应该按这些群体进行分类。而且，可持续发展目标指标需要以突出最弱势群体的挑战的方式进行分类，并在次国家和地方环境中提供对于过程和实施的理解，来确保不让任何一个人掉队。2016年3月由联合国统计委员会批准的全球可持续发展目标指标列表包含一个首要原则，这一原则要求“可持续发展目标指标应分门别类，依照官方统计基本原则，对收入、性别、年龄、人种、种族、迁移状况、残疾和地理位置，或其他特征进行分类”。

统计汇总通常掩盖了特定弱势群体的情况。例如，虽然城市地区90%的接生工作是由熟练的卫生人员负责的，但这一数据在农村地区只有72%。来自最贫困家庭的儿童的辍学率比最富裕家庭的儿童要高近4倍。识别数据来源、建议改进数据收集方式和整合创新数据源的工作正在进行中。熟悉实现可持续发展具体目标挑战的专家参与识别数据的分类，数据生产者正在努力寻找方法扩展数据可用性、分析性和利用性，来了解所有群组和地理位置。目前提出的IAEG - SDGs在数据分类上的工作流将为将要开展的工作提供总体方向，通过国家和国际统计系统，包括通过促进数据生产者和数据用户之间的对话，满足数据的分类需求和政策需求。

对于许多国家来说，在个人层面，在提供分类数据时，调查对象的保密、隐私和安全也存在政治和/或法律的担忧。例如，一些国家的法律禁止收集人种和宗教或性取向等特征数据。

因此，静态分析并不足以阐释不平等和贫困的问题。[30]陷入经济贫困或其他类型的匮乏，以及获得脱离贫困的能力，不仅取决于影响个人或家庭的冲击特征，还取决于这个家庭在禀赋(资产和收入)和“资格”(获得物资和安全)方面的起始状态。因此，应对冲击的手段和改善家庭环境的手段(如就业机会)都是必要的，支持永久脱贫和应对不平等的手段也是如此。[31]很多领域长期以来认识到，有必要根据个人和家庭所面临贫困性质是暂时还是长期来考虑差异化的政策。例如，致力于解决失业问题的政策一直以来都注意区分长期失业和短暂失业，政府因此使用了不同的工具。[32]

如上所述，临时的维度也极为重要，因为可持续发展的概念完全包含了后代的需求和幸福。在这一语境下，理解当下的战略、政策和行动将怎样影响我们的后代是至关重要的。[33]

（三）帮助掉队的人

除了识别“掉队群体”，以通过传递机制（如社会服务、基本服务、培训项目等）帮助他们外，还需要：总体的行政和制度的意志和能力，训练有素的员工（如社区工作者、社会工作者），以及具体的行政、管理和责任体系。定向选择常被用于帮助特定群体。

定向选择的方法大体上可以分为以下几个类别：政府官员或社区某一群体对个人/家庭的直接评估；基于年龄群体或地区等特定类别的定向选择；以及自我选择的定向方法，适用的项目类型具有普遍性，但鼓励被定向类型人群使用，且不鼓励其他群体使用。每一种都有优缺点（见表1－2）。通常情况下，干预手段由两个及以上的定向选择方法组合而成。贫穷的国家倾向于更多使用自我选择和类型定向方法，而稍富裕的国家更倾向于使用个体评估。

表1－2 针对掉队群体的现有方法的类型学

	描　述	优　势	限　制	适当的情况
个人/家庭评估				
检测手段	对个人或家庭资格的直接评估	潜在的高精确度	需要高水平的文化素养； 行政要求高； 可能引发工作阻碍	高水平的行政能力； 福利水平证明行政成本的合理性
代理服务器检测手段	用易于观察的特征给家庭打分，这与资格评估形成了对比	可验证； 相比检测手段，不太可能对工作努力产生影响	可能看起来很随意； 需要有文化的、受过计算机能力培训的工作人员； 在家庭层面可能会有错误； 对福利的快速变化不敏感	相当高的行政能力； 稳定的环境； 更大的计划来使固定费用收益最大化

续表

	描　述	优　势	限　制	适当的情况
社区目标定位	独立的社会成员决定社区中的哪些人应该得到福利	地方知识；需求和福利的地方定义	除了良好目标外，地方行为者可能有其他动因；可能降低社区权威或凝聚力；可能延续社会排斥的模式；福利的地方定义可能使评估变得更困难	地方社区有明确的定义和衔接；计划只包括人口的一小部分；临时和低效益的方案
分类目标				
地理目标	由居住地决定资格	简单；没有劳动力的遏制因素；不太可能造成污名	取决于信息的准确性；在预期收益人没有集中的地方表现不佳；会引起政治争议	相当大的区域差异；受限的行政能力；分娩使用固定的地点如学校或诊所
人群目标	由年龄、性别或其他人口特征决定资格	简单；通常在政治上受欢迎；污名少	在人口统计学特征与那些遗留的不太相吻合时，会有错误	良好的人口统计学特征登记；需要低成本的定位方法
自我定位				
	对所有人进行干预，但在某种程度上，它在指定目标群体中会变得更高	行政成本可能较低；不太可能引起劳动力的遏制因素	可能将成本强加给接受者；可能会有相当大的污名；可能难以提供较大的好处	低行政能力；人们快速地进入或离开目标群体；行为区分了预期和非预期受益者

定向选择的成本与以下几个方面相关：为识别定向群体进行信息搜集的成本，成本会随着定向精度的提高而增加；受益者的私人成本，如交通费用；使人们改变行为成为目标群体一员的激励成本；识别贫困家庭的社会成本，而这可能会影响社会名誉；排除其他群体（如中产阶级）参与项目的政治成本。[34]

基于曾发表在1990—2002年间学术杂志上的关于48个国家的122个案例，一份2004年的综合报告评估了在政策干预中用于定向选择最贫困和最脆弱群体的机制的效率，相应的干预手段包括：资金、类资金和食品转移，食品和非食品的补助，创造就业和社会基金的公共建设工程。这一研究发现，不同的定向选择方法在帮助目标群体过程中的效率不同。[35]世界银行2005年发布了一份关于电力和饮用水资助的全面回顾，发现当时存在的大多数资助项目都处于退步状态，其原因包括：低连通率、稀少的获取渠道及贫困群体更低的消费水平，这意味着众多补助惠及了高收入和中等收入群体。[36]

五、“确保不让任何一个人掉队”的战略

“确保不让任何一个人掉队”的首要一点是，要理解造成贫困、不平等和边缘化的原因，并提出解决方案。[37]如本报告第四章将会详细阐述的，“确保不让任何一个人掉队”的战略需要一系列要素：法律法规；在不同层级的进行干预的多元机构；以及潜在的更广泛的社会变化，如社会规范的变化。特别值得提出的是，“不让任何一个人掉队”的原则也具有法律影响。[38]

“不让任何一个人掉队”是《2030年议程》一个贯穿维度，最终帮助“掉队群体”会要求特定的战略，在可持续发展目标的不同领域，战略的性质会有不同。某些领域可能会更契合作为核心目标的“不让任何一个人掉队”战略。过去几十年的实证经验可以表明，对包容的关切如何反映在各种战略中，以及现行战略在这一点上是如何表现的。

（一）整体经济增长战略

在宏观经济（整体经济）增长战略的语境中，贫困往往被用作衡量“掉队群体”的替代手段。因此，大量的经济学文献都聚焦于经济增长对贫困的影响。关于如何最有效地根除贫困，在发展实践者之间已争论了几十年。[39]经济增长

总体上被视作根除贫困的必要因素,但是经济增长具体通过什么渠道来减少贫困,以及政府、政策和机构在这些机制中扮演什么角色,仍然存在着很大的争议。[40,41,42]

在减少收入贫困的战略方面,在20世纪末盛行对比两种战略:一是增加人口平均收入的宏观经济增长;二是在全面增长之外着眼贫穷家庭收入较快增长的所谓"减贫"增长战略。"减贫"增长战略似乎融入了"不让任何一个人掉队"的理念,但是有经济文献强调了其具体挑战:如何识别一个战略是真正"减贫"的,或者说,如何判断一个战略比其他战略更能"减贫"。不同的指标可以作为判断标准,并可能得出不同的答案。[43]此外,从21世纪初期开始,不平等对经济增长会产生负面影响的共识已经广泛达成。

关于不同战略的有效性已经有了很多的争论。部分文献已经将实证经验解释为:从中长期来看,20世纪80年代和90年代发展中国家的一个样本中的贫穷变化的多数波动,可以归因于平均收入的增长,而不是相对收入增长的减贫模式。[44]这表明,具有广泛增长基础的政策对于减贫增长议程来说至关重要。还有观点指出,减贫战略的有效性分析应考虑内在的经济结构动力差异,不仅涉及众多经济部门(即农业、工业、服务业),还涉及部门内,[45]还应考虑的是全球化市场下各经济体融合的差异。[46]最后,过去几十年中国减贫的成功强调了以下内容的重要性:政府的重要性超出《华盛顿共识》中关于提供"促成环境"的角色,包括投资教育的重要努力,实施改革以提供获取资产(如土地)的广泛渠道,实施长远的具有前瞻性的工业政策以提高工业化水平和促进结构转变。[47,48]

帮助"落在最后面的人"的一个关键要素是,促进劳动力从低生产率、低收入向高生产率、高收入转变。[49]还有人强调经济广泛增长的重要性,这种增长有利于产生体面工作岗位,并聚焦于中小企业,刺激经济从非正式经济向正式经济和就业转型。[50]人们的生活水平取决于他们如何谋生。因此,农业对农村贫困者的重要性,制造业对城镇贫困者的重要性,[51]以及消除贫困战略的需求,都应考虑到由于非农业机会的增加,最不发达国家和发展中国家农村家庭的生活水平与农业逐渐脱钩。[52]

（二）社会保障体系[53]

社会保障体系是社会“确保不让任何一个人掉队”的基础性要素。在最一般的意义上，社会保障“阐释了社会成员在遭遇挫折时如何相互帮助”。[54]社会保障体系特别包括以下内容：社会保险体系，即交纳保险费的受益人可以在某种预定的情况下进行提取，比如为失业人员提供的失业金，为老人提供的养老金；社会援助措施，即在特定条件下为不同的社会群体提供的转移支付，如对生育提供生育津贴、育儿补助，对残疾人提供残疾补助。

发展中国家的大多数人享有政府保障体系都是脆弱和不完整的。国际劳工组织的研究发现，全球只有27%的人享有全面的社会保障，而剩下73%的人或是只享有部分保障，或是几乎没有保障。

尽管规划已有很大进步，但现有的社会保障体系未能有效地满足儿童和家庭的收入保障需求，尤其是在儿童人口很多的中低收入国家。108个国家有根植于立法的特定儿童和家庭权益保障项目，但这些项目往往只覆盖了人口中一少部分群体。而在另外75个国家中，这类保障项目完全不存在。[55]从全球来看，只有不到40%的就业妇女享有法定的生育津贴计划，如果包含自愿保险（主要指个体劳动的妇女）的话，比率则为57%。在那些法律制定和执行效率低下的地区，有效的社会保障水平更加低下。越来越多的国家发放非缴纳型生育津贴，以提高收入保障，为孕妇和新生母亲（尤其是对那些生活贫困的妇女）提供母婴保健。然而，巨大的现实差距仍然存在。[56]

在非正式就业大比例存在的很多国家，只有少数人能获得养老金。在现行法律法规下，全球工作年龄人口中，只有42%的人预期能在未来退休后享受缴纳型或非缴纳型养老金，最终实际覆盖的比例可能更低。近年来，很多国家已努力扩大缴纳型养老金项目的覆盖范围，以及设立非缴纳型来保障所有老年人的最低收入。在很多国家，人口老龄化正越来越快，养老金体系在未来将面临很大的压力。

在低收入国家,超过90%的人口不享受保健覆盖。即便有保障体系,健康护理也往往难以获取,或因成本太高而无法承担,这种获取服务的方式反而可能造成贫困。即便是受到法定权利覆盖的群体,也经常碰到健康福利金有限、付现费用过高、缺乏提供服务的健康工作人员等问题,或是遭遇歧视而无法获得服务。最近,联合国大会要求国际劳工组织、世界卫生组织及联合国其他机构予以高度重视,携手建立全面的卫生保障体系,以及建立相互协调的社会保障底限。根据经济合作和发展组织的资料,在发达国家,健康护理质量无法满足老龄化人口和慢性疾病人群的需求。[57]

(三) 基于区域的战略

在发展实践中,融合(合并不同领域的多种行动)以及聚焦于明确地理领域的战略已有较长的历史,从20世纪70年代的农村融合发展项目,[58]到千禧村落计划,再到贫民窟改造和城市重建项目。采取这些措施有一个基本认知,即人们居住的地区往往是他们产生成果和获得机会的决定性因素,例如获得住所和基本服务,以及获得教育、卫生、交通和工作岗位。在这一语境下的战略倾向于强调一种全面的干预手段,覆盖住所、饮用水、卫生、电力、基础设施等领域,以及农村的农业和土地管理。这些干预手段的成效是反复变动的。[59,60]例如,在全世界范围的贫民窟改造项目中,改造后的贫民窟有复原的迹象,因为这些项目只关注外观方面,而忽略了经济和社会方面,如进行强制迁徙,或未考虑贫民窟周围存在而定居点附近没有的工作机会。[61]又如,关于千禧村落计划的成效,在业界也存在广泛的讨论。[62,63]

链接1-5　选择最近有关建设社会保障系统的数据

- 只有27%的全球人口享受着全面的社会保障系统,与此对应,73%只享受部分或完全没有。

- 世界范围内，2.3%的GDP分配给公共社会保障支出，确保工作年龄期间的收入保障；区域差别非常大，从0.5%（非洲）到5.9%（西欧）不等。
- 政府平均分配GDP的0.4%给儿童和家庭福利，范围从西欧的2.2%到非洲、亚洲和太平洋地区的0.2%不等。
- 48%超过退休年龄的人没有收到过退休金。
- 低收入国家超过90%的人口没有健康保险。全世界有39%的人口缺乏这类保险。

资料来源：国际劳工组织，《世界社会保障报告(2014/2015)》。

链接1-6 社会保障体系

可持续发展目标1.3这样写道：“执行适合本国国情的全民社会保障制度和措施，包括最低标准，到2030年在较大程度上覆盖穷人和弱势群体。”国际劳工组织建议的第202条规定，会员国应该建立和维持社会保障体系，作为国家的基本社会保障，来防止或减轻贫困、脆弱性和社会排斥（国际劳工组织，2012a）。这些保障应确保在整个生命周期中，所有需要的人都能获得最基本的卫生保健和收入保障。在国家层面，这些共同确保了获得必要商品和服务的有效途径。更具体地说，国家社会保障体系应该至少包括以下4种社会保障：

(a) 获得必要的卫生保健，包括妇幼保健；

(b) 儿童的基本收入保障，提供获得食物、教育、照顾和其他必要商品和服务的途径；

(c) 为在盛年但无法获得足够收入的人提供基本的收入保障，尤其是处于生病、失业、孕期和残疾的人；

(d) 为老年人提供基本收入保障。

按照国家法律法规，这类保障需要提供给所有居民和儿童，并受制于现有的国际义务。建议第 202 条还说明,要依法建立基本的社会保障制度。国家法律法规应该指定保障福利的范围、资格条件和等级,并提供有效而方便的投诉和申诉程序。

资料来源:国际劳工组织,《世界社会保障报告(2014/2015)》,第 162 页。

(四) 行业战略

很多(如果不是大多数的话)发展干预手段主要聚焦于行业或细分行业。因此,评估这些战略是如何帮助掉队群体以及在实践中如何取得成功,是理解执行《2030 年议程》所面临挑战的关键第一步。基于样本行业的战略,本节阐述了来自现有科学证据的研究关键点。表 1－3 基于现有的文献,提供了用于可持续发展目标部分领域的常用战略的案例,以及它们帮助掉队群体的程度。表 1－3 所基于的完整文献可以在本章的附录中找到。显而易见的是,在其他行业实施类似的调查也是十分重要的,包括农业和乡村开发、工业和制造业、贸易、信息通信技术、基础设施建设、能源和交通。

表 1－3 常用策略示例及它们是如何与“不让任何一个人掉队”目标相一致的

主题	常用策略	与“不让任何一个人掉队”相一致	旨在“惠及落在最后面的人”的策略示例
营养	向怀孕/哺乳期的女性和少女推广母乳喂养和营养知识; 推广添加或不添加食品添加剂的补充喂养; 微量营养物质干预; 对家庭和社区营养的一般支持策略; 减轻疾病负担	干预措施一般用作针对怀孕和哺乳期妇女、少女、婴幼儿等的普遍方案	关注落在最后面的群体的营养干预(如患有严重急性营养不良的儿童的食疗)在与其他策略相比较时,特别有效;但是,因为发育迟缓在 3 岁之后难以逆转,在某些情况下,相比较晚的干预,目标在关键年龄之前的普遍方案已被证明是更为成功的

续表

主 题	常 用 策 略	与“不让任何一个人掉队”相一致	旨在“惠及落在最后面的人”的策略示例
健康	初级卫生保健规定； 优先在年幼时进行干预； 降低药价； 特定疾病的国际行动计划	全民健康范围试图覆盖整个人口的综合健康，努力应对“孤儿疾病”（如被忽视的热带病）的需要已经早就被记入政策议程	一些全民保健的计划致力于惠及最为落后的群体。事例包括，优先在社会剥夺程度最高的地区建立健康中心、在卫生保健不发达地区提供义务服务，或为那些排除在外的人提供专门的保险计划
有条件现金转移（CCTs）	在参加教育、产后护理和接种计划的情况下，向贫困群体提供的现金转移	CCTs通常提供给贫困家庭，目的在于通过减贫提高父母的生活水平，并增加儿童的人力资本	一些计划包括无条件给最贫困的家庭提供现金，其他的给在校青少年提供额外支持，防止辍学。还可以设计一些方案，只针对边缘群体，如原住民
生态系统服务支付（PES）	根据特定要求补偿给人们或者社区进行环境资源或服务的管理计划。PES计划通常用于缓解气候变化、水温服务和生物多样性保护等领域	主要目标是维持或修复生态系统服务，而非减贫，但是，计划能帮助贫困社区管理生态系统。在过去的20年中，有关PES与减贫之间关系的研究已经有所发展	PES的精准设计影响了参与和不参与团体的支付分配；因此，PES可以或多或少地关注那些最为落后的，这要求具体问题具体分析
获得住房	直接提供住房（公共部门）； 所有权和租金补贴计划； 贫民窟改造方案，包括除住房外的基本的全方位服务； 改革住房金融体系，包括初级和次级抵押贷款市场和租赁市场； 市政融资； 城市规划和调控	房屋市场的传统干预措施没有顾及最贫困的群体，无论是通过直接提供住房还是通过补贴； 旨在增加住房金融深度的传统住房金融干预措施，还未帮助到最贫困的人； 贫民窟改造计划明显关注那些掉队群体，但并没有跟上全球几十年来贫民窟数量的快速增加，无家可归仍然是发达国家和发展中国家的一个相似的问题	关注贫民窟干预措施的影响取决于设计和实施方案； 住房小额贷款的引入是为了惠及那些传统银行服务无法涉及的社区

续表

主 题	常 用 策 略	与“不让任何一个人掉队”相一致	旨在“惠及落在最后面的人”的策略示例
获得饮用水和卫生设施	恢复和保护与水相关的生态系统,为淡水供应提供支持; 扩大饮用水服务的覆盖网络; 水价和相关补贴(消费、直接、关联补贴)	旨在普遍提供安全饮用水的策略是与“不让任何一个人掉队”直接相关的。但是,扩展网络通常没有惠及最为落后的群体。许多国家已经满足了千年发展目标关于饮用水的目标;但是,还有许多国家仍然没有获得改善的饮用水源,饮用水补贴往往被认为是倒退的;它们并没有惠及那些没有连接到这一网络中的人	在实际可得的大多数人口国家,促进水源可购性的战略成为惠及那些最落后者的主要途径。就那些离服务完善地区最远的、落后最多的人群来说,扩大水供应可能不会自然地惠及落在最后面的人。这样做的话,需要对最不发达地区和群体有一个科学理性的优先次序
残疾人	反歧视的法律法规; 残疾人指标; 鼓励雇主(税收抵免、住宿补助或改变工作场所); 特殊辅助就业、培训项目、自主创业小额信贷; 增加公共区域的可及性	针对残疾人的策略致力于不让任何一个人掉队	有针对性的干预措施可用于惠及那些不包括在广泛项目中的残疾人。例如,在法院为残疾儿童提供专业服务;确保有关艾滋病的青少年教育材料能以多种形式制作,如带有手语的视频;在有条件现金转移项目中,向残疾儿童提供额外的无条件现金转移
教育	小学和中学的义务教育; 通过倡议行动增加教育需求,如现金转移、学校食品供应和带口粮回家; 增加学校和教室,增加投资,提高教师的素质和积极性; 投资于卫生和基础设施建设	解决教育排斥问题的以证据为基础的政策和策略应包括消除成本障碍,如通过以下方式:现金转移项目,学校伙食/营养和保健服务,学习和教学材料及交通服务,第二次机会/重返项目,丰富的学校设施,多方位的教师培训,消除排斥的语言政策	教育策略和战策包括旨在惠及处于不利地位的弱势群体的措施,在贫困地区的学区投资于额外的资源。各国已经采取了不同策略来提高残疾儿童的入学率

资料来源:作者的概述。详见附录 1。

联合国千年发展目标实施以来，优先“减贫”的发展战略已变得十分普遍。在这样的背景下，不同行业干预手段对贫困者的影响程度的科学经验则可以期待。随之而来的结果是，用于评估这些战略影响和有效性的框架，越来越倾向于将贫困视作评估战略的标准之一。

在实践中，本章篇幅有限的文献概述似乎说明这样一点：在“元”层级（例如，在对比方法论框架下，系统分析干预手段影响的多项目、多国家研究）的评估数量十分有限。这类研究可以在某些行业的学术期刊中找到，[64]也能在发展机构的评估部门报告中找到。[65]然而，更多详细的调查研究仍待进行，这些研究并未涵盖可持续发展目标相关的所有领域和细分领域。同样明显的是，即使当这类评估出现时，它们将倾向于使用不同的标准来衡量掉队群体，并评估帮助他们的干预手段是否有效。

在可持续发展目标的一些领域，常用的发展目标和干预手段将“不让任何一个人掉队”作为核心内容。例如，普遍提供水、卫生、电、清洁的烹饪燃料、儿童保护服务、教育和健康等的获取渠道，是聚焦在这些服务方面的掉队群体而进行的。又如，提供全面的、无歧视的初等教育已成为国际和各国首要的努力方向。[66]

作为重要的跨领域问题，而且现在是可持续发展目标中的独立内容，性别平等是“确保不让任何一个人掉队”的重要目标之一，因为在全世界范围内妇女和女童往往处于边缘状态。尽管性别平等早已成为很多干预政策的目标，但帮助“落在最后面的人”的定向努力仍然需要，例如要确保女童和妇女在教育机构的安全，以及上学、放学途中的安全，尤其是在冲突和危机时期。[67]

卫生议题也是帮助“落在最后面的人”的一个绝佳案例，这在各国和国际的政策讨论中都占据首要地位。在国家层面，“不让任何一个人掉队”已集中体现在很多国家在过去 20 年逐渐成熟的全面卫生保障讨论。除了全面的干预手段和获取渠道，其他宽泛但定向的项目规划也在定义上致力于“确保不让任何一个人掉队”，例如致力于解决多重匮乏问题的“有条件现金转移支付计划”。

在其他行业,常用战略与“不让任何一个人掉队”的结合可能不那么自然。例如,生态系统服务支付项目已经成为生态系统管理的常用工具,但一般并未将减贫作为首要目标,尽管它的部分内容有利于贫困者和边缘化群体。事实上有观点认为,当生态系统服务支付项目定位于保护环境而不是作为减贫机制时,更加有利于贫困者。[68]在农业领域,通过提供市场渠道、认证项目,帮助应对非关税壁垒等,政策框架和发展手段聚焦于小农耕作,确保到位的关于农业的法律法规框架和支持系统处于合适地位不歧视小农耕作者。这一需求也越来越得到认可。[69]

尽管行业战略可能与“不让任何一个人掉队”的目标很好地结合,但仍然需要作出协同努力帮助落在最后面的人。例如,尽管在儿童保护领域作出了很多努力以理解童年时期性暴力、肢体暴力、情感暴力的危害、原因及后果,但缺乏外界定向干预来防止和回应这种暴力,受害者仍然处于更多地受虐待风险,加上恶劣的卫生和教育条件,这极大地影响了他们作为成年人的创造力,导致“掉队者”的循环圈中。[70]同理,尽管已提供免费教育,但如果缺乏定向干预,那么与其他人相比,残疾儿童和青年仍然难以入学、在校学习和完成学业。[71]利用已有设施在城市提供健康饮用水,可以通过补贴便利以可支付成本接入网络,[72]但如果没有拓展网络或提供其他水源,偏远农村的居民可能无法得到帮助。从纯粹效率的角度来看,聚焦于帮助“落在最后面的人”的战略有时可能是“最好的”战略,卫生设施对此提供了非常好的案例。[73]

一方面,首先帮助落在最后面的人(如边缘化的群体和处于极度不利条件地区)的干预手段可以加速可持续发展的总体进程。对于健康、饮用水、卫生和其他基本服务的干预手段一直都有极高的社会投资回报,包含健康、家庭收入、教育和劳动生产率等方面的多重效益。[74]从狭义成本视角来看,这类干预手段往往是有意义地。例如,正如《全球能源评估报告》显示的那样,全面获取现代能源的成本要比能源系统转变的成本低 1—2 个数量级,而后者使全球气候变化处于可控状态。[75]

另一方面，在一些行业，帮助落在最后面的人可能被视作一个基于效用地经济效率的权衡问题。例如，假设卫生政策不得不为不同的病例配置资源，效用方法配置的目的是全社会的平均期望寿命会有最大幅度的提高。致力于“不让任何一个人掉队”的方法可能需要更加重视这样一个事实，富人和穷人受不同疾病的困扰，这一方法可能会产生每个群体因预期寿命增加最大化而引发的资源配置问题。在其他案例中，帮助落在最后面的人的成本可能很高，在帮助大量贫困、接近贫困或极端贫困的人时，容易出现需要权衡的问题。

从本章回顾的证据（详见附录）中，很明显的是，至少在可持续发展目标的一些领域，常用的发展干预手段可能需要在“帮助掉队群体”的视角下进行重新评估；在一些案例中，实现这些目标的战略可能并不是现在所使用的。很重要的一点是，有必要对全社会赋予“不让任何一个人掉队”的价值进行明确认同，因为这对其他发展战略的对比和选择有明显的影响。在实践中，这一方法要求识别关于政策的相关利益群体（包括根据统一标准的“掉队群体”），识别哪些因素会影响对于每个群体的成果，明确考虑这些成果，以便配置各类资源。

六、结语——决策者的考虑

本章从科学-政策的角度，旨在为探索可持续发展目标的操作化原则——“不让任何一个人掉队”提供一个参考框架。关于科学证据如何影响决策者，本章用有限的篇幅综述了三个重要问题。第一，回顾了在实践中用于识别“掉队群体”的一些概念和方法。第二，指出了现有发展干预手段（用于定向选择和帮助掉队群体）的有效性。第三，突出了用于可持续发展不同领域的发展战略的案例，并基于现有的科学总结，告诉我们哪些证据在判断“不让任何一个人掉队”时是有效的。

17个可持续发展的目标和具体目标明确地指出了任务和行动，这些任务和行动与“不让任何一个人掉队”直接相关,也关乎应成为持续关注的对象群体(国家和人)。尤其是,这些参考内容在联合国千年发展目标中也得到了频繁地使用,包括贫困、性别、教育、卫生及其实施手段。在这些领域,从宽泛的视角考虑包容性是主要发展理论和实践的一部分,这一维度的行动和政策也已成为标准发展范式的一部分。其他目标也强调了具体的行动。不过在一些目标领域,“确保不让任何一个人掉队”的具体措施并未完全包含在相关的具体任务内。

不管是在一国内,还是涉及跨国,都有很多标准可用于识别掉队群体。除了聚焦特定群体(如妇女、原住民、残疾人、年轻人等)和单个领域或行业的贫困指标,还存在很多多重匮乏的指数,包含社会、经济、环境等维度。例如,在发达国家和发展中国家,基于复合指标的多重匮乏图谱已用作在不同地理层面的规划和管理手段。在实践中,关于《2030年议程》具体维度的掉队群体在不同的社会可能是不同的群体。分析数据的更多努力被强调为更好识别掉队群体的关键一步。

现在已有一系列定向方法用于帮助掉队群体。基础数据的实施,以及各种机构的管理能力都是十分必要的。不同可持续发展目标领域已有的评估都证实了一点,在有效帮助掉队群体这方面,还存在很多重大的实践挑战。

本章基于已有文献,提供了一般用于部分可持续发展目标的部分领域战略案例,以及它们在多大程度上帮助掉队群体。在可持续发展目标的很多领域,包容性发展战略是被广泛接受的范式。这包括饮用水、电力和其他基本服务,在这些领域,确保全面的获取渠道是首要的目标。然而,帮助掉队群体的战略是否成功,取决于很多因素,包括各国具体的环境、战略的设计、定向方法和具体实践。在本章干预手段的案例中,“首先帮助落在最后面的人”的案例包括:在营养方面,发展中国家干预手段的核心对象是发育不良的人;在区域选择方面,干预手段定向于最贫困的地区;为无家可归者提供住所。显而易见的是,在其他行业实施类似的调查也是十分重要的,包括农业和乡村开发、工业和制造业、贸易、信息通信技术、基础设施建设、能源业和交通业。

基于一定数量的证据，本报告发现，在《2030 年议程》中很多领域，分离可持续发展手段中的“不让任何一个人掉队”要求并不会有无法解决的困难。在一些案例中，相比现用的战略，“首先系统地帮助落在最后面的人”可能要求战略规划的显著更新。在这一领域取得成功需要三个层面的注意。第一，更好地考虑掉队群体的利益，以规划评估战略和政策设计的方式。这反过来又要求从国家和具体地区的语境，增强理解贫困、不平等、边缘化、歧视、脆弱的动态性。这也要求在政策讨论和作出决策时，应为贫困者和被边缘化的群体提供更多的呼吁渠道。很明显，这一制度维度是十分重要的，关于这一点，将会在第四章详细阐述。第二，采取特定手段帮助落在最后面的人，有回顾或更新战略实施方式的必要，以消除在管理能力和数据方面存在的鸿沟，以促进项目定向，消除阻碍进步的其他障碍。第三，在政府决策的最高层面，真正落实《2030 年议程》需要考虑社会目标如何与其他目标平衡，如短期的经济效率。最后，“首先帮助落在最后面的人”从国有部门和私人部门的资源配置中都会得到体现。

鉴于《2030 年议程》中“不让任何一个人掉队”这一概念的重要性，在未来，系统地搜集关于现有发展战略如何帮助“落在最后面的人”的科学证据，这一点将变得十分关键。第一步可以是现有“元”研究的创造，用于评估帮助掉队群体发展干预手段的有效性，这些手段存在于不同的可持续发展目标领域中。可持续发展目标不同领域的评估手段使用不同的标准，定义与衡量“掉队的人”和“落在最后面的人”，并评估那些帮助他们的干预手段的有效性。在更可比较的框架下评估投资的成本和收益是十分有用的，这用于评估可持续发展目标中的发展干预措施。根据方法论和成本，这可能是一项庞杂的工作。而回报则可能是横跨整个《2030 年议程》，更好地把握战略应如何更好地落实以实际帮助“落在最后面”的人。

对于本章作为引言引出的话题，其他章节将从不同的角度作出更多的解读。第二章将考察恢复机制、基础设施、不平等之间的联系。第三章将评估可持续发展目标的相关技术,并强调了技术对掉队群体的重要性。第四章将讨论可持续发展目标的包容性制度。

尾注

① See for example: Taking income inequality reduction seriously: a pass-or-fail test for the Sustainable Development goals, IDDRI issue brief, 6/15, September 2015; Inequality and the 2030 Agenda for sustainable Development, Development Issues 4, Department of Economic and Social Affairs, October 2015.

② In the UN, see for example HLCP, 2015, Equality and nondiscrimination at the Heart of sustainable Development: Towards a UN System-wide shared framework for addressing inequalities and discrimination of the 2030 Agenda, HLCP positioning paper, November, CEB/2015/6.

③ A/RES/70/1, paragraph 4.

④ For references, see e.g. United Nations, 2013, Inequality Matters, Report on the World Social Situation 2013, Department of Economic and Social Affairs, New York; and World Bank, 2013, Inclusion matters: The foundation for shared prosperity, Washington D.C.

⑤ United Nations, 2002, Johannesburg Declaration and Plan of Implementation, New York.

⑥ 牛津在线词典将"包容"定义为"涵盖或处理一系列学科或领域的特性"或"包括社会各阶层的特性"。继而,"包容的"被定义为"包括或覆盖广泛的事情",是"包含指定的元素作为整体的一部分",是"不排除社会的任何部分或任何一方参与",最后,在语言使用方面,"注意避免性别歧视,尤其是避免使用男性代词指代男性和女性"。

⑦ Sen, A., 1999, *Development as Freedom*, New York: Oxford University Press.

⑧ See for example HLCP, 2015, Equality and non-discrimination at the Heart of sustainable Development: Towards a UN System-wide shared framework for addressing inequalities and discrimination of the 2030 Agenda, HLCP positioning paper, November, CEB/2015/6.

⑨ 其他对发展和冲突的研究区分了纵向和横向的不平等,显示了不平等(在收入、经济资源、社会服务、政治参与或正义等方面,特别是种族和宗教群体之间深刻的不平等)可以威胁到社会凝聚力,让一些群体变得激进,使紧张局势升级为政治危机和暴力冲突。See e.g. Henk-Jan Brinkman, Larry Attree and Sasa Hezir, 2013, Addressing horizontal inequalities as drivers of conflict in the post-2015 development agenda, mimeo, Frances Stewart https://www. ifw-kiel.de/konfer/2006/preg/stewart_langer.pdf, CEB paper.横向平等和纵向平等的概念并不是针对冲突和发展领域的。

⑩ Huq et al., Does Aquaculture Sector Concern about Women Empowerment with Sustainable Development? A Situation Analysis of Coastal Regions of Bangladesh, Brief for GSDR, 2016; Rao et al., Gendered vulnerabilities to climate change: Insights from the semi-arid regions of Africa and Asia, Brief for GSDR 2016.

⑪ Full Participation Project: No Ceilings Report: 2015, Clinton Foundation and Bill and Melinda Gates Foundation.

⑫ Djoudi et al., At the intersection of inequalities, Lessons learned from CIFOR's work on gender and climate change adaptation in West Africa, Brief for GSDR 2016; Larson et al., Can Safeguards Guarantee Gender Equity? Lessons from research on women in early REDD+ implementation, Brief for GSDR 2016; Thuy et al., Gender mainstreaming in REDD+ and PES-Lessons learned from Vietnam, Brief for GSDR 2016.

⑬《2030年议程》还包含了一些措辞,可能会限制“确保没有一个人掉队”的承诺。例如,目标5.4:认可和尊重无偿护理和家务,各国可视本国情况提供公共服务、基础设施和社会保护政策,在家庭内部提倡责任共担。

⑭ 代际公平一直是可持续发展的核心原则,关于这个概念的定义,其中最著名的是在Bruntdland中的定义。参见 Matson, P., W. C. Clark, K. Andersson, 2016年, *Pursuing Sustainability: A Guide to the Science and Practice*, Princeton University Press, Princeton.

⑮ 对贫困最常用的定义是生活在一定收入门槛以下的人数。根据世界银行修订后的定义,每天生活水平低于1.9美元(美元购买力平价)是极度贫困,低于3.1美元是中度贫困。诸如以上的绝对贫困线通常是根据基本食物需求的成本估算的(为了一个典型家庭的健康生活,一个营养篮子的成本被认为是最低的),这一规定增加了非食品需求。另一方面,相对准则反映了一种观念,即认为重要的剥夺是相对于整个社会的福祉来判断的,在收入分配的某一时刻家庭的收入水平会接近。许多国家的贫困线都是基于这些相对的措施。

⑯ http://hdr.undp.org/en/content/multidimensional-povertyindex-mpi.

⑰ http://www.oecdbetterlifeindex.org/#/11111111111.

⑱ http://www.socialprogressimperative.org/wp-content/uploads/2016/04/2015-Methodology-Report.pdf.

⑲ 参见 Paes de Barros, R., F. H. Ferreira, J. R. Molinas Vega, 和 J. Saavedra Chanduvi. 2009年. Measuring Inequality of Opportunities in Latin America and the Caribbean. 华盛顿特区:麦克米伦出版社和世界银行。综合指数衡量了个人情况如何影响儿童享受关键基础设施服务的可能性。它包含两个因素:第一,人类发展所必需的基本机会的覆盖范围的水平(例如获得初级教育、水和卫生设施或电力);第二,这些机会分布在不同变量之间的程度,例如位置(城市与乡村)、性别、收入、家庭规模、家庭成员的教育程度、家庭成员的性别构成。

⑳ 例如,在发达国家,只有一小部分富裕家庭选择不在家看电视,即使在很长一段时间内,家庭的电视机设备拥有率被认为是“进步”的指标。

㉑ For a discussion and references, see Matson, P., W. C. Clark, K. Andersson, 2016,

Pursuing Sustainability: A Guide to the Science and Practice, Princeton University Press, Princeton.

㉒ 例如,基本指标有如下:在国家贫困线以上或以下;最小的卡路里摄入量;发育不良;无法获得安全的饮用水和卫生设施;获得清洁燃料;获得电;属于这一类。

㉓ PISA 2012, Results in Focus, What 15 - year-olds know and what they can do with what they know, OECD, Paris, 2012, available at: https://www.oecd.org/pisa/keyfindings/pisa-2012-results-overview.pdf.同样的研究也发现了掌握数学和科学的信心在不同性别之间有差异。此外,经济合作与发展组织成员国的15岁女孩中,有5%的人在考虑从事工程或计算机方面的工作,而20%的男孩会这样做。

㉔ 例如,联合国系统在2015年进行了一项审查,通过现有收集的几百个监测过程对可持续发展目标的覆盖范围进行评估,参见 Tentative list of review and coordination platforms: Compilation of inputs submitted by the Technical Support Team (TST),参见: https://sustainabledevelopment. un. org/content/documents/5459Tentative% 20list% 20of%20review%20and%20coordination %20platforms.pdf.

㉕ 例如,关于环境的性别维度有大量的证据和分析,参见联合国环境规划署,2016年,Gender Global Environment Outlook.

㉖ For an application at the Province level in South Africa, see http://www. statssa. gov. za/? page_id=3895; For an application at the municipal level in Wales and England, see http://gov wales/docs/statistics/2015/150812 - wimd - 2014 - reviseden pdf and https://www. sheffield. gov. uk/your-city-council/ sheffield-profile/deprivation-statistics. htm.

㉗ See the Report of the Inter-Agency and Expert Group on Sustainable Development Goal Indicators, E/CN. 3/2016/2/ Rev. 1, Available here: http://unstats. un. org/unsd/statcom/47th-session/documents/2016 - 2 - SDGs - Rev1 - E.pdf.

㉘ Sen, A., 1999, The Possibility of Social Choice, *The American Economic Review*, 89, 3, pp.349 - 378.

㉙ Chen, S., M. Ravallion, 2008, The Developing World is Poorer Than We Thought, But No Less Successful in the Fight Against Poverty, *World Bank Policy Research working Paper 4703*, Washington, DC.

㉚ OECD, 2008, Growing Unequal? Income Distribution and Poverty in OECD Countries, Paris.

㉛ See e.g. Murphy, S., P. Walsh, 2014, Social Protection Beyond the Bottom Billion, The Economic and Social Review, 45, 2, 261 - 284.

㉜ Grootaert, C., R. Kanbur, G.-T. Oh, 1995, The Dynamics of Poverty: Why Some People Escape from Poverty and Others Don't — An African Case Study, World Bank Policy Research Working Paper 1499; N. Mango, P. Kristjanson, A. Krishna, M. Radeny, A. Omolo, M. Arunga, Why is it some households fall into poverty at the same time others are escaping poverty? Evidence from Kenya. ILRI Targeting and Innovation Discussion Paper, 16, Nairobi (Kenya): ILRI; Signe-Mary McKernan, Caroline

Ratcliffe, and Stephanie R. Cellini, 2009, Transitioning In and Out of Poverty, the Urban Institute, Factsheet ＃1, September; S. R. Cellini, S.-M. McKernan, C. Ratcliffe, 2008, The Dynamics of Poverty in the United States: A Review of Data, Methods, and Findings, *Journal of Policy Analysis and Management*, 27, 3, 577-605; Bane, M.J., D. T. Ellwood, 1986, Slipping in and out of poverty: the dynamics of spells, *Journal of Human resources*, 21, 1.

㉝ International Labour Organization, 2014/2015, *World Social Protection Report 2014*, Building Economic Recovery, Inclusive Development and Social Justice, Geneva, Switzerland.

㉞ See Matson, P., W. C. Clark, K. Andersson, 2016, *Pursuing Sustainability: A Guide to the Science and Practice*, Princeton University Press, Princeton.

㉟ 干预可能有其他目标，而不是把资金转移到贫困家庭，因此可能会与目标战略进行权衡。

㊱ Coady, D.; Grosh, M.; Hoddinott, J., 2004, Targeting of Transfers in Developing Countries: Review of Lessons and Experience, World Bank regional and sectoral studies, ISBN 0-8213-5769-7.

㊲ Komives, K.; Foster, V.; Halpern, J.; Wodon, Q. with support from R. Abdullah (2005), Water, electricity, and the poor: Who benefits from utility subsidies?, Directions in Development, The World Bank, Washington, D.C.

㊳ See e.g. Ostry Berg etc. IMF, “Causes and Consequences of Income Inequality: A Global Perspective” (June 2015), *IMF Staff Discussion Note*, https://www.imf.org/external/pubs/ft/sdn/2015/sdn1513.pdf.

㊴ 例如在教育方面，使青年普遍识字，提供至少一年的学前教育，提供12年的公共和免费的初级和中等教育，以及使人们有平等机会获得后基础教育和培训的承诺，这可能需要国家调整立法。

㊵ See e.g. Cobbinah, P., R. Black, R. Thwaites, 2013, Dynamics of Poverty in Developing Countries: Review of Poverty Reduction Approaches, *Journal of Sustainable Development*, 6, 9.

㊶ See e.g. Chang, Ha-Joon, Bad Samaritans: Rich Nations, Poor Policies, and the Threat to the Developing World, Random House, London, 2007.

㊷ See e.g. Bourguignon, F. (2004), The Poverty-Growth-Inequality Triangle, Washington DC: World Bank.

㊸ Dan Banik & Arve Hansen (2016), The Frontiers of Poverty Reduction in Emerging Asia, F*orum for Development Studies*, 43: 1, 47-68.

㊹ Ravallion, M., & Chen, S. (2003), Measuring pro-poor growth. *Economics Letters*, 78 (1), 93-99; Son, H. H. (2004), A note on pro-poor growth. Economics Letters, 82 (3), 307-314.; Duclos, J. (2009), What is “pro-poor”? *Social Choice and Welfare*, 32 (1), 37-58; Essama-Nssah, B. (2005), A unified framework for pro-poor growth analysis, *Economics Letters*, 89(2), 216-221; Grimm, M. (2007), Removing the anonymity axiom in assessing pro-poor growth. *Journal of Economic Inequality*, 5(2), 179－197; Klasen, S. (2008), Economic growth and poverty reduction: Measurement issues using income and non-income indicators. *World Development*, 36(3), 420－445; Kakwani, N., Son, H. H. (2008), Poverty equivalent growth rate, *Review of Income and Wealth*, 54(4), 643－655.

㊺ Kraay, A. (2006), When is growth pro-poor? evidence from a panel of countries, *Journal of Development Economics*, 80(1), 198－227. doi: 10.1016/j.jdeveco.2005.02.004.

㊻ Ferreira, F. H. G., Leite, P. G., M. Ravallion, (2010), Poverty reduction without economic growth? explaining Brazil's poverty dynamics, 1985 － 2004, *Journal of Development Economics*, 93(1), 20－36.

㊼ Son, H. H., N. Kakwani (2008), Global estimates of pro-poor growth, *World Development*, 36(6), 1048－1066.

㊽ See e.g. Ravallion M.,The Economics of Poverty: History, Measurement, and Policy, Oxford University Press, 2016.

㊾ See e.g. Lin J., New Structural Economics, A Framework for Rethinking Development and Policy, World Bank, Washington D.C.

㊿ Amsden, A. (2001), The Rise of "The Rest — Challenges to the West from Late-Industrializing Economies", Oxford University Press; Reinert, E. S. (2007), How Rich Countries Got Rich and Why Poor Countries Stay Poor, London: Constable; McMillan, M., and Rodrik, D. (2011), Globalization, structural change and productivity growth, NBER Working Paper Series, 17143.

51 ILO (2016), Wold Employment and Social Outlook 2016, Transforming jobs to end poverty.

52 Christiaensen, L., Demery, L., & Kuhl, J. (2011), The (evolving) role of agriculture in poverty reduction-an empirical perspective, *Journal of Development Economics*, 96 (2), 239－254.

53 Rigg, J. (2006), Land, farming, livelihoods, and poverty: Rethinking the links in the rural south, *World Development*, 34(1), 180－202.

54 This subsection is based on the World Social Protection Report 2014/2015, published by ILO.

55 Gentilini, U., S. Were Omamo, 2011, Social Protection 2.0: Exploring Issues, Evidence and Debates in a Globalising World, *Food Policy*, 36, 329－340.

56 International Labour Organization, 2014/2015, *World Social Protection Report 2014*, *Building Economic Recovery*, *Inclusive Development and Social Justice*, Geneva, Switzerland.

57 International Labour Organization, 2014/2015, *World Social Protection Report 2014*, *Building Economic Recovery*, *Inclusive Development and Social Justice*, Geneva, Switzerland.

58 http://www. oecd. org/newsroom/healthcare-improving-tooslowly-to-meet-rising-strain-

of-chronic-diseases.htm.

⑲ See e.g. K.M.Cleaver, 1997, Rural Development Strategies for Poverty Reduction and Environmental Protection in Sub-Saharan Africa, World Bank, Washington D.C.; and Binns, J. A., and D. C. Funnell, "Geography and Integrated Rural Development", *Geografiska Annale*, Series B., Human Geography 65.1 (1983): 57 - 63.

⑳ Andersson, R. and Musterd, S. 2005, Area-based policies: a critical appraisal, Tijdschrift voor economische en sociale geografie, 96, 377 - 389.

㉑ Smith G.R., 1999, Area-based Initiatives: The rationale and options for area targeting, *Smith G.R., 1999*, Case paper, CASE/25, Centre for Analysis of Social Exclusion, London School of Economics, London.

㉒ See e.g. What works in improving the living conditions of slum dwellers; A review of the evidence across four programmes, Lucci P., Bhatkal, T., Khan A., Berliner, T. 2015, Overseas Development Institute, London; or The Welfare Effects of Slum Improvement Programs: The Case of Mumbai, Takeuchi A., Cropper M., Bento A. World Bank Policy Research Working Paper 3852, 2006.

㉓ MVP. 2010. Harvests of Development: The Millennium Villages After Three Years, New York: TheEarth Institute at Columbia University and Millennium Promise. Available at http:// ciesin. columbia. edu/binaries/web/global/news/2010/mvp_midterm_report.pdf.

㉔ See e.g. Clemens, M.A., Demombynes G., When does rigorous impact evaluation make a difference? The case of the Millennium Villages, 2011. *Journal of Development Effectiveness* 3 (3): 305 - 339 and Butler, D. Poverty project opens to scrutiny, 2012 *Nature* 486, 165 - 166.

㉕ 例如,《柳叶刀》对卫生部门的发展干预进行了多重审查,见本章附件中的参考资料。

㉖ 例如,世界银行的独立评估小组已经对世界银行在某些部门的干预措施进行了大量的系统评估,其中许多部门记录了世界银行和国际金融公司的干预措施对穷人的影响程度。

㉗ United Nations, 2015, The Millennium Development Goals Report 2015, New York.

㉘ See e.g. M. Sinclair, 2001, Education in Emergencies, in Learning for future: Refugee education in developing countries, Edited by Jeff Crisp, Christopher Talbot and Daiana B. Cipollone, UNHCR, Geneva.

㉙ Wunder, S. 2008, Payments for environmental services and the poor: Concepts and preliminary evidence. *Environment and Development Economics*, 13(3), 279 - 297.

㉚ International assessment of agricultural knowledge, science and technology for development (IAASTD) : global report edited by Beverly D. McIntyre et al., 2008, Washington D.C.See IAASTD.

㉛ See: (1) Toward a World Free from Violence: Global Survey on Violence against Children. Office of the Special Representative of the Secretary-General on Violence against Children, New York, 2013. (2) United Nations Children's Fund, Hidden in

Plain Sight: A statistical analysis of violence against children, UNICEF, New York, 2014. (3) World Health Organization, United Nations. Global Status Report on Violence Prevention 2014. Geneva, Switzerland: WHO Press; 2014. (4) Hillis, S., Mercy, J., Amobi, A., et al. Global Prevalence of Past-year Violence Against Children: A Systematic Review and Minimum Estimates. Pediatrics. 2016;137(3): e20154079. (5) Chiang LF, Kress H., Sumner SA, et al. Inj Prev 2016; 22: i17 - i22.

⑫ World report on disability, World Health Organization, World Bank 2011, available at: http://www.who.int/disabilities/ world_report/2011/en/.

⑬ Komives, K.; Foster, V.; Halpern, J.; Wodon, Q. with support from Roohi Abdullah, 2005, Water, electricity, and the poor: Who benefits from utility subsidies?, Directions in Development, World Bank, Washington, D.C.

⑭ 评估提高营养特定包装对儿童生存的潜在影响的多重审查研究得出如下结论:对严重急性营养不良的治疗,是一种"帮助落在后面的人"的形式,将挽救62万—91.7万人的生命,或者挽救与其他干预相结合一样多的生命。此外,加强营养干预效果的评估显示,最贫穷的国家将获得最大的收益,quintiles,参见 Bhutta, Z. A.; Das, J. K.; Rizvi, A.; Gaffey, M. F.; Walker, N.; Horton, S.; Webb, P.; Lartey, A. Black, R. E. (2013), Evidence-based interventions for improvement of maternal and child nutrition: what can be done and at what cost?, The Lancet, 382, 9890, 452 - 477.

⑮ See e.g. Heckman J., Masterov D. V., The Productivity Argument for Investing in Young Children, Working Paper 5, Invest in Kids Working Group, Committee for Economic Development, 2004; Koolwal G., van de Walle, D. 2009, Access to Water, Women's Work And Child Outcomes, World Bank, Washington D.C.; and Fay M., Leipziger D., Wodon Q., Yepes T., 2005, Achieving childhealth-related Millennium Development Goals: The role of infrastructure, *World Development*, 33, 8, August, 1267 - 1284.

⑯ IIASA, 2012, *Global Energy Assessment*, Vienna.

第二章

基础设施、不平等与复原力之间的联系

《2030年议程》与可持续发展目标(SDGs)之间有着至关重要的联系,前者是后者不可分割的部分。目标和具体目标之间是相互关联的,并且各目标的形成突出了两者之间的联系。基于科学研究,这一章主要阐述《2030年议程》中明确相互联系的三个特定领域之间的关系,即基础设施、不平等与复原力之间的联系(见链接2-1)。较好地理解这种联系是重要的,因为它解决了《2030年议程》所作出的关键承诺。第一,是绝不让任何一个人掉队的承诺,这点已经在前一章讨论过;第二,承诺在将世界转变为可持续的和有复原力的道路上迈出大胆和变革的步伐;第三,承诺采取政策以加强基础设施的质量和复原力。

链接2-1 《2030年议程》中基础设施、不平等与复原力之间的联系

在可持续发展总目标中,基础设施、不平等和复原力各自都被分成了许多子目标和具体目标。这些领域之间的关系明确地被分为15个可持续发展的具体目标。这些具体目标大部分都和提供全球性的基础设施来减少不平等相关(如饮用水、卫生设施、现代能源服务、信息通信技术和网络、住房和交通)。另外有两个目标把复原力和基础设施及不平等联系在一起(发展有抵御灾害能力的基础设施——目标9.1;建立穷人的复原力——目标1.5)。最后,三者关系的联系重点体现在三个具体目标中:

向非洲国家、最不发达国家、内陆发展中国家和小岛屿发展中国家提供更多的财政、技术和技能支持，以促进发展中国家开发有复原力的可持续基础设施(9.a)；支持最不发达国家建造可持续的、有抵御灾害能力的建筑(11. c)；增加采取和实施综合政策和计划以构建包容、具有抵御灾害能力的城市(11.b)。

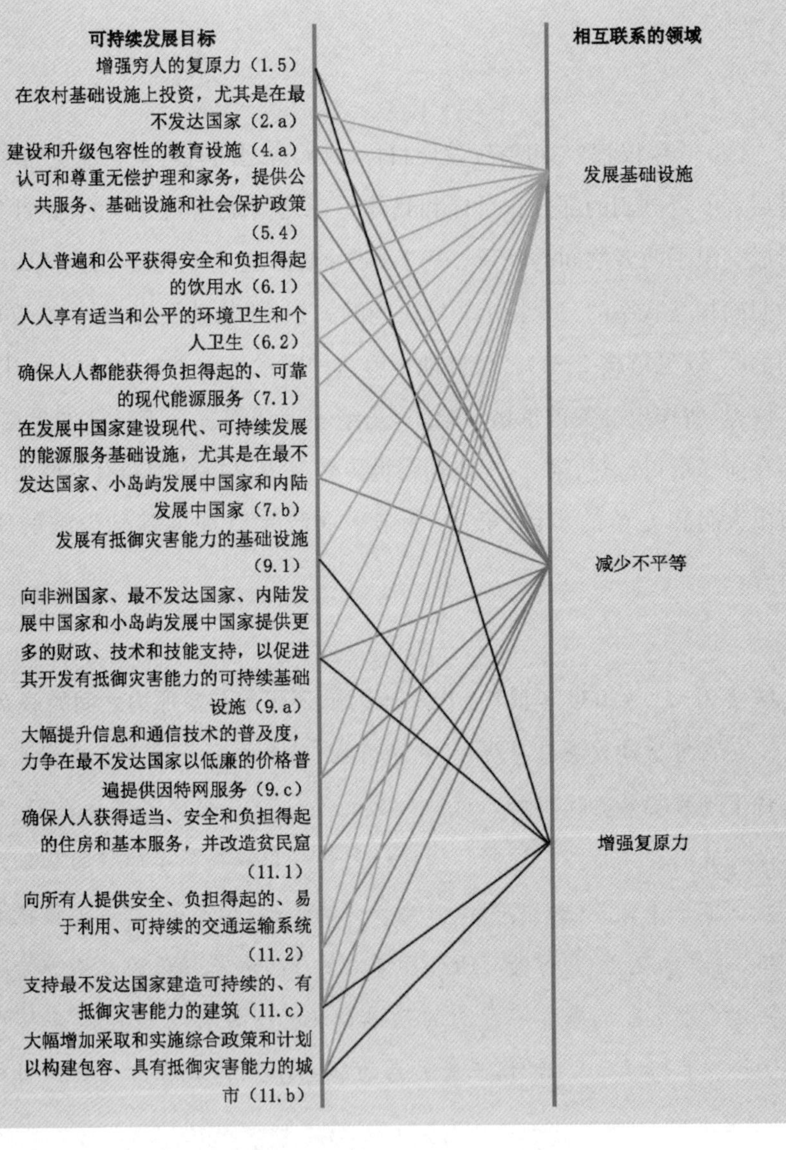

这一章旨在突出这三个领域之间的主要联系渠道，根据科学检验结果综合分析三者之间的协同效应和利弊关系。本章仍然采用本报告前两版使用的关系法，通过展示可持续发展目标其中一个领域采取的行为如何影响其他领域，突出综合分析方法在可持续发展分析中的作用。本章旨在提升科学和政策的交互，使政策制定者关注科学社会是如何分析两者之间的联系，同时为科学社会提供一些重要的政策问题并突出将来可能需要进一步研究的领域。

基础设施通常被认为是人类共有财富之一，正因如此，涉及基础设施的规章制度通常被认为是政府的责任。[①] 本章所考虑的联系提供了相关的政策信息，帮助政策制定者在进一步发展基础设施的同时减少不平等和提高复原力。与此同时，通过提供具体的实例，还可以增强政策制定者和实践者用综合能力解决发展的能力。

以下现象进一步强调了这种联系的重要性：

（1）基础设施存在巨大差异：全世界超过 11 亿人口无法用电，[②] 6.63 亿人口缺乏纯净水，24 亿人没有足够的卫生设备。[③] 大约全球 1/3 的人口没有得到全天候道路的服务。[④]

（2）消除这些差异需要大量的投资：在发展中国家，每年全球基础设施缺口估值约为 1 万亿—1.5 万亿美元。[⑤]

（3）对基础设施的投资应注意长期持续效应：估计基础设施的使用年限，公共道路大致为 20 年，混凝土桥梁、下水道和用水建筑大约在 100 年左右。[⑥]

（4）使基础设施具有抵御灾害的能力：自 2010 年以来，自然灾难已经造成了超过 9 000 亿美元的经济损失，主要就是基础设施的损毁。[⑦]

已经有大量的文献关注于此三种领域中的每一点。例如，基础设施在发展领域得到了极大的关注，这归功于它在经济增长和推动发展中起着至关重要的作用。然而，关注于其中每一个单独领域的科学家通常来自不同的群体，所以三个领域之间联系的研究相较于各自领域的单独研究要少得多。

此章节的准备基于广泛的素材收集,已经在同行评审期刊上发表过相关联系主题的科学家、专家及一些联合国系统内外的专家都伸出援手。他们在本章确认和描述基础设施、不平等和抵御灾害能力之间的关系,识别协同效应、权衡利弊和约束条件,同时提供相互联系的实证检验。这与相关联系的科学文章分析互为补充。显然,分析并不详尽,但却突出了相关的研究范围和科学视角。运用的分析方法详见附录2。

鉴于该内在联系是由三个广泛的领域组成的,不同的科学方法可能导致不同的结论,本章采用表2-1列出的定义。正如在第一章中所述,不平等的特点是人和人之间或者各群体之间存在的歧视以及由此引发的机会或结果的差异。和贫穷类似,不平等也是多维的,包括如教育、文化、医疗、营养、安全、权利、社会包容、收入、消费和资产等各个方面。[8]

表2-1 定 义

不平等	基础设施	复原力
人与人之间或各群体之间获得机会或结果的差异	对社会和经济运行至关重要的基础资产和物件	人们承受和适应经济、社会或环境冲击的能力,使他们能够继续他们认为有价值的生活

从广义上讲,基础设施是满足人类需求的一种方法。[9]它是由基础资产和物件集合而成,对社会和经济的运行至关重要。本章所讨论的基础设施范围包括基础服务,如水、卫生和能源;连通性基础设施,包括道路、运输系统和信息与通信技术。[10]

复原力是一项十分复杂的系统属性。这项系统属性由生态系统、居民生活、城市和基础设施构成。通常,复原力被定义为一个系统适应冲击和保持其核心功能的能力。[11]在本章中,我们关注人们适应经济、社会和环境冲击后的复原力,这使得人们能够继续他们认为有价值的生活。

这种联系内部的关联表明一个领域的变化是如何影响其他领域和被其

他领域所影响的。这种关联会使一个领域的提升导致另一个领域的提升，从而产生协同效应。例如，农村道路质量的改善可能增加相对贫穷的家庭进入市场的机会和创造更多的就业机会，从而减少收入的不公平和提高复原能力。

另一方面，这种内在关系也可能会造成相反的结果，一个领域的进步也可能会造成另一个领域的衰退。例如，农村道路质量的改善可能激励农业家庭专业化，生产某种特定的农作物，这会导致这些家庭生活多样性的减弱，从而使他们受到冲击后抵御灾害的能力下降。也有另一种可能产生——那些已经富裕的家庭从农村道路质量的改善中受益最多，鉴于他们最初的资本积累的优势，这也会使不平等更明显。

正如这些例子所阐释的，这种关联的内部关系非常复杂，而且依赖于基础设施、不平等和复原力的现有水平。本章基于科学事实，重点介绍三者之间重要的联系。

一、关 键 联 系

向专家咨询并查阅了科学文献综述后发现：基础设施、不平等与复原力关系诸要素之间存在着若干联系，其简要的关键联系如图 2－1。该图旨在分解出上述三个方面（由下表方框所示）之间存在的各种因果联系。方框之间的箭头表示相互之间的联系；联系的实质在箭头旁的文字中显示。比如，一个箭头从基础设施指向不平等，这就代表了基本服务的提供会影响不平等。箭头的大小表示了基于某种联系的说明性研究的相对数量的多少，这些研究来源于专家供稿以及为本章写作所准备的综述评论。图表显示的联系则是以专家提供的信息用逻辑关系归类而筛选出来的。鉴于其联系的复杂性，图2－1只是做一个简要说明，并不包括所有的相关联系。

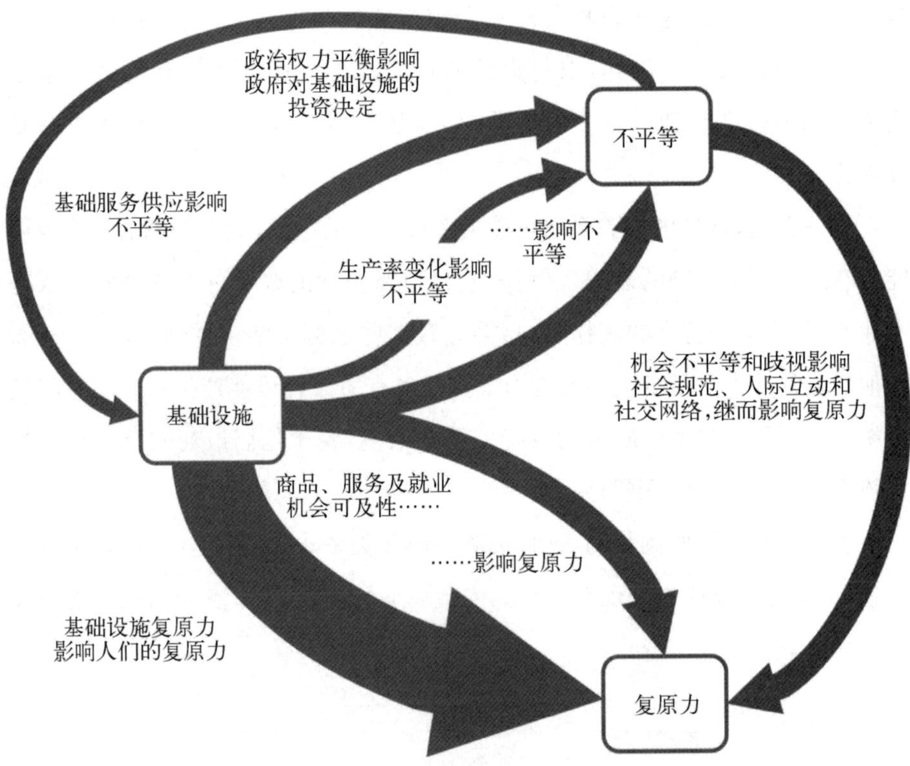

图 2-1 基础设施、不平等与复原力关联示意图

基础设施通过三个主要渠道影响结果和机会的不平等。首先,提供基础服务如供水、卫生和供电的基础设施可能会造成不平等,这取决于基础设施的质量、设计、覆盖面积、可及范围和分布。其次,类似灌溉,电力,信息通信技术和道路等基础设施提高了生产力,降低了贸易成本,这样就影响了包括收入水平和就业分布在内的经济结构动态,并可能对不平等产生影响。再次,通过连通性基础设施,如道路和信息通信技术,影响人们获得物品、服务和就业机会的途径,从而对不平等产生影响。

从相互联系的反向来看,结果的不平等通过对政治力量平衡的影响来影响基础设施,最终影响到政府决策以及私营企业提供的包括基础设施在内的基本服务。

基础设施通过对人类获得物品、服务和就业机会的影响来影响复原力,对人们适应冲击的能力有影响作用。基础设施的质量、设计、分步、相互关系和运作也会影响到基础设施本身的复原力，这对人类适应经济、社会和环境冲击的复原力也会造成影响。

机会的不平等和歧视会通过对社会规范、行为和网络来影响复原力，使人们适应冲击的能力受到影响。

然而，这种相互联系中有两个潜在的联系似乎没有受到供稿专家和已有文献的关注，那就是复原力对不平等和基础设施的反作用联系。[12]我们需要进一步研究来发现其中的原因，但其中一个原因可能是如何度量复原力仍有待商榷，许多专家和相当数量的相关出版物也已经注意到了这个问题。[13]

（一）基础设施和不平等

供稿专家中有许多研究涉及基础设施和不平等之间关系的理解解读。表2－2进一步详细说明了这些相互关联的情况，其中有来自专家的实例研究，阐述性研究以及建议的进一步研究领域。[14]

基础设施历来被认为是经济增长和发展的关键，[15]但对基础设施和不平等之间的关系研究却更为微妙。[16]宏观层面上的计量经济学研究表明，基础设施发展对消除贫困[17]和收入不平等[18]具有积极的作用。然而，基础设施对收入不平等的影响可能会因基础设施类型和收入类别而有所差异。[19]通过这些影响运作起来的机制尚待计量经济学考证。[20]

评估特定基础设施干预措施影响的微观经济研究发现：道路和通信中的物质基础设施有助于空间和信息流动，加快劳动力流动性，促进农村非农经济，并减少一些地区的贫困发生率。[21]另一些实证研究表明：改善基础设施服务可以通过对人力资本的影响来提高穷人的收入，特别是教育和健康方面，而这类公共基础设施也能为当地社会和市场发展提供动力。[22]

表2－3总结了文献资料中基础设施对各个发展领域的潜在影响，尤其是基础设施与可持续发展目标之间的关系。效能的量度被分为大（＋＋＋/

－－－)、中(＋＋/－－)、小(＋/－)或者中性(0)。[23]基础设施能够降低收入贫穷并影响贫困的非收入部分,有助于提高健康(目标 3)、营养(目标 2)、教育(目标 4)和妇女权力(SDG 5)。[24]正如之前所阐述的,基础设施对收入不平等的影响的程度和方向取决于诸如基础设施类型等要素。

表 2－2 从基础设施导致不平等的重要关系示意

基础设施→不平等相互联系	阐述性研究	专家建议的进一步研究领域
提供基本服务的基础设施的质量、设计、覆盖面、可及范围和分布对不平等产生影响。 例: 历史上的不平等现象可能会导致基础服务提供方式的某些意想不到的结果,比如供水设施和卫生设施; 在城市化地区,基础服务和环境服务的基础设施总是建立在中心地区,城市周边地区被忽视,这会形成地区上的不平等	收入、母亲的受教育程度和社会资本因素会对卫生基础设施产生影响,从而影响儿童的健康;[25] 发展地方、省、国家政府政策和实践方针,推进污水处理工程的扩建和改善;[26] 分析水资源、公平和发展之间的联系;[27] 分析城市周边地区穷人获得水和卫生设施的各种做法,有助于确定为他们提供服务的最佳方案;[28] 利用阶梯价格来评估家庭总体消费中水费结果的分析;[29]	加强基础设施使用和减少不平等的关键因素的分析
基础设施提高了生产力,降低了贸易成本,影响了包括收入水平和就业分布在内的经济结构动态,并可能对不平等产生影响。 例: 农村道路建设致使农业生产增长; 对电气的覆盖和依赖提高了经济活动的生产力; 更好的道路和较低的运输成本相联系	道路、电力和灌溉基础设施投资对农业生产力的影响分析;[30] 公共基础设施和服务提供不足对私营投资的影响分析;[31] 重建农村道路有利于增加贫农收入机会的分析;[32] 农业推广和道路建设对农村贫困和消费增长的影响分析;[33] 支持农村交通基础设施的影响评估;[34] 关于小农农业趋势、制约因素和机会的案例研究;[35] 农村道路对贫困的影响分析[36]	电力和电信基础设施投资对农业生产力的直接影响; 农村基础设施对农作物种植业长期变化的影响,农业活动水平和非农业活动水平的技术变化以及消费模式的变化分析

续表

基础设施→不平等 相互联系	阐述性研究	专家建议的 进一步研究领域
连通性基础设施的质量、设计、覆盖面、可及性和分布影响人们获得商品、服务和就业机会的途径，从而对不平等产生影响。 例： 交通基础设施可能因其缺失、设计和对深化发展的政策后果而加深不平等现象； 农村和贫穷乡村因其没有有效与外界连通的方式（基础设施）可能加深其孤立性，阻碍全国收入趋同，甚至扩大不平等现象； 基础设施可能会消耗动态节点弱的活动，并将活动集中在最强的动态节点上； 互联网和移动电话的使用增加了获得商品、服务和就业的机会	性别差异在交通工具使用中产生的原因和影响分析；㊲ 道路建设对减贫的影响分析；㊳ 基础设施与贫穷之间的关系分析；㊴ 交通部门对孕产妇和儿童死亡率的影响分析；㊵ 基础设施数量和质量对收入分配的影响的实证调查；㊶ 住房政策对社会不平等、不发达社区和交通不便地区的历史影响评估；㊷ 可再生能源电气化项目对减少社会不平等，提高人民福祉的分析㊸	除了好的交通外，其他有助于在大城市内增加足够的、可负担得起的住房机会的分析； 道路建设和人口流动之间的相互关系分析； 比较贫困和非贫困家庭的经济和时间成本，以获得改善母婴健康的各种形式的干预措施； 将长期人口变化纳入城市基础设施设计的考量，以减轻人口老龄化带来的负担

资料来源：作者基于各专家的供稿及文献提炼而成。

表 2-3　基础设施对关键发展地区的潜在影响

	收入贫穷	教育	教育上的性别差异	婴幼儿死亡率	孕产妇健康	传播性疾病	环境保护	ICT 和贸易	收入不平等
基础设施：									(−，+++)[abcdef]
交通运输（地方性）	+++	++	++	+	+		+	+	(−−−，+++)[agh]
交通运输（区域性）	+++	+	+	++	+	+	—	+++	
现代能源	+++	+	+	++	+	+	++	+	(−−，+++)[afh]
电信	++	+	+	+	+	+	+	++	(0，+)[ahi]

续表

	收入贫穷	教育	教育上的性别差异	婴幼儿死亡率	孕产妇健康	传播性疾病	环境保护	ICT 和贸易	收入不平等
水资源(个人使用)	+ +	+ +	+	+ + +	+	+	+ + +	+	(+,+ + +)[ad]
卫生	+	+	+ +	+	+	+	+ +	+	+ + +[d]
水资源管理	+ + +		+	+			+ +		

资料来源:Willoughby, C., (2004). Infrastructure and the MDGs, sponsored by DFID, unless noted otherwise. a - Calderón & Chong (2004);㊹ b - Calderón & Serven (2004);㊺ c - Seneviratne & Sun (2013);㊻ d - Calderón & Serven (2008);㊼ e - Calderón & Serven (2010);㊽ f - Majumder (2012);㊾ g - Khandker & Koolwal (2007);㊿ h - Bajar & Meenakshi (2015);[51] i - Lopez (2004).[52]

注:效能的量度被分为大(+ + +/- - -)、中(+ +/- -)、小(+/-)或者中性(0)。"大"被认为是在重要基础设施发展方面有超过 20%的改进;"中"被认为是有 10%—20%的改善;而"小"则是有 5%—10%的改善。不平等的价值表示基础设施发展对收入和消费不平等的影响。第一个值指的是最消极的影响,第二个值指的是最积极的影响。

这样的分析显然包含了大量的主观臆断,但它仍旧可以阐释基础设施对结果和机会分配影响的复杂本质。总之,表格显示了基础设施的数量和质量总的来说对不同领域的发展水平有正面的影响,但对不平等的影响,尤其是表 2 - 3 中显示的对收入不平等的影响并不总是积极的。它们取决于几个因素,例如机会和结果不平等的初始水平在某种程度上会影响人们受益于基础设施的改善。

许多研究还评估了基础设施通过提高生产力和降低贸易成本对不平等产生的影响,从而对经济结构以及收入和就业分配进一步产生影响。这方面大部分的研究都集中在农村背景下。简言之,基础设施的发展提高了农业生产力,并减少了贫困现象。例如,在中国、印度、菲律宾、泰国和越南的研究都表明在农村地区,[53]农业出口量相对高,产生的不平等性就低。[54]

专家也指出基础设施提供了不同的机会和挑战,这取决于基础设施建于哪里,为谁服务。[55]例如,在农村,某些基础设施的类型会产生更大的影响。许多农村和偏远地区与世隔绝,缺乏经济机会、市场和公共服务,使得当地的居民闭塞于一种低生产率和贫穷的状态。孟加拉国、喀麦隆、中国、埃塞俄比亚、印度、越南和其他一些国家的经验表明：对二级农村公路进行投资往往对私营部门生产力提高，[56]贫穷减少，[57]学校入学率提高，[58]医疗服务提升，[59]和经济增长[60]有积极作用。比较研究也已显示在建设承载量大的道路时，[61]降低成本要比投资相对效益更高。更好的农村基础设施也有利于促进妇女的自由，并能赋予其妇女权力。[62]

关于基础设施与不公平之间的联系研究也探索出了传统的不平等是如何不断延续的，即使由于所选择的方法问题导致了某些不尽如人意的服务结果，但这些服务又是最基础和必要的，如水和卫生设施。例如，如果服务费或使用费没有考虑到收入差距，则不平等问题会更加突出。获得和使用水资源的公平性和对水资源开发干预措施的影响分配包括：在同一地区居住的不同人群之间的社会公平，不同地区的人们之间的空间平等，男女性别之间的用水平等权利，以及各代人享受水资源的平等权利。

交通基础设施也可能会加深不平等，这取决于交通基础设施设计，通过减少活动力弱的节点，聚焦到最大、活动力强的节点。还有大量的研究表明：一些交通基础设施可能会对那些拥有私家车的高收入者有益；而另一些交通基础设施可能会对大量依赖于公共交通服务的人们有益，产生经济效益，尤其是对发展中国家中的低收入者。

鉴于不平等对于基础设施的关系，总的来说，投资和服务质量有利于富裕地区。基础设施的设计和公共服务的运作往往遵循权力的平衡（见表 2－4）。专家们也注意到了大量文献资料显示：在城市不平衡地区生产背后的政治因素，尤其是一些城市经历了快速的发展却没有包容性政策做扶持，这表明了社会和空间不平等性的持续和增强。

（二）基础设施和复原力

几乎一半的专家都聚焦于基础设施和复原力关系的研究。阐述性研究的示例如表 2－5 所示。

表 2-4 从不平等导致基础设施不同的重要关系示意

不平等→基础设施相互联系	阐述性研究	专家提出的进一步研究领域
不平等影响政治权力的平衡、结果,影响到政府提供相关公共服务的决策,包括基础建设。 如: 投资和服务质量有利于富裕、中心地区; 城市基础设施的设计和公共服务的运作倾向于遵循权利平衡; 住在远离中心城区(首都和主要城市)的人们的需求在可以帮助他们主张权利的公共利益诉求方面受到的关注甚少	发展可以适应受政府调节的自然和社会多维关系的框架;[64] 大城市低收入社会中男女性、空间地理因素和人口流动行为之间联系的实证分析;[65] 在卫生设施方面人权、不平等和公共利益的分析;[66] 集中制作为政府对基础设施投资的决定性因素的分析;[67] 城市中用水不平等的殖民根源研究[68]	通过比较全球北部和全球南部国家和城市,分析在投资和城市规划背后政治、意识形态和操作运行方面的影响; 如何使卫生政策成为政府政治诉求的话题

资料来源:作者基于各专家的供稿及文献提炼而成。

表 2-5 基础设施与复原力的重要关系示意

基础设施→复原力相互联系	阐述性研究	专家提出的进一步研究领域
基础设施的质量、设计、分布、相互联系和运作影响基础设施自身的复原力,从而对人们抵御经济、社会和环境冲击的复原力也产生影响。 如: 城市基础设施的设计会影响社会脆弱性; 对脆弱性和复原力的事先评估可以作出更好的基础设施设计和改造选择; 城市间交通基础设施的功能对社会的经济效率至关重要。为了满足此要求,交通基础设施结构必须可持续并具有复原力; 自然灾害后的恢复战略会影响复原力。气候变化和海平面上升会影响城市基础设施,这些基础设施在很久之前被设计出来,	海岸灾难风险管理,基础设施对于自然灾害的复原力,威胁和脆弱性评估的分析;[69] 制定评估关键性基础设施的组织和网络复原力的战略框架;[70] 关键性基础设施的依赖性分析,从而看出这样的基础设施会受到怎样的影响,当另一个关键性基础设施失效时;[71] 开发解决民用基础设施复原力和可持续性的统一办法;[72] 在快速恢复基础设施服务和花时间考虑和协商备选方案间权衡利弊;[73] 开发量化水资源网络复原力的方法;[74] 分析影响电力分配基础设施	如何真正构建多层次的保护体系; 快速恢复与改善长期复原力之间的问题; 基于模型法,量化性描述结构设计、复原力和可持续发展; 对公私合作制和关键性基础设施治理关系的不同方法评价; 能够量化社会和经济损失的方法; 为增强基础设施复原力提供激励的各种方法; 不同类型基础设施

续表

基础设施→复原力相互联系	阐述性研究	专家提出的进一步研究领域
其设计标准是基于不受灾害影响假设的； 规划和城市设计战略可以增强城市在抵御气候变化时的复原力； 旧的基础设施复原力低，更容易受到极端天气的破坏； 基本服务设施的位置和聚集度，如管道供水系统和排水系统；铺设公路与某些地区对抗自然灾害的脆弱性和复原力有关，如洪水	复原力的因素；[75] 互为依赖的基础设施系统的复原力评估，基础设施失效后共同恢复最佳策略的分析与建模；[76] 开发量化由于自然灾害引起的供应链中断对国际生产变化影响的模型；[77] 关于过度使用的、过时的水闸和水坝失效的潜在影响的案例研究；[78] 开发动态框架去评估多地区、多行业由于水路网络中断而产生的商品流动中断的损失，包括港口和水路连接；[79] 以复原力为基础，评估区域适应变化的可持续性，这些变化在不同程度上威胁到生物物理、经济和社会阈值，以及它们之间可能产生的连锁反应；[81] 利用可靠性、弹性和脆弱性指标来评估在不同气候条件下供水设施性能表现的方法；[82] 分析社会经济发展与水资源管理策略之间的关系，以实现水资源管理的可持续性[83]	之间的相互关系； 基础设施复原力和可持续性概念的统一； 大量的评估在各部门孤立地进行。对基础设施相互依赖和复原力的研究是必要的； 开发适用于地震的特定供水网基础设施（自动闸阀、用于消防的地下储罐、用于位移的特殊接头等）； 根据气候变化的预计影响，更系统地了解港口和其他关键性运输基础设施所需的适应性措施；[80] 可持续城市规划设计； “自然”灾难与脆弱性的共同生产； 分析诸如灌溉工程等连接性基础设施，从连接某些区域到广泛的贸易网络连接，以及由此对某个区域或整个国家产生复原力； 如何设计基础设施来鼓励人们习惯的改变以利民，如行走能力（鼓励个人步行，这直接有利锻炼）

资料来源：作者基于各专家的供稿及文献提炼而成。

在专家眼中,基础设施的质量、设计和分布在很大程度上影响到基础设施在受到自然灾害冲击后的复原能力。基础设施及其功能受到损害,自然灾害就会影响到社会经济结构。许多预测自然灾害影响的量化模型已被开发出来。然而,尽管在对灾难的预测性和造成相对较低损失方面已经有所进展,技术和应对策略仍需不断发展,使基础设施应对更严重灾难的复原性更强。

还有一个重要的研究领域是所谓的关键性基础设施,如市中心交通、电力和信息通信基础设施,这些基础设施的中断会对经济和社会的运行产生重大的负面影响。这些基础设施的复杂本质和高度互联性使它们在危机期间特别容易受到"连锁"效应的影响。[83]供稿专家注意到一些国家已经对基础设施的依赖和冗余进行了测绘,这能使我们更好地理解不同类型基础设施之间的相互依赖关系。

该研究重点强调了基础设施网络的布局和结构会影响其抵御冲击的能力。例如,许多基础设施网络往往是通过不断向现有网络的现有部分添加新的部分来形成的。[84]这一事实很重要,因为这些类型的网络抗随机故障的能力很强,但是对于有许多链接的节点故障的抗击能力弱。例如,公共交通网络似乎抗随机故障的能力很强,但很容易受到具有针对性的冲击的影响,这些冲击会干扰许多连接性中心节点,从而对整个网络产生最大限度的影响。[85]其他基础设施也可能因其结构而受到类似的影响。[86]

专家还指出,在自然灾害后实施的恢复战略会影响复原力,并可能导致社会脆弱性的增加;[87]因此,大量的研究正朝着优化灾害管理的不同阶段的方向行进。例如,考虑到对脆弱性和复原性的预先评估可以促进更好的基础设施设计和改进选择,研究集中于以技术来确定最重要的干预措施和最有益的选择方法。一个民用的、基本的、具体的复原力框架存在着。

供稿专家还建议了许多可进一步研究的领域。例如,考虑到研究已经通过不同的角度解决了复原力和可持续性,专家建议把这两个概念统一起来,因为基础设施必须同时满足这两个领域的需求。可供进一步研究的其他领域还包括:灾后快速复苏策略和改善长期复原力之间的利弊关系;基于模型,量化去描述结构设计、复原力和可持续发展之间的关系;多层保护系统的发展,以及对不同类型基础设施之间的相互关系的进一步研究。同样，需要开发更多有系统的方法来支持那些抗灾害能力弱的国家在评估和适应气候变化对港口和机场等关键交通基础设施的影响。[88,89]

对基础设施的治理也会影响到社会抵抗灾害的复原力和脆弱性，参与式治理并预先告知公民情况有利于支持政府应对灾害的能力。[90]私营部门和公共部门在提供基础设复原力方面也是另一个需要研究的领域。具体的主题包括：公私合作和关键基础设施的治理上不同方法之间的关系，以及公共部门可以通过提供激励来增加私营部门提供的基础设施的复原力的不同方法。

相对研究较少的领域有：基础设施的质量、设计、分布和运行是如何通过商品、服务和工作机会影响人们自身复原力的。在这一领域的研究模式之一是关注特定的领域和案例研究来尝试识别和量化基础设施在人对冲击的承受和适应能力方面的影响。

专家还指出，基本服务设施的位置和聚集度，如管道供水系统和排水系统、公路与某些地区对抗自然灾害的脆弱性和复原力有关。不可否认的是，核心区域和大城市的周边在基础设施的充足性和质量方面存在很大的差异，导致后者在极端事件后复原力较前者更为脆弱。

一些研究关注的是对建设和维护基础设施工作的影响，专家们举例说明了内河航道基础设施（水闸、水坝、河道疏浚等）如何维护以支持地方和区域经济，以及与干旱相关的基础设施建设是如何创造就业机会的。

其他建议的研究领域还包括可持续的城市设计，以及分析连接性基础设施，从连接某些区域到广泛的贸易网络连接，由此对某个区域或整个国家产生复原力。

（三）不平等与复原力

从不平等到复原力的研究集中在社会资本和社会规范、交互和网络不平等的影响，这被认为影响了人们在自然灾害或经济冲击下恢复和适应的能力（见表2－6）。人们已达成共识：在自然灾害发生后，应特别关注那些脆弱人群，尤其是妇女、儿童和残疾人,因为他们是受影响最严重的人群。此类研究还包括:在获取资源方面的不平等、资源短缺的潜在影响,以及基础服务成本和质量上的差异,如水会引发不同群体之间的冲突。该领域的研究也突出了贫困的存在,在这种情况下,不平等对基础设施政策产生影响,从而对脆弱性和复原力产生影响。

表 2-6　从不平等到复原力的重要关系示意

不平等 →复原力相互联系	阐述性研究	专家提出的进一步研究领域
机会不平等和歧视影响社会规范、互动和网络,这对人的复原力有影响。 例: 妇女和残疾人通常不同程度地受自然灾难的影响; 应特别关注自然灾难之后的弱势人群,因为他们是受影响最严重的; 对发展中国家儿童死亡情况的分析显示,在人均国内生产总值受正冲击时,男孩和女孩从中受益均等,受负冲击时女孩比男孩受到的伤害要多的多	分析社会资本在灾后重建复原力上所起的作用;[93] 使用社会资本评估适应能力的研究;[94] 城市复原力的决定性因素分析;[95] 社会网络和公民社会在应对大型自然灾害影响时所起的作用;[96] 社会复原力对水资源短缺威胁的分析;[97] 社会复原力作为社会团体和社区从危机中恢复或积极响应的能力[98]	个人和人际关系与更广泛的城市和国家趋势的联系; 复原力和不平等之间的联系是开放的广泛性研究,并将获得大量的大众关注; 局部和城市化进程,地区层面和国家层面的压力;社会和政治组织是如何影响脆弱性和复原力的; 国家改革与脆弱性和复原力增长之间的复杂关系

资料来源:作者基于各专家的供稿及文献提炼而成。

供稿专家建议了一些需要进一步研究的领域,包括研究复原力和不平等之间的量化关系,以及社会和政治组织是如何影响脆弱性和复原力的。

二、利用协同效应解决利弊平衡

这一节将重点介绍专家建议的一些政策,利用协同效应解决三个相联系领域(基础设施、不平等和复原力)之间的利弊平衡。从各方面旨在减少不平等的政策被认为在基础设施提供和复原力增强上有积极效应,例如,增加使弱势群体受益的基础设施投资。[91]本报告第一章阐述了许多减少不平等的政策和策略。本节重点讨论与基础设施相关的较窄的政策及其对不平等和复原力的影响。

在前一节中关于三者的内在联系强调基础设施的改善，提供基础服务和获得商品、服务和工作机会，总的来说增强了人们抵抗各种冲击的复原力；然而，它对不平等的影响主要取决于基础设施建在哪里和服务于谁。鉴于此，专家建议基础设施政策应着眼于效率和公平的目标。从这方面来看，政策的一个重要组成部分应该是地域平等原则——也就是说，“没有一个地方应被遗弃”。基础服务设施应在农村和城郊地区被提供，来弥补与公共资源集中的核心区域的差距。人们认识到，发展中国家的城市化进程正在加快，[92]因此，应该为城市地区的包容性和可持续基础设施的发展提供政策保证。

在协同基础设施和复原力效应方面，专家强调了政策干预的三个关键领域。第一，通过法律法规、城市规划和建设标准来整合整个基础设施运行阶段的减灾风险，使基础设施具有抗灾能力是有必要的。第二，为了减少关键性基础设施的失效风险，如交通、能源和电信设施及其造成的负面社会经济影响，专家强调了政策指令对这些基础设施安全和复原力的重要性。[99]对基础设施的损害有时是不可避免的，适当的恢复计划应该优先考虑对受影响的社区最关键的基础设施组件。第三，当融资机制和降低风险的激励措施到位时，基础设施会变得更具复原力，例如，通过在招标和承包过程中采用以复原力为基础的要求。

专家还指出需要进一步在农村和城市背景下提出更多具体的政策建议。例如，在农村地区，基础设施投资对于个人与生计和摆脱贫困的机会至关重要。相反，城市地区由于资源集中，连接性更强，但在许多情况下，松散的治理结构、拥挤以及在服务不足的地区贫困率较高，使得城市和城市周边地区需要共同努力，以实现平衡发展。下一节将着重关注城市和农村地区在解决相互联系时所面临的不同挑战，旨在总结专家强调的可采取行动的各种干预措施，为决策者处理这些相互关联的问题提供潜在的工具。

(一)农村地区的基础设施、不平等与复原力

近年来,农村基础设施投资不足引起了人们的广泛关注。如果设计和实施得当,这样的投资可以帮助人们摆脱被边缘化的恶性循环。然而,如果不适时地考虑被边缘化群体的需求,投资反而会不成比例地造福于上层社会经济阶层。[100]

同样的,传统的基于农村公路的成本效益分析评价模型往往无法证明投资成本,因为交通水平通常太低以至于不能够贴现净效益。[101]更广泛的经济效益和社会效益通常被忽视,对不同群体的时间价值的关注往往不足。一些研究提出农村道路的社会成本和收益方式可以更好地衡量,并纳入道路评估项目。[102]然而,这些研究还没有把穷人主体(和被边缘化群体)纳入传统的农村道路评估。这主要是由于识别和测量一致与可靠的统计数据有难度,并且当地社会和国家政府在认知和权重方面存在巨大差异。[103]

尽管面临挑战,许多国家已经发现投资农村交通十分重要。印度政府制定了政策,决定将所有超过 500 名居民(偏远地区超过 250 名居民)的村庄连接在一条全天候道路上。中国也计划将所有的“行政村”连接到全天候的道路上。当地政府已经开发和测试了新设计的步道桥梁和步道结构。[104]莱索托、尼泊尔等一些国家,甚至有特定的单位负责安装和维护农村地区的人行天桥。秘鲁的一个农村交通项目恢复了 7 000 公里的步道,主要由妇女和儿童使用。[105]

在这些基础设施项目中,还有一个基于劳动力的支持穷人的运输渠道。许多指导方针可以帮助规划者和工程师采用基于劳工的方法,[106]例如,国际劳工组织已经调整方针,使残疾人能够参与到这些项目中。[107]

通常情况下,交通规划和决策往往是一个技术官僚制的过程,只有极少的信息公开,直到建设开始。基础设施建设项目受益于参与性,这种参与性包括当地社会的各个阶层,如妇女、青年、少数民族和其他群体。这种参与性方式会增加那些弱势群体需求被优先考虑的可能性。参与性规划工具,如可持续交通评估评级(STAR)和综合农村规划(IRAP),在制定基于多维度测量工具

的投资计划时，允许与当地进行协商，包括经济、贫困、社会、环境和可持续性风险标准。[108]

（二）城市地区的基础设施、不平等与复原力

与农村地区相比，城市在处理三者相互联系问题时所面临的挑战是不同的。城市无论是水平维度还是垂直维度上的治理结构都比较松散，使得它难以协调基础设施的设计、实施和管理。[109]城市，尤其是发展中国家的城市，在资助基础设施方面也面临着特殊的挑战，因为有一种趋势，即融资自身有限的财政收入和工资等经常性成本的资金，而不是资本支出。结果，许多发展中国家的首都（其中许多是最不发达国家）在全球最适宜居住性指数[110]上排名垫底，这反映了人们在获得社会经济机会和获得平等机会上的负担日益增加。[111]

2014 年，发展中国家大约有 9 亿辆私人轿车和轻型汽车。到 2035 年，这一数字预计将增加到近 16 亿辆。墨西哥城的汽车数量增长是其人口数量增长的两倍，而印度的私家车数量则快速增长了三倍。[112]交通拥堵问题日益严重。对于许多发展中国家的城市来说，高效的公共交通发展的金融成本往往过高。[113]由于财政约束和容量约束，在大多数发展中国家中，非正规运输占了主导地位。

在城镇地区，许多穷人可以受益于基础设施的投资和维护，例如他们可负担得起的公共交通和相对便宜的交通工具的使用，如自行车和摩托车。由于贫困人口在城市的贫民窟中分布不均衡，而且由于这些地区是最得不到服务并且和外界连接最少的，穷人往往会因基础设施的不健全而受影响。事实上，他们在获得某种服务的时间上受影响——比如交通、用水、用电、用火，等等。妇女每天的生活模式并不固定，她们要送孩子去上学，去工作，去医院，去购物，等等，所以她们特别容易受到因服务缺失或因对城市周边地区投资不足而造成的生活影响。此外，在这些地区，污染往往最为集中而且最为严重。

极少的城市项目中会实施劳动密集型的道路建设，目的是为穷人提供就业机会。如南非扩大公共工程项目（EPWP）和孟加拉国当地政府工程部（LGED），以及几个在非洲的小城市社区就业计划，如坎帕拉和达累斯萨拉姆

的雨水排水和人行道项目工程,卢萨卡的道路和下水道项目工程,以及肯尼亚基苏姆的自行车道和内罗毕的道路改造项目工程。[114]

在许多情况下,城市规划过程主要是流动地进行调研和数据收集。[115]从这个意义上讲,数据需要从社会的不同群体中收集,包括穷人和贫民窟居民。然而,在与不同群体讨论关键城市交通选择上得到的答案是"经常缺乏"。为了缓解这一问题,城市规划在决策过程中应更有系统地组织公民参与。例如,在印度孟买有一个著名案例,CSOs 发现有组织的贫民窟居民能够与铁路运输当局和市政当局达成协议,将数千户居住在铁轨旁贫民窟的居民重新安置。[116]

这份报告里几项政策主要集中在城市地区与不平等、气候变化脆弱性以及基础设施系统不足有关的一些新兴问题上。对这些关键信息的总结呈现在链接 2-2 中。

链接 2-2　城市背景下出现的与基础设施、不平等与复原力相关的问题

需要进行全面、大规模的综合性变革,使城市在面对未来社会、经济和技术系统的冲击和压力时更具可持续性和复原力,并通过进化和适应过程来发展基础设施。许多城市都在进行城市可持续性的转变,旨在整合资源效率,复原力和生活质量,并解决在转型时期内在的社会和政治挑战。[117]绿色基础设施是城市规划的重要手段,它可以最大限度地发挥城市自然环境的功能,同时保护城市的自然环境,并具有多种生态和社会效益,包括可持续的水管理、二氧化碳的储存和清除,减少建筑物能源使用,改善空气质量,有益于人类的健康和幸福。[118]

在一些工业化进程仍处于早期阶段的地区,提高空气污染减排技术,如催化剂,过滤器和可再生能源等很重要,这可以使城市更安全,具有可持续性和更强的复原力。[119]城市中成功的综合性减缓气候变化措施需要分类的数据以更好地制定政策和规划,这些地区城市化水平和贫困率都非常高,但基础设施的普及性却非常低(如珠江三角洲地区)。[120]

在家庭中使用清洁并负担得起的现代技术，可以减少室内空气污染造成的死亡率和疾病率，提高妇女的参与力，并确保儿童有一个健康的学习环境。自下而上的干预措施，如“E－VOIDs”（提升高密度贫民窟的基础设施允许更好的采光和通风），已经在密度高的城市地区设计和执行。[121]创新性融资如社会影响债券（SIBs），回报奖励那些对社会产生积极影响的投资者（如投资更安全的道路基础设施建设以减少道路交通死亡）；[122]绿色债券回报奖励那些与碳排放减少相关的投资者（如投资低排放交通工具或投资步行或自行车设施），通过这些努力可以实现城市的可持续性和复原力。

资料来源：GSDR 2016科学政策简报。

三、结　　语

本章旨在通过基础设施、不平等和复原力之间的主要联系来说明采取综合分析法对可持续发展研究的重要性。其中，科学研究通常关注的领域是基础设施和不平等之间的关系，以及人的复原能力是如何分别通过基础设施的复原性和不平等而受到影响的。没有涉及的联系主要包括从复原力到不平等，以及从复原力到基础设施两项。这之间有相互联系，需要进一步研究以发现它们之间重要的协同作用和利弊权衡。

就三者之间内在联系相关的政策领域而言，需要兼顾效率和公平的目标去控制基础设施、不平等与复原力之间的协同效应。在提供基本基础设施方面，一个重要的政策组成部分是地理位置上的公平。制定规章和激励机制，将减少灾害风险纳入基础设施生命周期的所有阶段，并确保关键基础设施抵抗自然灾害的复原能力是必要的。专家还指出，需要进一步对农村和城市进行分析,以提供更具体的政策建议。

研究者、实践工作者、决策者和其他利益相关者需进一步进行交叉学科的合作和参与,这有利于实现相互学习和信息传递,将科学知识转化为实用的策略,利用协同效应,解决三个领域间的利弊权衡。

尾注

① 在许多国家,私营部门拥有并经营大部分的基础设施。

② 数据来自由世界银行和国际能源组织领衔的“2015 全球跟踪框架”和能源部门管理辅助项目和其他 20 个合作组织的共同协作。信息来源详见:http://trackingenergy4all.worldbank.org/.

③ Estimates from UNICEF and WHO (2015), Progress on sanitation and drinking water - 2015 update and MDG assessment. Available from: http://www. unicef. org/publications /files/Progress_on_Sanitation_and_Drinking_Water_2015_Update_.pdf.

④ https://www. weforum. org/agenda/2015/10/why-infrastruc ture-investment-is-key-to-ending-poverty/.

⑤ 基础设施差距是指基于过去趋势的基础设施发展预期水平与实现国际商定发展目标所需的水平之间的差异。来源:Inter-agency Task Force on Financing for Development (2016), Addis Ababa Action Agenda-Monitoring commitments and actions-Inaugural Report 2016. 详见:http://www. un. org/esa/ffd/wpcontent/uploads/2016/03/Report_IATF - 2016 - full.pdf.

⑥ 对于资本资产折旧方面的基础设施的使用时间的例子,详见:http://www.osa.state.ms.us/downloads/gasb34infrastructure.pdf; http://www.bls.gov/ore/pdf/ec000040.pdf.

⑦ D. Guha-Sapir, R. Below, Ph. Hoyois-EM-DAT: The CRED/OFDA International Disaster Database-www.emdat.be-Universite Catolique de Louvain-Brussels-Belgium.

⑧ 关于不平等多维度方面的讨论的例子,详见:McKay, A. 2002, ‘Inequality Briefing: Defining and Measuring Inequality’, Overseas Development Institute, Briefing Paper No. 1 (1 of 3). March 2002, and Afonso, H. LaFleur, M. & Alarcón, D., 2015‘Concepts of Inequality’, Department of Economic and Social Affairs, Development Policy and Analysis Division, Development Issues No.1. 21 October 2015.

⑨ Following the definition of technology by Arthur, WB 2009, The Nature Of Technology: What It Is And How It Evolves, n.p.: New York : Free Press, 2009, United Nations DHL Library, EBSCOhost, viewed 13 April 2016.

⑩ 通常而言,基本服务还包括健康和教育,基础设施包括能交付这些的实体资本,如校舍和医院。为了使本章范围可操作,本章考虑的基础设施范围不包括健康和教育。

⑪ IPCC将弹性复原力定义为"系统及其组成部分以及时有效的方式预测，吸收，适应或恢复潜在危险事件的影响的能力，包括维护、复原或改进其基本结构和功能的能力"。[见 Lavell, A., M. Oppenheimer, C. Diop, J. Hess, R. Lempert, J. Li, R. Muir-Wood, and S. Myeong, 2012: Climate change: new dimensions in disaster risk, exposure, vulnerability, and resilience. In: Managing the Risks of Extreme Events and Disasters to Advance Climate Change Adaptation [Field, C.B., V. Barros, T.F. Stocker, D. Qin, D. J. Dokken, K.L. Ebi, M.D. Mastrandrea, K.J. Mach, G.-K. Plattner, S.K. Allen, M. Tignor, and P.M. Midgley (eds.). A Special Report of Working Groups I and II of the Intergovernmental Panel on Climate Change (IPCC). Cambridge University Press, Cambridge, UK, and New York, NY, USA, pp.25 - 64. Lau, S.H.P. and Sin, C.Y. (1997), Public Infrastructure and Economic Growth: Time Series Properties and Evidence. Economic Record, 73, 125 - 135, Australia].

⑫ 例如，由于缺乏社会保障计划，经济和环境冲击造成的低复原力可能会导致不平等现象的加剧，而穷人将遭受更多的痛苦。

⑬ "2016年世界经济和社会调查"检验并提供了复原力与不平等和基础设施联系的相关经验教训。

⑭ 其他相关说明性报告详见：https://sustainabledevelopment.un.org/globalsdreport/2016/chapter2.

⑮ 总体而言，文献资料显示基础设施建设投资对经济产出和增长有着积极的影响。更多的例子可见：Aschauer, D., (1989). Is Public Expenditure Productive? Journal of Monetary Economics 23, 177 - 200; Munnell, Alicia H. (1992), Policy Watch: Infrastructure Investment and Economic Growth. The Journal of Economic Perspectives Volume 6 No.4, pp.189 - 98; Lau, S.H.P. and Sin, C.Y. (1997), Public Infrastructure and Economic Growth: Time Series Properties and Evidence. Economic Record, 73, 125 - 135, Australia; Walsh J. P., C. Park, and J. Yu (2011), Financing Infrastructure in India: Macroeconomic Lessons and Emerging Markets Case Studies. IMF Working Paper/181, Washington, D. C; Mohommad, A. (2010), Manufacturing Sector Productivity in India: All-India Trends, Regional Patterns, and Network Externalities from Infrastructure on Regional Growth. Ph. D Dissertation, University of Maryland), although with disparities across countries (see Canning, D. and Pedroni P. (2008), Infrastructure, long-run economic growth and causality tests for cointegrated panels. The Manchester School, University of Manchester, Volume 76 (5), 504 - 527) and types of infrastructure. 特别是电力和连通性基础设施，如道路和电讯业已被发现具有显着的积极的生产力效应，这有助于经济增长(案例见 Calderón, C. and Servén, L. (2003), The Output Cost of Latin America's Infrastructure Gap, in Easterly, W., Servén, L., eds., The Limits of Stabilization: Infrastructure, Public Deficits, and Growth in Latin America. Stanford University Press and the World Bank, USA; Estache, A., B. Speciale, and D. Veredas, (2006). — How Much Does Infrastructure Matter to Growth in Sub-Saharan Africa?. The World Bank, Washington, D.C., processed; Roller L.H.,

Waverman L. (2001), Telecommunications Infrastructure and Economic Development: a simultaneous Approach. The American Economic Review, 91 (4), pp. 909 - 23; and Poulos, C., S.K. Pattanaya, and K. Jones, (2006). A Guide to Water and Sanitation Sector Impact Evaluations, Doing Impact Evaluation #4, The World Bank).

⑯ For a review of the literature, see Calderón, C., & Servén, L 2014, Infrastructure, Growth, And Inequality: An Overview, n.p.: Washington, D.C., The World Bank, 2014, ebrary, EBSCOhost, viewed 23 March 2016.

⑰ Jalilian, H. and J. Weiss, (2004). Infrastructure, Growth And Poverty: Some Cross Country Evidence, Paper Prepared for ADB Institute Annual Conference On Infrastructure and Development: Poverty, Regulation and Private Sector Investment', December 6th 2004.

⑱ For example see López, H. (2004) 'Macroeconomics and inequality.' The World Bank Research Workshop, Macroeconomic Challenges in Low Income Countries, October; Calderón, C. & A. Chong 2004, 'Volume and Quality of Infrastructure and the Distribution of Income: An Empirical Investigation.', Review of Income and Wealth 50, 87 - 105; Calderón, C., & Serven, L 2004, The Effects Of Infrastructure Development On Growth And Income Distribution. [Electronic Resource], n.p.: [Washington, D.C. : World Bank, 2004], ebrary, EBSCOhost, viewed 28 March 2016; Seneviratne, D., & Sun, Y 2013, 'Infrastructure and income distribution in ASEAN - 5: what are the links?', IMF Working Papers, p. 1, Academic OneFile, EBSCOhost, viewed 28 March 2016.

⑲ For examples see Bajar, S., & Meenakshi, R 2015, 'The Impact of Infrastructure Provisioning on Inequality: Evidence from India', GLU Working Papers, 33 - 37, p. 1, Publisher Provided Full Text Searching File, EBSCOhost, viewed 28 March 2016; and Balisacan, A. M., and E. M. Pernia, 2002. Probing Beneath Cross-National Averages: Poverty, Inequality, and Growth in the Philippines. ERD Working Paper Series No. 7, Economics and Research Department, Asian Development Bank, Manila; Songco, 2002.

⑳ Calderón, C. & Servén, L. (2014). "Infrastructure, Growth and Inequality." Policy Research Working Paper No. 7034. Washington, D.C.: World Bank.

㉑ For example see Reardon, T., Stamoulis, K. and Pingali, P. (2007). "Rural non-farm employment in developing countries in an era of globalization" Agricultural Economics 37 (s1): 173 - 183.

㉒ For a review of the literature see Calderón, C. & Servén, L. (2014). "Infrastructure, Growth and Inequality." Policy Research Working Paper No. 7034. Washington, D.C.: World Bank.

㉓ 大(large)被认为是重大基础设施发展大幅度提高了20%以上,或者增加了0.2%—1%。中(Moderate)被认为是有10%—20%的提高或0.1%—0.2%的增长,小(small)是有了5%—10%的提高或0.01%—0.1的增长。

㉔ Willoughby, C., (2004). Infrastructure and the MDGs, sponsored by DFID.

㉕ Poder and He. 2011. How can sanitary infrastructures reduce child malnutrition and health inequalities? Evidence from Guatemala, Journal of Development Effectiveness, 3: 4, 543 - 566.

㉖ Funke, N., Ntombela, C. and Masangane, W. 2014. A Policy and Practice Guideline for Local, Provincial and National Government to Improve the Operations at Wastewater Treatment Works. Pretoria: Council for Scientific and Industrial Research. CSIR Report Number: CSIR/NRE/WR/IR/2014/0027/A.

㉗ Phansalkar SJ (2007) Water, equity and development. Int J Rural Manag 3(1): 1 - 25.

㉘ Allen 2010, 'Neither Rural nor Urban: Service Delivery Options That Work for the Peri-urban Poor'; Sajor (In Press) Periurbanization and environmental issues in urban mega-regions.

㉙ Arbués, F., & Barberán, R. (2012). Tariffs for Urban Water Services in Spain: Household Size and Equity. International Journal Of Water Resources Development, 28 (1), 123. doi: 10.1080/07900627.2012.642235.

㉚ Knox J., Daccache A. and Hess T., 2013. Systematic Review: What is the Impact of Infrastructural Investments in Roads, Electricity and Irrigation on Agricultural Productivity? Collaboration for Environmental Evidence, Bangor, UK. Available at: http://r4d.dfid.gov.uk/pdf/outputs/systematicreviews/CEE11 - 007_SystematicReview. pdf

㉛ Reinikka, R. and J. Svensson, (1999). How Inadequate Provision of Public Infrastructure and Services Affects Private Investment, The World Bank, Policy Research Working Paper Series: 2262.

㉜ Escobal J. and Ponce C., 2002. The benefits of rural roads: enhancing income opportunities for the rural poor. GRADE Working Paper 40. Grupo de Análisis para el Desarrollo (GRADE), Lima, Peru. 56p. ISBN: 9972 - 615 - 25 - I http://grade.org.pe/download/pubs/ddt/ddt40EN.pdf.

㉝ Dercon S., Gilligan D O., Hoddinott J. and Tassew Woldehanna, 2009. The impact of agricultural extension and roads on poverty and consumption growth in fifteen Ethiopian villages. American Journal of Agricultural Economics, 91 (4): 1007 - 1021. http://ajae.oxfordjournals.org/content/91/4/1007.abstract.

㉞ Orbicon and Goss Gilroy, 2010. Impact evaluation of Danida support to rural transport infrastructure in Nicaragua. Evaluation Department, Ministry of Foreign Affairs of Denmark, Copenhagen. 128p. Available at: http://www.oecd.org/countries/nicaragua/46750469.pdf.

㉟ Salami A., Kamara A. and Brixiova Z., 2010, Smallholder agriculture in East Africa: trends, constraints and opportunities. AfDB Working Paper No. 105, African Development Bank (AfDB), Tunisia.

㊱ Khandker S. R., Bakht Z., Koolwal G. B., 2009. The poverty impact of rural roads: evidence from Bangladesh. Economic Development and Cultural Change, 57 (4): 685 - 772. http://www.jstor.org/discover/10.1086/598765? uid = 3738032anduid = 2anduid =

4andsid=21103879752227.

㊲ Porter, G. (2008). Transport planning in sub-Saharan Africa II: Putting gender into mobility and transport planning in Africa. Progress in Development Studies, 8: 281-289.

㊳ Gachassin M., Najman B. and Raballand G., 2010. The impact of roads on poverty reduction: a case study of Cameroon. Policy Research Working Paper 5209, World Bank, Washington DC, USA. 39p. Available at: http://elibrary.worldbank.org/doi/pdf/10.1596/1813-9450-5209.

㊴ Brenneman A. and Kerf M., 2002. Infrastructure and poverty linkages: a literature review. International Labour Organisation, Geneva, Switzerland. 122p. http://www.ilo.org/emppolicy/pubs/WCMS_ASIST_8281/lang-en/index.htm.

㊵ Babinard J. and Roberts P., 2006. Maternal and child mortality development goals: what can the transport sector do? Transport paper TP-12, World Bank, Washington DC, USA. 50p. Available at: http://documents.worldbank.org/curated/en/2006/08/7065270/maternal-child-mortalitydevelopment-goalscan-transport-sector.

㊶ Calderón, C. & A. Chong 2004, 'Volume and Quality of Infrastructure and the Distribution of Income: An Empirical Investigation.', Review of Income and Wealth 50, 87-105.

㊷ Power, A. (2012). Social inequality, disadvantaged neighbourhoods and transport deprivation: an assessment of the historical influence of housing policies. Journal Of Transport Geography, 39.

㊸ Fernández-Baldor, Á., Boni, A., Lillo, P., & Hueso, A. (2014). Are technological projects reducing social inequalities and improving people's well-being? A capability approach analysis of renewable energy-based electrification projects in Cajamarca, Peru. Journal of Human Development & Capabilities. Feb2014, Vol.15 Issue 1, p.13-27. 15p.

㊹ Calderón, C. & A. Chong 2004, 'Volume and Quality of Infrastructure and the Distribution of Income: An Empirical Investigation.', Review of Income and Wealth 50, 87-105.

㊺ Calderón, C., & Serven, L. 2004, The Effects Of Infrastructure Development On Growth And Income Distribution. [Electronic Resource], n.p.: [Washington, D.C. : World Bank, 2004], ebrary, EBSCOhost, viewed 28 March 2016.

㊻ Seneviratne, D., & Sun, Y. 2013, 'Infrastructure and income distribution in ASEAN-5: what are the links?', IMF Working Papers, p.1, Academic OneFile, EBSCOhost, viewed 28 March 2016.

㊼ Calderón, C., & Serven, L. 2008, Infrastructure And Economic Development In Sub-Saharan Africa. [Electronic Resource], n.p.: [Washington, D.C. : World Bank, 2008], ebrary, EBSCOhost, viewed 29 March 2016.

㊽ Calderón, C. & Servén, L. (2010). "Infrastructure in Latin America." Policy Research Working Paper No.5317. Washington, D.C.: World Bank.

㊾ Majumder, R. 2012, 'Removing Poverty and Inequality in India: The Role of Infrastructure', Munich Personal RePEc Archive, viewed 11 April 2016.

㊿ Khandker, S., and G. Koolwal, R 2007, 'Are pro-growth policies pro-poor? Evidence from Bangladesh.' Mimeo, The World Bank, viewed 11 April 2016.

51 Bajar, S., & Meenakshi, R. 2015, 'The Impact of Infrastructure Provisioning on Inequality: Evidence from India', GLU Working Papers, 33 – 37, p. 1, Publisher Provided Full Text Searching File, EBSCOhost, viewed 28 March 2016.

52 López, H. (2004) 'Macroeconomics and inequality.' The World Bank Research Workshop, Macroeconomic Challenges in Low Income Countries, October.

53 Bhattarai, M., R. Sakhitavadivel, and Intizar Hussain, 2002. Irrigation Impacts on Income Inequality and Poverty Alleviation. International Water Management Institute Working Paper 39, Colombo.

54 在中国，估计产出弹性为 0.41，意味着灌溉增加 1%，每个人的农业产出上涨 0.41%，贫困发生率下降 1.13%。菲律宾的贫困弹性较低，为 0.31(Balisacan 和 Pernia，2002 年)。这些结果证实了 Van de Walle(2000)的理论，根据该理论灌溉似乎有利于减轻贫困。

55 例如，Balisacan 和 Pernia(2002)根据菲律宾 1985 年至 1997 年的数据，认为富人往往受益于其能获得更多使用电的机会。Balisacan, A. M., and E.M. Pernia, 2002. Probing Beneath Cross-National Averages: Poverty, Inequality, and Growth in the Philippines. ERD Working Paper Series No. 7, Economics and Research Department, Asian Development Bank, Manila.

56 文献中的一些例子如下：回顾了将道路与农业连接起来的 27 项研究，以及农村道路建设如何使农业生产增加。(Knox J., Daccache A. and Hess T., 2013. Systematic Review: What is the Impact of Infrastructural Investments in Roads, Electricity and Irrigation on Agricultural Productivity? Collaboration for Environmental Evidence, Bangor, UK).被调查的乌干达公司表示，面对无法提供和不可预测的服务，许多公司开始转向投资替代品，如发电机，并且大幅度减少生产性的私人投资(Reinikka, R. and J. Svensson, 1999, How Inadequate Provision of Public Infrastructure and Services Affects Private Investment, The World Bank, Policy Research Working Paper Series: 2262)。他们的研究结果类似于投资环境评估报告，例如(Anas A., Lee K. and Murray M., 1996, Infrastructure Bottlenecks, Private Provision and Industrial Productivity, World Bank Policy Research Working Paper 1603.)和(Lee K. S., A. Anas and G.-T. Oh., 1996, Cost of infrastructure deficiencies in Manufacturing in Indonesia, Nigeria, and Thailand, World Bank Policy Research Working Paper 1604)在印度尼西亚、尼日利亚和泰国，以及(Alby P. and Straub S., 2007, Investment Climate Assessment and Infrastructure: Evidence from 8 Latin American Countries, mimeo World Bank)8 个拉美国家。Escobal, J. and Ponce, C., 2002, (The benefits of rural roads: enhancing income opportunities for the rural poor, GRADE Working Paper 40. Grupo de Análisis para el Desarrollo (GRADE), Lima, Peru. 56p. ISBN: 9972 – 615 – 25 – I)还检验了关于各国农村运输的 25 项研究，发现对这种基础设施的投资增强了农业生产，就业，生活

水平和减贫。Lebo and Schelling (Design and appraisal of rural transport infrastructure: ensuring basic access for rural communities. Technical Paper 496, World Bank, Washington DC, USA, 2001)表明,新的道路与埃塞俄比亚作物产量的增加,与印度输入价格和运输成本相关(Dercon S., Gilligan D. O., Hoddinott J. and Tassew Woldehanna, 2009. The impact of agricultural extension and roads on poverty and consumption growth in fifteen Ethiopian villages. American Journal of Agricultural Economics, 91 (4): 1007 - 1021.)增加了尼加拉瓜的耕地面积(Orbicon and Goss Gilroy, 2010. Impact evaluation of Danida support to rural transport infrastructure in Nicaragua. Evaluation Department, Ministry of Foreign Affairs of Denmark, Copenhagen. 128p.)。在撒哈拉以南的非洲地区, Dorosh, Wang, You and Schmidt (Crop Production and Road Connectivity in Sub-Saharan Africa: A Spatial Analysis. Policy Research Working Paper 5385, World Bank, Washington DC, USA, 2010),得出的结论是,距离超过 8 小时,一个 10 万人的城镇的农业生产潜力仅为 5%,而距离不到 4 小时的小镇,其生产潜力为 45%。农村道路的缺乏和道路基础设施的质量差也被认为是东非农业生产的主要制约因素(Salami A., Kamara A. and Brixiova Z., 2010, Smallholder agriculture in East Africa: trends, constraints and opportunities. AfDB Working Paper No.105, African Development Bank, Tunisia)。

(57) Gibson and Rozelle (Poverty and Road Access in Papua New Guinea, Economic Development and Cultural Change, 52(1), 159 - 185, 2003) 据估计,巴布亚新几内亚一条路上步行 60 分钟以上的人的贫困发生率是靠近马路的人的两倍。越南的研究表明,生活在带有铺路的农村公社的贫困户比没有铺路的公社的脱离贫困概率高出 67% (Glewwe, P., M. Gragnolati, and H. Zaman, 2000. Who Gained from Vietnam.s Boom in the 1990s? An Analysis of Poverty and Inequality Trends. World Bank Working Paper 2275, Washington, D.C.)。同样,对世界银行资助的越南农村道路修复项目的评估发现,最贫穷的家庭最有积极影响。特别是到达习惯性目的地的时间节省对最贫穷的 40%的家庭来说是非常重要的(Van de Walle, D., and D. Cratty, 2002. Impact Evaluation of a Rural Road Rehabilitation Project. World Bank, Washington D. C.). Gachassin M., Najman B. and Raballand G., 2010 (The impact of roads on poverty reduction: a case study of Cameroon. Policy Research Working Paper 5209, World Bank, Washington DC, USA.)。喀麦隆全国家庭调查(2001 年)报告显示,道路可用性本身不能减少贫困,而是通过道路开放的劳动力机会来减贫。农村道路修复提高了孟加拉国贫困村的男性农业工资和农作物总量指数(Khandker S. R., Bakht Z., Koolwal G. B., 2009. The poverty impact of rural roads: evidence from Bangladesh. Economic Development and Cultural Change, 57 (4): 685 - 772)。在越南,公共基础设施投资促使了粮食供应量的增加、小学毕业率和农民工资的上涨(Mu R. and van de Walle D., 2011. Rural roads and local market development in Vietnam. Journal of Development Studies, 47 (5): 709 - 734)。此外,其他研究发现,在农村地区获得新的和改善的道路,增加了秘鲁非农业活动的机会(Escobal J. and Ponce C., 2002. The benefits of rural roads: enhancing income opportunities for the rural poor. GRADE Working Paper 40.

Grupo de Análisis para el Desarrollo (GRADE), Lima, Peru. 56p. ISBN: 9972 - 615 - 25 - I)以及格鲁吉亚妇女非农活动(Lokshin, M., and R. Yemtsov, 2005, Has Rural Infrastructure Rehabilitation in Georgia Helped the Poor? The World Bank Economic Review 19 (2): 311 - 333)。Jalan and Ravallion, 2003 (Does Piped Water Reduce Diarrhea for Children in 31 Rural India? Journal of Econometrics 112(1): 153 - 173)表明,供水系统在贫困家庭中的经济效益比非贫困家庭的经济效果要好。

(58) 该项目的主要目的是维护秘鲁农村路线和饲养路线,使女孩的小学入学率提高 7%,男孩的入学率上升 10%(McSweeney C. and Remy M., 2008. Building roads to democracy? The contribution of the Peru Rural Roads Program to participation and civic engagement in rural Peru. Social Development Notes 111, World Bank, Washington, DC, USA)。Mukherjee, 2012 (Do better roads increase school enrolment? Evidence from a unique road policy in India. Research seminar paper posted on Social Science Research Network. 39p. Available at: http://dx.doi.org/10.2139/ssrn.2207761)证据显示,由于印度项目建设新的村庄道路,上学率增加了 22%,特别是弱势群体的入学率显著上升(2014, Do rural roads create pathways out of poverty? Evidence from India. Job Market Paper, University of California, Santa Cruz)。Aggarwal 的结论是:没有明显的性别差异,5—14 岁儿童的小学教育入学率提高了 5%。

(59) 在回顾了来自世界各地的 8 项研究之后,(2002, Infrastructure and poverty linkages: a literature review. International Labour Organisation, Geneva, Switzerland. 122p.) Brenneman and Kerf 得出的结论是,通过改善道路运输来减少到卫生中心的费用和时间往往会促使穷人及时获得医疗保健的机会(2006, Maternal and child mortality development goals: what can the transport sector do? Transport paper TP - 12, World Bank, Washington DC, USA)。Babinard and Roberts 强调,因为运输不足以获得基本的卫生设施和/或转运到医院,运输途径的差距是导致产儿死亡的主要原因。

(60) Dercon S. and Hoddinott J., 2005, Livelihoods, growth and links to market towns in 15 Ethiopian villages. Food Consumption and Nutrition Division (FCND) Discussion Paper 194, International Food Policy Research Institute (IFPRI), Washington DC, USA; Dercon S., Gilligan D. O., Hoddinott J. and Tassew Woldehanna, 2009, The impact of agricultural extension and roads on poverty and consumption growth in fifteen Ethiopian villages. American Journal of Agricultural Economics, 91 (4): 1007 - 1021. ; Essakali M., 2005. Rural access and mobility in Pakistan: a policy note. Transport Note TRN - 28. World Bank, Washington DC, USA; Mu R. and van de Walle D., 2011. Rural roads and local market development in Vietnam. Journal of Development Studies, 47 (5): 709 - 734; Levy H., 2004, Rural roads and poverty alleviation in Morocco, Case Study for 'Reducing Poverty, Sustaining Growth'. World Bank, Washington DC, USA; Khandker S. R., Bakht Z., Koolwal G. B., 2009. The poverty impact of rural roads: evidence from Bangladesh. Economic Development and Cultural Change, 57 (4): 685 - 772.

(61) 尼泊尔的一项研究表明,新农村道路建设的成本比例非常高[Shrestha I. and Starkey

P., 2013. Economic analyses of three DRSP roads. Annex 3 (pp.53 - 62) in: Starkey P., Tumbahangfe A. and Sharma S., 2013, External review of the District Roads Support Programme, Final Report. Swiss Agency for Development and Cooperation, Kathmandu, Nepal]。对乌干达农村公共投资的研究表明,最基本的"馈线"道路的效益成本比为7.2,每百万先令投资的人数为34人(Fan S., Zhang X. and Rao N., 2004. Public Expenditure, Growth and Poverty Reduction in Rural Uganda, Development Strategy and Governance Division, Discussion paper 4, International Food Policy Research Institute, Washington DC, USA)。相比之下,沙石路的效益成本比不显著(2005, Road development, economic growth and poverty reduction in China, Research Report 138, International Food Policy Research Institute, Washington DC, USA)。Fan and Chan-Kang 得出结论,对中国投资的最大回报来自建设低容量农村道路,因为其国民生产总值的成本比率是投资大量道路的4倍(2012, Rural transport: improving its contribution to growth and poverty reduction in Sub-Saharan Africa. SSATP Working Paper 93, World Bank, Washington DC, USA)。还强调要把农村交通投入集中在农村社区公路,道路和铁路上。

62 在秘鲁,因农村道路建设项目,妇女收入增加了14%,女孩小学入学率上升了7%,妇女和儿童到保健中心的访问人数增加了55%(World Bank, 2000, Peru Rural Roads Project Impact Survey. Washington, D.C. World Bank; 2011, "The Effects of Rural Electrification on Employment: New Evidence from South Africa", The American Economic Review, 7, p.3078, JSTOR Journals, EBSCOhost, viewed 23 March 2016.)。Dinkelman 发表了对南非家庭电力接入项目影响的见解,发现在5年内,被接入电力的区域在烹饪方面更多使用电力,妇女就业率共增加了13.5%,这主要是由于烹调木材转为电力,而木材通常由妇女收集。在尼加拉瓜,电力供应增加了23%农村妇女在家外出工作的机会(Grogan and Sadanand, 2012, "Rural Electrification in Poor Countries: Evidence from Nicaragua.")。与此同时,妇女的参与已经表明可以帮助确保基础设施项目实现其目标(Narayan, D. (1995). "The Contribution of People's Participation: Evidence from 121 Rural Water Supply Projects." Washington, D.C.: World Bank)。

63 这种效应也被称为级联故障(cascading failure)。参见:Van Eeten, M; Nieuwenhuijs, A.; Luiijf, E.; Klaver, M. and Cruz, E. (2011). The state and the threat of cascading failure across critical infrastructures: the implications of empirical evidence from media incident reports. Public Administration 89(2) 381 - 400.

64 Ioris, A. A. R. 2012. Applying the Strategic-Relational Approach to Urban Political Ecology: The Water Management Problems of the Baixada Fluminense, Rio de Janeiro, Brazil. Antipode, 44(1), 122 - 150.

65 Venter, C.; Vokolkova, V.; Michalek, J. (2007). Gender, residential location, and household travel: Empirical findings from low-income urban settlements in Durban, South Africa. Transport Reviews, Volume 27, Issue 6, Pages 653 - 677.

66 Barcellos, Castro and Fae (2016). Human Rights, inequality and public interest litigation: a case study on sanitation from Brazil (working paper).

⑥⑦ Albalate, D., Bel, G., & Fageda, X. (2012). Beyond the efficiencyequity dilemma: Centralization as a determinant of government investment in infrastructure. Papers In Regional Science, 91(3), 599 - 615. doi: 10.1111/j.1435 - 5957.2011.00414.x.

⑥⑧ Dill, B., & Crow, B. (2014). The colonial roots of inequality: access to water in urban East Africa. Water International, 39 (2), 187 - 200. doi: 10. 1080/02508060. 2014.894212.

⑥⑨ Esteban, M. Takagi, H. and Shibayama, T., (2015) Handbook of Coastal Disaster Mitigation for Engineers and Planners. Edited Book, Butterworth-Heinemann (Elsevier), Oxford, UK.

⑦⓪ Valiquette L'Heureux, A., & Therrien, M. C. (2013). Interorganizational Dynamics and Characteristics of Critical Infrastructure Networks: The Study of Three Critical Infrastructures in the Greater Montreal Area. Journal of Contingencies and Crisis Management, 21(4), 211 - 224.

⑦① Lauge, A., Hernantes, J. and Sarriegi, J. (2015) Critical Infrastructure Dependencies: A holistic, dynamic and quantitative approach. International Journal of Critical Infrastructure Protection, Vol.8, pp.16 - 23.

⑦② Bocchini, Frangopol, Ummenhofer, Zinke (2014). Resilience and sustainability of civil infrastructure: Toward a unified approach. Journal of Infrastructure Systems, ASCE, 20 (2), 04014004.

⑦③ MacAskill, K. & Guthrie, P., 2015. A hierarchy of measures for infrastructure resilience-learning from post-disaster reconstruction in Christchurch, New Zealand. Civil Engineering and Environmental Systems, 32(1 - 2), pp.130 - 142. Available at: http://www.tandfonline.com/doi/full/10.1080/10286608.2015.1022728.

⑦④ Zhang, Z., Feng, X., & Qian, F. (2009). Studies on resilience of water networks. Chemical Engineering Journal, (2 - 3), 117.

⑦⑤ Maliszewski, P. J., & Perrings, C. (2012). Factors in the resilience of electrical power distribution infrastructures. Applied Geography, (2), 668.

⑦⑥ Ouyang, M., & Wang, Z. (2015). Resilience assessment of interdependent infrastructure systems: With a focus on joint restoration modeling and analysis. Reliability Engineering And System Safety, 74. doi: 10.1016/j.ress.2015.03.011.

⑦⑦ MacKenzie, C.A., J.R. Santos, and K. Barker. 2012. Measuring Changes in International Production from a Disruption: Case Study of the Japanese Earthquake and Tsunami. International Journal of Production Economics, 138(2): 293 - 302.

⑦⑧ Gwen DiPietro; Chris Hendrickson; H. Scott Matthews, Estimating economic and resilience consequences of potential navigation infrastructure failures: A case study of the Monongahela River, Transportation Research Part A 69, 142 - 164.

⑦⑨ Pant, R., K. Barker, and T.L. Landers. 2015. Dynamic Impacts of Commodity Flow Disruptions in Inland Waterway Networks. Computers and Industrial Engineering, 89: 137 - 149.

(80) IPCC，Climate Change and the Ocean. 政府间气候变化专门委员会第五次评估报告第二工作组报告。在此问题上，还有一些联合国贸易和发展会议(UNCTAD)的专家会议关于讨论结果（http://unctad. org/en/Pages/DTL/TTL/Legal/Climate-Change-and-Maritime-Transport.aspx）。

(81) Walker B. H. et al.（2009）Resilience，adaptability，and transformability in the Goulburn-Broken catchment，Australia. Ecology & Society 14：art12.

(82) Asefa，T.，J. Clayton，A. Adams，2014，Performance Evaluation of Water Supply Utilities under Varying Climatic Condition：Reliability，Resilience，Vulnerability，and Beyond，Journal of Hydrology. Volume 508，16 January 2014，pp.53－65.

(83) Wang Xiaojun，Zhang Jianyun，Shamsuddin SHAHID，etc，Water resources management strategy for adaptation to droughts in China [J]. Mitigation and Adaptation Strategies for Global Change，2012，17 8 ：923－937.

(84) 例如，公共交通网络表现出被认为是无规模网络的行为特征，见：Derrible，S.，and Kennedy，C. 2011，"Applications of Graph Theory and Network Science to Transit Network Design"，Transport Reviews，31，4，pp.495－519，Academic Search Premier，EBSCOhost，viewed 23 March 2016.

(85) 对一组14个主要城市的公共交通网络如何应对冲击的研究表明，他们遵循这一行为。公共交通网络包括巴士，电动无轨电车，渡轮，地铁，电车和城市列车网络。研究中调查研究的城市有柏林、达拉斯、杜塞尔多夫、汉堡、香港、伊斯坦布尔、伦敦、洛杉矶、莫斯科、巴黎、罗马、圣保罗、悉尼和台北。详见 Berche，B.，von Ferber，C.，Holovatch，T.，and Holovatch，Yu.，2009，'Resilience of public transport networksagainst attacks'，The European Physical Journal B. 71，125－137（2009).

(86) 绝大多数关于电网的研究至今还没有发现使用复杂网络概念对电网稳健性研究的综述在高压输电网研究中的主要结构(无规模，小世界)。然而，他们中的大多数都很容易受到连接最紧密的节点的有针对性的攻击，并且对于随机故障是无用的。在这方面，只有几项提出改进稳健性的策略，例如故意孤岛，限制链接添加，微电网和智能电网，其中小型研究表明，小世界网络似乎是最好的拓扑结构。见：Cuadra，L.，Salcedo-Sanz，S.，Del Ser，J.，Jiménez-Fernández，S.，& Zong Woo，G. 2015，'A Critical Review of Robustness in Power Grids Using Complex Networks Concepts'，Energies（19961073），8，9，pp.9211－9265，Academic Search Premier，EBSCOhost，viewed 23 March 2016.

(87) 例如，在2004年印度洋海啸之后的斯里兰卡沿海捕鱼社区，救援团体提供了新的船只和捕鱼设备，其数量远远高于海啸之前的渔船数量。因此，在渔业已经被认为受到压力的地区，渔业崩溃的脆弱性有所增加，而维持生计的捕捞量下降直接影响了大量人口的主要蛋白质来源。De Silva，DAM and M Yamao（2007），Effects of the tsunami on fisheries and coastal livelihood：A case study of tsunami-ravaged southern Sri Lanka. Disasters，31(4)：386－404；and Subasinghe，S.（2005）Sri Lanka：Assessment of rehabilitation and re-construction needs in the tsunami affected post-harvest fisheries sector. FAO，Rome.

(88) 作为运输政策和法律工作的一部分，联合国贸易和发展会议(UNCTAD)自2008年以来一直着重关注气候变化对关键运输基础设施的影响和适应问题，见 UNCTAD 网站：http://unctad.org/en/Pages/DTL/TTL/Legal/Climate-Change-and-Maritime-Transport.aspx. See also Becker et. al，“A Note on Climate change adaptation for seaports：A challenge for global ports，a challenge for global society”. Climatic Change (2013)；G. Woolhouse and D. Lumbroso，HR Wallingford (2015). Using climate information to achieve long-term development objectives for African ports，http://cdkn.org/wp-content/uploads/2014/12/FCFA_Policy Brief_PORTS_WEB.pdf.

⑧⑨ 其作为全球化贸易体系一部分的战略作用，使世界不同地区的港口适应气候变化的影响/提高其气候恢复能力是非常重要的。据估计，世界海运量的 80%是国际航运和港口，在全球供应链中提供了重要的联系，对所有国家(包括那些内陆国家)进入全球市场的能力至关重要。港口可能会受到气候变化直接和间接影响，例如海平面上升，极端天气事件和气温上升，对国际贸易和最脆弱国家特别是最不发达国家和小岛屿发展中国家的发展前景有更广泛的影响。Ad Hoc Expert Meeting on Climate Change Impacts and Adaptation：A Challenge for Global Ports Geneva，Palais des Nations，29 - 30 September 2011，Information note by the UNCTAD secretariat (UNCTAD/DTL/TLB/2011/3)，available at http://unctad.org/ttl/legal. 另见前一注释中的参考文献。

⑨⓪ 尽管专家们没有强调这一点，但这对于基础设施和不平等关系也是非常重要的。

⑨① Venter，C.；Vokolkova，V.；Michalek，J. (2007). Gender，residential location，and household travel：Empirical findings from low-income urban settlements in Durban，South Africa. Transport Reviews，Volume 27，Issue 6，Pages 653 - 677.

⑨② 世界 22 个大城市中，17 个在发展中国家，达卡和拉各斯预计增长最快——每年超过 3%。到 2025 年，发展中国家将有超过 3/4 的城市有 500 多万居民(Nixon，H.，Cambers，V.，Hadley，S. and Hart，T. (2015) Urban Finance：Rapid Evidence Assessment. London：Overseas Development Institute)。目前已经超过 10 亿的贫民窟居民预计到 2030 年将翻一番(Bahl，Roy W.，Johannes F. Linn，and Deborah L. Wetzel. 2013. ‘Financing Metropolitan Areas in the Developing World.’ In Financing Metropolitan Governments in Developing Countries. Cambridge，MA：Lincoln Institute of Land Policy，pp.1 - 30)。到 2050 年，非洲的城市人口将增加一倍，而亚洲将增加两倍(Slack，N. E. 2009. Guide to Municipal Finance. Nairobi：UN-Habitat.)。目前，全球 52%的城市人口生活在不到 50 万人口的城市，城市人口的增长将发生在这些较小的城镇而不是最大的城市。

⑨③ Aldrich，D. (2012). Building Resilience：Social Capital in Post-Disaster Recovery. University of Chicago Press.

⑨④ Pelling，M.，and High，C. (2005). “Understanding adaptation：what can social capital offer assessments of adaptive capacity?” Global Environmental Change，15 (4)，308 - 319.

⑨⑤ Therrien，M. C.，Tanguay，G. A.，and Beauregard-Guérin，I. (2015). “Fundamental determinants of urban resilience：A search for indicators applied to public health crisis”. Resilience，3(1)，18 - 39.

(96) Aldrich, D. (2012). "Social, Not Physical, Infrastructure: The Critical Role of Civil Society after the 1923 Tokyo Earthquake", Disasters, 36 (3), 398 - 419.

(97) Langridge, R., Christian-Smith, J., & Lohse, K. A. (2006). Access and Resilience: Analyzing the Construction of Social Resilience to the Threat of Water Scarcity. Ecology & Society, 11(2), 511 - 525.

(98) Maguire, B., & P. Hagan. (2007). Disasters and Communities: Understanding Social Resilience, Australian Journal of Emergency Management, Vol.22, No.2, pp.16 - 20.

(99) For example: The White House Presidential Policy Directive: Critical infrastructure security and resilience, Available at: https://www.whitehouse.gov/the-press-office/2013/02/12/presidential-policy-directive-critical-infrastructure-securityand-resil, Accessed: 15th February, 2016.

(100) For examples see Khandker and Koolwal, 2011; Starkey et al, 2013; Gachassin, Najman and Raballand, 2010; Ahmed, 2010; Hettige, 2006; and Duncan, 2007.

(101) Van de Walle, D., 2000. Are Returns to Investment Lower for the Poor? World Bank Working Paper 2425, Washington, D. C.

(102) For example, Odoki J., Ahmed F., Taylor G. and Okello S., 2008. Towards the mainstreaming of an approach to include social benefits within road appraisal: a case study from Uganda. Transport Papers TP - 17, Transport Sector Board, World Bank, Washington DC, USA.

(103) Modelling techniques to reduce bias when correlating road access and poverty have been discussed by Khandker S. R., Bakht Z., Koolwal G. B., 2009. The poverty impact of rural roads: evidence from Bangladesh. Economic Development and Cultural Change, 57 (4): 685 - 772; Gachassin M., Najman B. and Raballand G., 2010. The impact of roads on poverty reduction: a case study of Cameroon. Policy Research Working Paper 5209, World Bank, Washington DC, USA. 39p.; and Mu R and van de Walle D., 2011. Rural roads and local market development in Vietnam. Journal of Development Studies, 47 (5): 709 - 734.

(104) ILO/ASIST 2000; Lebo and Schelling, 2001; IT Transport, 2002; SKAT, 2002; IT Transport, 2004.

(105) McSweeney C. and Remy M., 2008. Building roads to democracy? The contribution of the Peru Rural Roads Program to participation and civic engagement in rural Peru. Social Development Notes 111, World Bank, Washington, DC, USA. 6p. https://openknowledge.worldbank.org/handle/10986/11157.

(106) IT Transport (2003), Kafle (2007) and ADB (2011).

(107) Dilli D., 1997. Handbook: accessibility and tool adaptations for disabled workers in post-conflict and developing countries. International Labour Office, Geneva, Switzerland. 51p. ISBN 9221095118. Available at: http://www.ilo.org/wcmsp5/groups/public/ed_emp/-ifp_skills/documents/publication/wcms_107950.pdf.

(108) Véron-Okamoto A. and Sakamoto K., 2014. Toward a sustainability appraisal framework

for transport. Sustainable Development Working Paper 31, Asian Development Bank (ADB), Manila, Philippines.

⑩⑨ Bahl, Roy W. and Johannes F. Linn. 2014. Governing and Financing Cities in the Developing World. Policy Focus Report. Cambridge, MA: Lincoln Institute of Land Policy.

⑪⓪ 如经济学人智库的适应能力排名。

⑪⑪ This is the case of Lusaka, Phnom Penh, Dakar, Abidjan, and Dhaka (EIU, 2015).

⑪⑫ UN-Habitat, 2013. Planning and design for sustainable urban mobility: global report on human settlements 2013. UNHabitat, Nairobi, Kenya. 348p. ISBN 978 - 92 - 1 - 132568 - 3 Available at: http://unhabitat.org/planning-and-designfor-sustainable-urban-mobility-global-report-on-humansettlements - 2013.

⑪⑬ 对于中高收入国家(人均 13 000 美元)，城市交通系统的完整基础设施和车辆成本计算为地铁每公里 5.4 亿美元，轻轨每公里 1 600 万美元，公共汽车快速公交系统每公里 7 亿美元(UN-Habitat, 2013)。

⑪⑭ Van Esch W. and Fransen J., 1997. Transport, urban infrastructure upgrading and employment creation: a labour and community based approach. ILO-ASIST (Advisory Support information Services and Training for Labour-based Programmes, International Labour Organisation), Nairobi. 18p. Available at: http://www.ilo.org/emppolicy/pubs/ WCMS_ASIST_6296/lang--en/index.htm.

⑪⑮ 大数据的使用可能是在这种情况下收集数据的重要工具。案例见：https://www.technologyreview.com/s/514211/african-bus-routes-redrawn-using-cell-phone-data/.

⑪⑯ Kumar, A., 2005. Mumbai's expendable poor. Economic and Political Weekly, 40 (6): 506 - 510.

⑪⑰ Florian Koch, Kerstin Krellenberg, Sigrun Kabisch. Helmholtz (2016), How to achieve Urban Sustainability Transformations (UST) in real life. Brief for GSDR - 2016 Update. Available from politics? https://sustainabledevelopment.un.org/content/documents/961514_Koch%20et%20al._How%20to%20achieve%20Urban%20Sustainability%20Transformations%20(UST)%20in%20real%20life%20politics.pdf.

⑪⑱ Shikha Ranjha (2016), Green infrastructure: planning for sustainable and resilient urban environment. Brief for GSDR - 2016 Update. Available from https://sustainabledevelopment.un.org/content/documents/95599_Ranjha_Green%20 infrastructure_planning%20for%20sustainable%20and%20resilient%20urban%20environment.pdf.

⑪⑲ Pedro Piqueras and Ashley Vizenor (2016), The rapidly growing death toll attributed to air pollution: A global responsibility Brief for GSDR - 2016 Update. Available from https://sustainabledevelopment.un.org/content/documents/1008357_Piqueras_The%20rapidly%20growing%20death%20toll%20attributed%20to%20air%20pollution-A%20global%20responsibility.pdf.

⑫⓪ Z. Sebesvari, E. Foufoula-Georgiou, I. Harrison, E. S. Brondizio, T. Bucx, J. A. Dearing, D. Ganguly, T. Ghosh, S. L. Goodbred, M. Hagenlocher, R. Hajra, C.

Kuenzer, A. V. Mansur1, Z. Matthews, R. J. Nicholls, K. Nielsen, I. Overeem, R. Purvaja, Md. M. Rahman, R. Ramesh, F. G. Renaud, R.S. Robin, B. Subba Reddy, G. Singh, S. Szabo, Z. D. Tessler, C. van de Guchte, N. Vogt, C. A. Wilson-Belmont Forum DELTAS Project members (2016), Imperatives for sustainable delta futures. Brief for GSDR - 2016 Update. Available from https://sustainabledevelopment.un.org/content/documents/972032_Sebesvari_Imperatives%20for%20sustainable%20delta%20futures.pdf.

⑫1 Akiko Okabe (2016), E-VOIDs: a bottom-up microintervention for better lighting and ventilation in high density slums, Jakarta (Indonesia). Brief for GSDR - 2016 Update. Available from https://sustainabledevelopment.un.org/content/documents/966220_Okabe_E - VOIDs - a%20bottomup%20micro-intervention%20for%20better%20lighting%20and%20ventilation%20in%20high%20density%20slums%20Jakarta%20Indonesia.pdf.

⑫2 Saul Billingsley (2016), Time for Results: Road safety and clean air for all, leaving no one behind. Brief for GSDR - 2016 Update. Available from https://sustainabledevelopment.un.org/content/documents/971129_Billingsley_Time%20for%20Results-Road%20safety%20and%20clean%20air%20for%20all,%20leaving%20no%20one%20behind.pdf.

第三章 科学家对技术和可持续发展目标的看法

一、技术与可持续发展目标

由于《2030年议程》目标宏伟、挑战重重，议程的落实就是一项艰巨的任务。科学家与其他许多人都认为，技术是帮助实现可持续发展目标的一个主要因素。技术有助于建立目标之间的协同效应，在走向可持续发展目标的荆棘丛生的道路上，有助于落实诸多可能的益处，且可避免道路上的障碍和冲突。本章介绍了科学家对最有希望的行动或政策要素的一系列看法，目的是充分利用技术来实现可持续发展目标，同时"不让任何一个人掉队"，本章也介绍了他们对于2030年前哪些技术最重要的看法（参见链接3-1）。本章的目的是在实施的早期阶段向决策者提供信息。

链接3-1 方法论

本章是联合国工作人员在2016年4月和5月综合各种材料撰写而成，材料来自61位科学家和专家的奉献，内容针对两个专题：实现可持续发展目标会遇到许多技术挑战，以及对技术解决方案抱着很大期望。在此背景下，(1) 对最适合可持续发展目标以及"不让任何一个人掉队"的技术而言，最有前途的行动或政策要素是什么？(2) 2030年前，哪些技术最重要？它们的性能和部署要达到何种程度才符合其重要性？请注意，本章不是科学家的共同看法，而只提供他们提出的一系列观点。

几百位不同学科的杰出科学家和专家回答了这两个问题。这两个问题也发送给了“科学技术促进机制”10人组的成员，《联合国气候变化框架公约》的技术人员，《全球可持续发展报告》的过去的撰稿人，尤其是那些已经提交了科学政策简报的人，以及2016年4月举行的关于新兴问题的联合国专家会议的参与者。这两个问题还发送给联合国各机构和重要科学组织及项目的专家成员，如“国际科学理事会”“未来地球”和“可持续发展解决方案网络”；此外，也鼓励接收者进一步与有关同事分享这一交流。值得注意的是，其中一个回应来自一个跨学科的7人团队，他们积极参与“关于创新与可持续发展技术的哈佛项目”，这个项目在水源、能源、医疗、农业和制造部门进行了18项初始案例研究，他们综合了许多领域的文献，如创新系统、经济学、科技研究、法律、工程、国际关系和复合系统等。[①,②]

这些提出看法的科学家与20个国家的科研机构有密切联系，如澳大利亚、奥地利、巴西、加拿大、智利、中国、埃塞俄比亚、法国、德国、印度、爱尔兰、日本、约旦、马里、毛里求斯、荷兰、挪威、南非、英国和美国。他们的看法代表了可持续性科学的极其广泛的学科。

此外，我们还考虑了以下数据来源：97位科学家准备的58个与技术相关的科学政策简报，[③]以支持2014年以来个别科学家提交的《全球可持续发展报告》和“高级别政治论坛”；通过2016年初的一项在线调查，科学家可以简单地列出他们认为最重要的新兴技术；还有2016年4月5日至6日在纽约组织的一场关于新兴问题的联合国专家小组会议(见第五章)。

(一) 技术能解决问题，但本身也是个问题

科技极大地影响了社会、经济和环境。事实上，技术是一把双刃剑[④,⑤]——技术进步能解决许多弊端和问题，但也带来了前所未有的新挑战。[⑥,⑦]

社会经济发展与技术变革密不可分，因为技术、社会和制度是共同发展的。技术变革可能是冲突的根源，也可能是社会包容和扩大合作的工具。例如，信息和通信技术使得医疗、教育、交通和通信取得巨大的进步，但也带来安全和隐私方面的挑战。所有的技术都不同程度地消耗资源，使用土地，污染空气、水和大气。随着科技用途的生态效应逐渐加强，从长远看，每家产出单位的资源消耗和污染都在减少，但消耗和污染的绝对量却在持续增加。在这种背景下，各国政府一直呼吁采取协调一致的行动，以加速向更可持续技术的转变。许多技术乐观主义者认为，这种加速是必需的，认为技术创新势在必行。[⑧]

我们还应该注意到，技术变革本身往往不是中性的。相反，它往往偏向于资本和熟练工人，因此具有明显的分配影响，导致不平等的加剧。[⑨]发展中国家发明的或适用的技术，可能更适用于其他的发展中国家。[⑩,⑪]

（二）可持续发展目标的技术维度

《2030 年议程》认识到技术对于实现可持续发展目标的重要性。不仅发展目标 17 把技术当作一种关键的“实现手段”，而且在 169 个具体目标中，有 14 个明确指向“技术”，另外 34 个具体目标涉及经常用技术术语讨论的问题（参见表 3－1）。在其他 121 个具体目标中，也有技术方面的成分，但这里的技术只是落实目标的众多手段中的一种。表 3－1 把与技术关系最密切的 48 个具体目标分为三类：（1）总体技术性能重大的提高，（2）可持续技术的普遍获取，（3）为达到可持续发展的全球性有效创新体系。表 3－1 以跨学科专家评估为基础。至于哪些具体目标与技术有关，看法肯定不同。例如，在全面获得廉价可靠的现代能源服务方面，能源工程师往往在目标中看到大量技术因素，而政治学家或人类学家则看到非技术的因素。[⑫]

表 3－1 将可持续发展目标的复杂清单转化为一种可以与现有科学文献和评估相关联的形式。科学文献中也提出了与技术有关的具体目标。它们通常比公认的可持续发展目标更容易量化。

表 3-1 与技术关系最密切的可持续发展目标

原则与总目标	与技术有关的可持续发展具体目标(169 个中的 48 个)
总体技术性能的极大提高 19 个具体目标	**2030 年技术性能总体目标:** 8.4 逐步改善……全球消费和生产的资源使用效率,努力使经济增长和环境退化脱钩…… 8.2 通过多样化经营、技术升级和创新,实现更高水平的经济生产力 9.4 ……升级基础设施,改进工业以提升其可持续性,提高资源使用效率,更多采用清洁和环保技术及产业流程 **2030 年关于具体问题的、定量的技术性能目标:** 2.3 小规模粮食生产者的农业生产力翻倍…… 3.3 消除艾滋病、结核病、疟疾和被忽视的热带疾病等流行病,抗击肝炎、水传播疾病和其他传染病 3.6 ……全球公路交通事故造成的死伤人数减半 6.3 ……将未经处理废水比例减半 7.3 ……全球能效改善率提高一倍 12.3 使零售业和消费领域的全球人均食品浪费减半…… **2030 年的关于具体问题的、定性的技术性能目标:** 3.9 ……大幅减少危险化学品以及空气、水和土壤污染导致的死亡和患病人数 6.3 ……通过以下方式改善水质:减少污染,消除倾倒废物现象,把危险化学品和材料的排放减少到最低限度……大幅增加全球废物回收和安全再利用 6.4 ……所有行业大幅提高用水效率…… 7.2 ……大幅增加可再生能源在全球能源结构中的比例 7.b ……增建基础设施并进行技术升级,为发展中国家所有人提供可持续的现代能源服务…… 12.3 ……减少生产和供应环节的粮食损失,包括收获后的损失 12.5 ……通过预防、减排、回收和再利用,大幅减少废物的产生 14.1 到 2025 年,预防和大幅减少各类海洋污染,特别是陆上活动造成的污染,包括海洋废弃物污染和营养盐污染 14.3 通过在各层级加强科学合作等方式,减少和应对海洋酸化的影响 2.5 到 2020 年,保持种子、种植作物、养殖和驯养的动物及与之相关的野生物种的基因多样性……
可持续技术的普遍获取 12 个具体目标	**2030 年前可获得的基本服务:** 1.4 ……确保所有男女享有基本服务……和适当的新技术…… 6.1 ……人人普遍和公平获得安全和负担得起的饮用水 6.2 ……人人享有适当和公平的环境卫生和个人卫生,杜绝露天排便……

续表

原则与总目标	与技术有关的可持续发展具体目标(169 个中的 48 个)
可持续技术的普遍获取 12 个具体目标	7.1　……确保人人都能获得负担得起的、可靠的现代能源服务 11.1　……确保人人获得适当、安全和负担得起的住房和基本服务,并改造贫民窟 11.2　……向所有人提供安全、负担得起的、易于利用、可持续的交通运输系统,改善道路安全…… **技术获得:** 3.b　……提供负担得起的基本药品和疫苗…… 9.1　发展优质、可靠、可持续和有抵御灾害能力的基础设施,包括区域和跨境基础设施……重点是人人可负担得起并公平利用上述基础设施 9.c　大幅提升信息和通信技术的普及度,力争到 2020 年在最不发达国家以低廉的价格普遍提供互联网服务 16.10　确保公众获得各种信息,保障基本自由…… **技术使用:** 5.b　加强技术特别是信息和通信技术的应用,以增强妇女权能 11.2　……扩大公共交通
为达到可持续发展的全球性有效创新体系 17 个具体目标	**研究、发展和演示:** 3.b　支持研发主要影响发展中国家的传染和非传染性疾病的疫苗和药品…… 9.5　在所有国家,特别是发展中国家,加强科学研究,提升工业部门的技术能力,包括到 2030 年,鼓励创新,大幅增加每 100 万人口中的研发人员数量,并增加公共和私人研发支出 9.b　支持发展中国家的国内技术开发、研究与创新…… 14.a　增加科学知识,培养研究能力和转让海洋技术…… **技术转移和传播:** 17.7　以优惠条件,包括彼此商定的减让和特惠条件,促进发展中国家开发以及向其转让、传播和推广环境友好型的技术 17.8　促成最不发达国家的技术库和科学、技术和创新能力建设机制到 2017 年全面投入运行,加强促成科技特别是信息和通信技术的使用 **高等教育和科技创新能力建设:** 4.b　到 2020 年,在全球范围内大幅增加发达国家和部分发展中国家为发展中国家提供的高等教育奖学金数量,包括职业培训和信息通信技术、技术、工程、科学项目的奖学金……

续表

原则与总目标	与技术有关的可持续发展具体目标(169 个中的 48 个)
为达到可持续发展的全球性有效创新体系 17 个具体目标	13.3 加强气候变化减缓、适应、减少影响和早期预警等方面的教育和宣传,加强人员和机构在此方面的能力 **科技创新的政策环境和市场激励:** 8.3 推行以发展为导向的政策,支持……创业精神、创造力和创新…… 9.b ……提供有利的政策环境,以实现工业多样化,增加商品附加值 12.c 对鼓励浪费性消费的低效化石燃料补贴进行合理化调整,为此,应根据各国国情消除市场扭曲,包括调整税收结构,逐步取消有害补贴以反映其环境影响 关于科技创新能力、技术获得和转让的国际合作: 2.a 通过加强国际合作等方式,增加对农村基础设施、农业研究和推广服务、技术开发、植物和牲畜基因库的投资…… 6.a 到 2030 年,扩大向发展中国家提供的国际合作和能力建设支持,帮助它们开展与水和卫生有关的活动和方案,包括雨水采集、海水淡化、提高用水效率、废水处理、水回收和再利用技术 7.a 到 2030 年,加强国际合作,促进获取清洁能源的研究和技术,包括可再生能源、能效,以及先进和更清洁的化石燃料技术,并促进对能源基础设施和清洁能源技术的投资 9.a 向非洲国家、最不发达国家、内陆发展中国家和小岛屿发展中国家提供更多的……技术……支持,以促进其开发有抵御灾害能力的可持续基础设施 12.a 支持发展中国家加强科学和技术能力,采用更可持续的生产和消费模式 17.6 加强在科学、技术和创新领域的南北、南南、三方区域合作和国际合作,加强获取渠道,加强按相互商定的条件共享知识,包括加强现有机制间的协调,特别是在联合国层面加强协调,以及通过一个全球技术促进机制加强协调

剩下的 121 个具体目标基本归入公平与制度范畴。因此,尽管“可持续发展目标”的拟定者绝大多数很关注“不让任何一个人掉队”的目标,但当涉及技术时,就包括总体技术性能目标的数量问题了。这与科学家的观点非常一致,科学家指出,在公平、整体技术表现和制度方面,以及在激进和渐进的技术变革方面,都需要取得进展。

二、科学家对可持续发展目标落实推动技术政策和行动的看法

在这方面，我们可以从科学家目前最重要的综合观点中学到很多东西。[⑬,⑭,⑮]在本报告的调查中，要求科学家来确定“为可持续发展目标和‘不让任何一个人掉队’的最佳推动技术所配置的最具前途的行动或政策因素”。

下面是科学家精选的建议（见表 3－2）。这些建议不一定代表参与者的一致意见，只是阐明了有哪些观点。本章的背景文件《科学家对技术与可持续发展目标的看法》，[⑯]有更详细的介绍，在那里科学家的回应是按学科分类呈现的。

表 3－2　科学家对可持续发展目标和“不让任何一个人掉队”的最佳推动技术的精选建议

议　题	汇　总　建　议	行动层面
加强国家创新体系，加快技术进步	系统地加强国家创新体系，特别是发展中国家； 渐进和激进的技术和基础设施性能都必须得到提高； 要清除发展中国家技术部署和传播的障碍，增加研发投入； 要有连贯和全面的技术经济政策； 各国都要加强国民的科学、技术和创新（STI）素养，以创建能使用科学证据来影响政策的知识型创新社会； 在实践中学习，从现有技术措施，从具体群体中与可持续发展目标相关的新技术的“经验”中获得启示	国家层面
计划、路线图和统一评估	为个别和整体完成可持续发展目标而制定国家和国际行动计划及技术路线图； 制定科学路线图、技术路线图和研发路线图，在科学和工程群体的重点行动上达成一致； 必须大幅增加技术投入； 各国在政策、行动和合作关系方面要分享信息和建议； 沟通、教育和增强公众意识是至关重要的，尤其是在消费者中； 循环经济的系统思维和技术； 统一评估模型对制定可持续发展的政策是非常有用的； 各国以有前途的技术发展轨迹和新产业为基础，探索本国经济多元化发展的路径。	国家和全球层面

续表

议 题	汇 总 建 议	行动层面
让技术用于包容性服务	为所有人提供可负担的现代技术,特别在发展中国家; 促进公平的包容性创新政策; 技术评估和前瞻,以了解新技术和指导方针的潜在影响; 要采用生态系统的方法来制定政策,以解决新技术带来的技术差距; 在整个创新过程中,要考虑弱势人群的利益; 促进残疾人获得和使用辅助技术; 要把实地解决方案和技术创新看作是民生战略的核心成分	全球、国家和地方层面
让技术用于包容性服务	在城市贫民窟促进共享社交技术; 利用认知学、心理学、行为经济学和人类学来进行干预性调研; 在评估技术需求/差距时,要明确考虑非正式的文化规范以及它们与正式规则的关系	全球、国家和地方层面
建立能支持可持续技术进步的制度	制度需要改革,以使创新体系朝着可持续发展方向转变; 支持研发,鼓励使用具有系统效益的廉价技术,包括电网外的电力系统、电动交通和新型抗菌药物; 鼓励发展城市的创新实体、生活实验室、开放性科学和科学园区,以便管理好本地化的兼容性创新; 通过立法和公共资源的均衡分配,重新界定大城市的功能; 制度要鼓励开发以群体知识为基础的低成本的本地技术解决方案; 需要收集更好的数据,并公开共享和分析; 城市和国家层面的合作关系可以汇拢和共享个体数据; 用于数据收集和分析的新工具和科学技术创新。利用大数据来监测和促进可持续发展目标	全球、国家和城市层面

作出回应的科学家提出的政策和行动建议,往往包含多个议题和行动类型,而不仅仅是一两个。他们也很重视远离自己专业的政策和行动,这说明他们有综合的系统观点。这与现代科学的高度专业化背道而驰。这个结果也许不能代表科学整体,而可能是因为邀请的科学家对可持续性科学都感兴趣而产生的选择性偏差。

(一) 加强国家创新体系,加快技术进步

必须加强国家创新体系,特别是在发展中国家。国家创新体系包括许多

制度，包括金融家、立法者、商人、机构制衡、开发新技术的技术员的合作。[17]这些“创新体系”在推动国家的技术变革管理过程中发挥了关键作用，而技术变革最终将在可持续发展目标的许多领域产生作用。[18,19]推动制度创新和改革消费行为，与技术性能的进步是同样重要的。[20]根据这个观点，要考虑不同技术和技术周期不同阶段之间的相互依赖关系。这一观点认为，新、旧技术体系都需要投资，需要投资的还有技术前沿领域和促进技术普及的领域，以及探索性的甚至是“疯狂”的想法和创新。[21]经验已经表明，厚此薄彼不利于系统的有效运作。

提高渐进和激进的技术与基础设施性能——这些都是必需的。要实现可持续发展目标，需要加速技术变革和深刻转化。我们需要渐进技术和制度改进，也需要激进的熊彼特主义的“创造性破坏旋风”。即使在成功的激进方案中，在开始的市场部署之后，渐进改善也是必不可少的。为了保证高质量生活，供应端和最终使用端都需要变革。[22]这是一个重大挑战，因为有些经济部门可能会遭遇投资不足而导致零和博弈。而消费则需要转向高效率（如将废物再利用为资源的循环过程）以及能源、水和土地的低使用强度。[23]

基础设施对技术变革至关重要，因为基础设施能影响行业维持和扩大技术知识基础的能力。[24]政府尤其要提供经济中基本技术的基础设施，如电力供应、互联网和宽带连接、计算机硬件、软件和维修技能。[25]所有这些对知识经济都是必不可少的。[26,27,28]同样，交通基础设施、好的学校和医疗中心也很重要。基础设施有很长的扩散时间，需要大量的前期投资，因此政治意愿、长期承诺、连贯的政策和法治至关重要。[29,30]有一个例子说明需要细致入微看待技术和基础设施，即最近在埃塞俄比亚各家医院安装宽带的项目被取消了，因为很明显的是，医院迫切需要的是电灯照明，需要钱来买柴油机发电。如何恰当安排发展顺序，如何发现快速发展的机会，需要有仔细入微的考量，这种情况的确存在，不过也可能被高估。[31]

有许多小器具（如手机）携带的小规模技术通常能快速传播，但也需要基础设施和监管，就像那些大的技术一样。所有这些都需要人力、稳定的投资环境和制度安排。小规模技术常常出现快速的技术进步,从而降低了成本,这使它们成为推动发展中国家快速增长的有效方法。

有许多技术已经存在,但由于许多技术、经济、制度、法律和行为障碍,它们在发展中国家的部署和扩散落后了。[32,33]比如知识产权问题,私营部门的能力问题,不匹配的需求,贸易关税,以及限制获得受信任的信息、知识和资本等。[34]与此同时,新的先进技术需要开发、不断改善、分享和部署,这需要全面的研发,从基础研究到开发、部署,再到综合所有阶段的整合。2014 年全球私人和公共的研发投资达到 1.6 万亿美元(相当于 GDP 的 2%)。[35]然而,78%的投资发生在美国、中国、日本和欧洲。多数发展中国家的研发水平相对而言仍远低于 GDP 的 2%。[36]

需要连贯而全面的技术经济政策。应该通过对污染和排放进行收费,使外部因素内在化。要做到完全内在化,需要相当长的时间。尤其是最不发达国家无法在短期和中期实现完全内在化,经合组织国家可以向它们提供附加资金和技术转让,以支持它们过渡。各国政府应该避免"挑选赢家",而要以生命周期为基础,为所有低污染技术创造公平竞争的环境。可以通过推广和刺激循环经济来保护资源。取消对环境友好技术交易和转让的关税,是促进采用绿色技术的一个典范。需要制定系统的政策来缩短发展中国家产品的上市时间。[37]

各国国民需要提高科学、技术和创新(STI)素养,以创建利用科学证据来影响政策的基于科学的创新社会。这需要明智地投资于人力资本,包括各级教育,投资于基础和应用研究与开发,投资于基础设施建设。同样需要明智的政府政策来促进私营企业和大学的企业家"自下而上"的创新。这些政策将减少腐败,允许调查自由,建立法治,扩大妇女的参与,扩大私营部门的投资和贸易——所有这些将释放许多人的创造力,将创造新的就业机会,加速科技进步。[38]让科学家参与国家决策的政策,确定技术转让机制的政策,都可能加强国家的创新能力,使科研群体与经济部门和整个社会联系起来。[39]有一个例子可说明基于科学的信息对决策的好处,即水资源管理的气候适应技术,[40]如果没有这个技术，许多人将遭遇下列厄运：缺水，缺乏安全水源，增加水污染，减少生物多样性，洪水、干旱和热浪的频率和强度提高。[41,42]

需要在特定区域促进同发展目标有关的新技术的实验，进行社会和科学监测，总结经验，以便不仅提升诸多小规模实验，也提升大规模项目的诸多站点，[43]同时与参与人员建立信任关系，确保有关的政治家和商人不是在滥用形势。[44]

需要采取措施，使实践领域的学习规范化，以便进一步理解如何使创新体系[45]转向可持续发展方向。制定针对性干预措施，需要了解创新体系及其社会技术性质。我们已经有了许多潜在的启示。[46]社会技术特征——如世俗性，标准和认证的作用，网络外部因素和模块性——可以被用作试探，以便确定在选择特定技术或干预措施时可能出现的创新障碍。具有号召力的行为者应该在不同的实践群体中推动学习。例如，他们可以组织会议，召集来自多个领域的从业者、决策者和学者；他们可以资助利用不止一个部门或地方的数据的比较分析；他们可以教育不同学科的学生广泛思考技术创新。

从现有的技术相关项目中学习和落实经验是很重要的。科学家举出了一些例子。一是智利关于区群发展的项目。有一项分析表明，智利的科研人员只有15％参与应用研究，[47]政府便加强公共、私营部门和学术界之间的协调。政府委托开展一项关于区群发展的研究，[48]这也是战略市场调研和能源政策路线图，最终制定了一项战略太阳能产业计划，其中一个公私委员会为应用研究分配了资源。在矿业区群的案例中，行业执行的一般的区群分析和前瞻演习增加了路线图。[49]二是将移动技术纳入卢旺达社区医疗的系统信息，这促进了从实践中学习的做法。[50]关于手机所有权、用户特征（如年龄和教育）和技术设计的信息，使医疗提供者能够直接与患者接触。[51,52]三是在巴西的圣・马塞洛公园森林建立了种植森林保护区，[53]在那里，技术用来控制空气的质量和湿度，从而促成自然的再生。[54,55,56,57]

（二）计划、路线图与统一评估

为实现可持续发展目标，应该制定各国的和国际的行动计划和路线图。

政府、私营企业、学术界和非政府组织都应该参与制定,还需要来自 STI 群体的关于什么起作用、什么不起作用的信息反馈。[58]技术路线图,尤其是国家和全球层面的路线图,可以提供对实施和可用选项的看法。[59]行动计划还应包括大力动员金融资源,便于它们在各国的实施和对技术转让条件的评估。[60]

科学和工程界可以制定未来 10—20 年的科学路线图,探讨如碳捕获和封存(CCS)的地质评估等关键问题,这需要进行全球地球物理研究。科学与工程界可以与工程学院合作,制定技术路线图或大多数可持续发展目标。他们可以制定科研和发展路线图,其中包括 5—10 年的预算、结构和研发合作。这些群体也可以在全球合作开展科学和技术培训,这可以发展为跨大学的全球性工作,并受到科学和工程学院的支持。[61]

在政策、行动和合作关系方面,各国必须有效共享信息和建议。这可以通过许多渠道做到,比如“联合国技术促进机制”[62]的多权益方 STI 论坛和在线平台,还可通过新的通信技术,这种新技术可用来使 STI 对发展目标的贡献最大化,还可连接技术创新者、开发者和投资者与需要解决方案的人群的联系。[63]

循环经济的系统思维和技术。循环经济是工业系统在主观和设计上做到有复原力和再生力的一条途径。[64,65,66,67]创建循环经济需要将学术界、私营部门、公共部门和公民社会结合起来。私营部门需要有更可持续的生产规划和创新。例如,在两个或多个行业之间建立合作和协同效应的产业共生体,通常包括非工业的合作伙伴,共生体可以对提高资源效率作出明显贡献。[68]系统思维是平衡管理的关键,尤其是在人类健康与幸福、[69]城市化和生态系统服务之间的连接领域,[70]或者是水-能源-食品-连接处。[71,72,73]

综合评估模型能有效用于设计可持续发展政策,因为可持续发展目标以复杂的、往往很微妙的方式相互关联着。[74,75,76]在一个发展目标领域取得进展,可能会增强也可能削弱其他领域的绩效。[77,78]综合评估模型可作为实验平台,以检验提议的干预措施的有效性。它们说明城乡交通一体化设计的重要性,那将是一个重要的、功能完善的公共交通基础设施,包括电动自行车或电动汽车等新型交通选项,还包括在合适的地区使用生物燃料供应链。这类模型的

一个例子是“千禧年研究所”的 iSDG 模型。[79,80,81,82]

各国必须在识别出有前途的技术轨迹和新行业的基础上，探索各自的经济多元化发展道路。实证证据表明，发展是与劳动生产率和工资从低到高的转变相联系的。[83]这一过程中发生的经济体系的成分变化，不断增加了经济活动的多样性和复杂性。[84]日益增加的复杂性是与更高水平的 GDP 和经济增长，以及减少不平等相联系的。[85]这个过程归根结底是创新的结果。这些战略中有长远意义的行动，利用生产、出口和创新的实证数据，来确定具体技术的发展轨迹，用以指导向可持续发展的过渡。使用专利数据库，根据相对优势为早期推动者确定基准，使用“产品空间”和产品复杂性测量措施，可以识别出有长远意义的技术轨迹和新行业。[86]

产业政策。科学家认为，重要的是去推动开发相关技术的行业，尤其是那些愿意在发展中国家生产的行业，同时对那些不可持续的行业减少补贴和税收优惠。在发展中国家，如果国际发展银行能提供适当激励，有些国家可能愿意为此立法。[87]在高收入和创新的地区，较高的行业环境标准必须加强，以便为其他地区提供基准，还可能在非政府组织的帮助下，通过政府间协议来强制实施这些标准。有人建议重新考虑是否要期盼全球贸易增长，是否需要探索保护主义的最佳形式。根据这个观点，可以研究关于可持续标准的地区和全球政策，发展援助和贸易可以用技术的形式转向支持弱者，这些技术有利于穷人获得食物和电灯、水、医疗和教育等基础设施。[88]

（三）让技术服务于包容性

为所有人提供能负担的现代技术，尤其在发展中国家。科学家指出，发展中国家，如小岛屿发展中国家和内陆发展中国家，都需要得到更好的技术，而目前由于研发资金不足，技能不够而无法获得。熊彼特认为，能促进增长和发展的，是推出新产品，是对现有产品不断的改进。因此，创新是长期经济增长的终极推动力，而技术准入障碍则限制了各国的发展。因此，需要颁布政策，在发展中国家、发达国家和小岛屿发展中国家之间开展全面的、没有歧视的、透明的合作。[89]科学家建议发达国家要与那些缺乏现代绿色技术的发展中国家分享技术和经验。[90]有些人还认为,最新技术应该在贫穷国家免费获得,专利不应该成为技术扩散的障碍。因此,新的商业模式和可持续技术的专利联盟事实上是有用的。例如,在耐克公司 2010 年推出专利联盟后的 3 年内,已经有超过 400 种技术通过平台供人使用。[91]

包容性创新政策有助于实现更公平、更可持续和更包容的发展。包容性创新指的是将目前被边缘化的群体纳入创新之中。[92,93]最易识别的群体是收入最低的群体,但也可能包括妇女、青年、残疾人和少数民族。联合国各机构调研并测试了这方面的技术、包容性创新及其对发展的影响。[94]例如,联合国贸易发展会议的文件强调,必须要理解(在创新政策的背景下)阻碍达成包容性目标的创新体系的具体失效。尤其是为了整合 STI 政策中的社会目标,考虑穷人、妇女和其他群体的具体情况和需求是很重要的,正如贸易发展会议对 STI 妇女政策[95]和技术的调研[96]那样。创造无障碍环境的技术可以改善聋人和盲人的社会包容性,甚至有利于灾害管理和预防。[97]需要注意的是,就像国际劳工组织发现的那样,许多技术都与"失业增长"有联系。这些技术会带来更高的生产率,但会减少就业,从而危及"包容性发展"。

在可持续发展的话语中,国家之间与群体之间的技术差距始终是一个令人关注的动态问题。技术差距存在于各个领域,它在限制发展上的性质和严峻性各不相同。这点在《世界投资报告》能看得很明显,该报告分析了基础设施、低碳经济、农业、全球价值链和可持续发展目标等方面的差距。[98]新的技术差距往往随着新技术的应用而出现,如大数据、物联网、3D 打印和数字自动化,它们具有广泛的影响,扩大而不是缩小了现有的不平等。[99]尽管这类技术还处于初级阶段,但各国必须开始了解它们,确定可能的影响,利用前瞻性活动来指导政策规划。

以生态系统方式制定政策,可以帮助弥合现有的技术差距。[100]突出的例子如涉及连通性、能力和内容要素的数字技术差距。在最不发达国家、小岛屿发展中国家和整体发展中国家,仍然存在相当大的连通性鸿沟。[101]连通性鸿沟最严重的是农村人口比例高的国家。要在个人、政府和企业层面弥合这种差距，需要使用信息和通信技术以及其他辅助技能。政策行动涉及创建可替代学习空间（涉及社区中心），建立较好的信息和通信技术使用标准，有效利用数字平台，进行持续的实验，探索战略合作，推广开放的政府数据模型，制定全面的公民参与战略，为“共享经济”采用参与式电子管理模式。内容方面的分歧仍然很大，虚拟内容在语言、地理和主题上都具有高度偏向性。可以通过建立当地的创新中心和技术中心，促进地方互联网交流点，加强对开放数据措施的支持，组织竞赛和挑战，来推动与本地有关的内容。

在整个创新过程中，应该系统地考虑弱势人群的利益。否则，未来的贫困人群可能不得不接受他人选择的但不适合他们的技术。终端用户要使技术适应新环境，也有未开发出的潜力。[102]事实上，在加纳进行的“低收入国家创新扩散”调查发现，满足客户的需求是非洲最重要的创新来源。[103]在弱势人群和强有力的行为者之间建立沟通渠道，可以改善创新体系。因此，建议具有号召力和标准权威的行动者，应该找出方法，让边缘化人群有效参与创新体制。[104]例如，在协商规范和确定重点时，国际非政府组织和联合国机构可以帮助各国政府直接接触边缘化人群。这就需要在弱势人群中进行能力建设，让他们能在全球论坛中表达自己的利益。过去，国际组织主要关注技术转让，通常作出融资安排，从发达国家向发展中国家出口技术。但新的合作形式要求发展中国家的行为者深入参与技术发明和选择[105]的过程，培育新的合作研发安排。[106]

应该促进残疾人使用“帮助技术”。帮助技术使残疾人能参与社会生活并独立生活。在下面的领域，辅助技术是有帮助的：医疗、培训、个人护理和保护、流动、家务、沟通、处理物品，以及就业。这些技术是2006年联合国《残疾人权利公约》中的关键要素。《残疾人权利公约》把“能获得”作为一般原则，要求缔约国“促进涉及康复的帮助装置和技术的可用性、知识性和使用度”。[107]帮助技术的使用增加了，[108]而且这种趋势很可能会继续下去，因为没有足够的人力来提供一对一的专职护理。探究社会文化背景很是重要，因为文化规范可以成为残疾人获得和使用帮助技术的障碍。[109]在多民族、多文化的社会中,不同民族背景的残疾人对帮助技术的态度明显不同。[110]与帮助技术相关的大多数获得和使用的挑战,与技术进步或发展无关,而与理解力产生的障碍有关。[111,112]

除了早就有的通过大规模技术网络提供的资源供应模式之外,实地解决方案和技术创新应被视为生计战略的核心成分,也是当前城市化进程的一个促进因素。[113,114]灵活的技术配置和居民的合作,对解决没有自来水的人群的日常用水需求是非常重要的。[115]这类配置在大规模联网管道水系统之外很起作用,利用当地可行的方案来获取和储存水,如塑料储存器、移动车辆等。能源供应、住房和运输的情况也是这样。[116]地方治理过程在引进和使用新技术方面起至关重要的作用。这些需要仔细考虑,避免在解决现有问题时产生新的问题。[117,118]

利用认知学、心理学、行为经济学和人类学来进行干预研究。发挥技术作用的一个重要政策因素,是确保程序能搞清楚并解决那些限制个人最佳参与技术的心理和社会障碍。[119]例如,卫生部门的某些技术方案的有效性,取决于个人理解、使用和创新的能力。认知行为方法是否有效的例子如:短信提醒病人服药,[120]用视频显示相似群体如何改善了他们的社会经济地位。[121]需要有新的发展方法,不仅要考虑人们在本地环境中的想法、感受和行为,还必须进行干预,直接推进个人的权力、愿望和能动性。最近对加强个人能动性的妇女的授权干预的调研表明,肯尼亚[122]的清洁能源微型企业家的销售额增长了近两倍,并且在人际关系和福利方面有明显改善。[123]基于认知学、心理学、行为经济学和人类学的干预研究,对于提高人类利用技术实现可持续发展目标的能力是很重要的。[124]

在评估技术需求和差距时,需要明确考虑非正式文化规范与正式规则的关系。技术需求和差距具有特定环境的性质,而环境的状况必须远远超出目前考虑的状况,即超出城市规模、发展阶段和特殊国情。通过共享和共生的正式“规则”和非正式的文化“规范”,把社区和社会融为一体。规则和规范相互支持的发展,是可持续发展和包容性发展的先决条件。引入旨在促进可持续发展和包容性发展的新技术，极可能导致规则与规范演进速度之间的不一致。这可能会打击社区接受新技术的热情，更严重的是，引发对技术的敌意，从而损害可持续发展目标。[125,126,127,128,129]

(四) 创建支持可持续技术进步的制度

制度对发挥技术的作用非常重要。社会的规则规范可以为创新创造机会空间，充分利用技术创新。[130,131]制度需要改革，以便使创新体系为可持续发展服务。必须从一开始就考虑创新的所有阶段和所有相关决策层面。例如，过去生物医学创新系统的改革工作只集中在一个阶段，如促进发现受忽视的疾病，改造疫苗来适应热稳定，或者降低艾滋病药物的价格。最近，制度改革涉及使用国家出资的“推”“拉”激励，即从一开始就把能承受措施纳入研发过程。这要求工业化国家和发展中国家都为这一目标对全球生物医学研发基金作出贡献。[132]其他的例子如通过不同的碳市场来产生碳价格，这些市场通常需要加强刺激私营企业投入能源研发，也需要协调的国家研发投资。[133]

有必要为部署具有系统性益处的廉价高效的技术展开研发，进行激励。这些技术有可能改变现有的技术体系，从而使可持续发展目标获得多种好处。例如可储存的、具有移动性和新型抗菌药物的离网供电系统。

必须大力研发城乡分散式电力系统（也许甚至是直流电[134,135]），及其与新方案（如热泵）的互动。这些系统必须成为联合国或大多数政府的可持续性议程的重点。[136]此外，还必须找到足够的社区和企业模型来运作这些系统，测试其可靠性、费用可承受性、持续性和安全性（包括隐私）。[137,138]因此，必须弥补社会科学、政策和电力工程政策之间的差距。[139,140]离网的电力系统有许多可持续发展的好处。例如，它们可以用来储存和运输易腐食品，也可用于燥化谷物，[141]从而有助于减少食物的变质。[142]

重要的可持续发展目标领域必须获得廉价、高效的技术。创新技术、通用技术和基础科学的研发，是先决条件，就像能源效率法则一样。成功的例子有日本的领跑者计划，[143]它可能成为其他国家探索的模式。全球明确的碳价格有助于减少温室气体排放,但需要所有国家引入类似的碳价格水平才能有效,可这似乎是不现实的,而且人们可能还会因此担心对其他可持续发展目标的影响。[144,145]廉价、高效的生物能源技术、太阳能设备、改进的炉灶、低排放的发电厂和低污染的煤炭技术也可能成为关键。[146]

必须在抗菌素研究和诊断技术领域增加研发投资。对各级卫生医疗及护理诊断而言,技术创新都至关重要。可持续发展目标应该被用作一个工具性的跨部门平台,通过这个平台把耐药性作为对全球可持续发展的威胁来共同应对。[147]

在发达国家和发展中国家,城市与农村地区所需要的技术和重点往往存在很大差异。现在半数以上的人已经住在城里,到21世纪中叶,城市人口将达到2/3。技术进步使大城市得以出现,但在这些不断发展的城市,即使维持基本的服务和合理的健康生活,也需要持续的进步。在发达国家和发展中国家,数百个智慧城市项目催生出“智慧城市”。智慧城市及其基础设施可用来为包容性城市化铺平道路,即智慧城市能清除社会中较贫困的部分。为了使城市发展具有包容性,一些智能基础设施的应用设计专门针对边缘化人群,包括非正式居住区的人、老年人和残疾人等。[148]利用本地创新系统,使智能基础设施概念充分地方化,这是很重要的。为此目的的政策工具包括建立城市创新机构和生活实验室,促进开放数据和开放科学模型,利用区域创新网络和全球合作,将科学园区、企业孵化器和创新中心聚集在一起。[149]

公共资源的集中程度必须保持在环境承载能力之内。大城市需要特别关注。城市规模受到空间、土地、水资源和能源的限制,但这些限制可以通过技术突破来缓解,从而使城市得以进一步发展。但技术突破不是无限的,需要探索非技术的解决方案。[150]在超大城市中,可以用制度手段来提供环境解决方案,就是通过立法来平衡分配公共资源,尤其是高质量教育和医疗设施,以便重新定义超大城市的功能。[151]

制度可以促进开发以社区知识为基础的低成本本地技术方案,特别是为了降低灾害风险,促进城市卫生和福利。事实证明,街区测绘的众包技术对于收集降低灾害风险的风险信息,是非常有效的。采用创新地理空间手段的技术，如灾害/城市分布带，城市热岛测绘图，多灾框架中的暴露/脆弱性分析，都有望缓解风险，达到可持续性。[152]开发有复原力的绿色基础设施推动的城市空间，能提供多种益处，能支持可持续发展目标。[153,154]它涉及资源并不密集的绿色工程，这使得传统知识能在再生过程发挥建设和管理职能，并出现包容性参与。它丰富了生态和社会文化资源，提供了遭遇极端事件后的复原力，因为城市气候变化[155]和水资源管理[156]加强了城市地区的应对能力。[157,158,159,160,161]

对许多不同类型的数据集进行全球协调监测和建模，需要有新工具和科学创新来进行数据收集和分析。制定测量标准、建立监测机制、评估进展、加强基础设施、标准化和验证数据，应该是科学界和决策者的首要任务。[162]因此，国际科学理事会、国际社会科学理事会、科学院合作机构和世界科学院已经开发出一种新的全球协议，认为数据革命的机遇和挑战，是当今全球科学政策的主要问题，并提出了公开获取研究数据的原则和做法。[163,164]指导框架对于评估大型国际项目可能很有用。它们可能得到国际发展银行和其他捐赠机构坚定而一贯的强制政策的支持。[165]

作为新数据、新工具和新的行为者[166]的一种新的生态系统而出现的大数据，可以帮助监测和促进可持续发展目标。[167]在时间和地理的细致层面来推断可持续发展目标，它是非常有前途的。如贫困测绘图、灾害监测、城市动态、[168]气候变化引发冲击的复原力等。[169,170]领域外和不能接触传统政策和测量系统的人员或集团，将会越来越多地直接使用大数据。[171]鼓励个人和社区通过“他们的”数据参与政策辩论，要加强使用数据，要用更高的数据标准来要求决策者。在“数据新政”中必须做到开放大数据，其中，最弱势群体在如何制定政策、政策为谁制定上会拥有较大的发言权。地理空间数据的GIS分析技术也可以支持对许多领域的干预，例如确定适合于处理移动水的区域。[172]与此同时，由于成员国重视国家所有的数据，也为了进行实际测量而不是仅仅依赖代用数据，所以加强监测可持续发展指标的统计数据也很重要。[173]

三、科学家对2030年前重要新兴技术的看法

许多科学过程,照例要确定达成可持续发展目标的新兴技术及技术方案。这些过程涉及科学院、具体学者、非政府组织、私营部门和联合国系统。[174]参照发展目标来绘制它们的列表,可能是一种有效方式,可使科学和工程界广泛参与这些目标,就像“世界工程组织联合会”(WFEO)为美国国家工程学院“大挑战”项目所绘制的。[175]

在本章中,向科学家提出的问题是:“2030年之前,哪些技术的性能和部署水平将是最关键的?”61位科学家给出了这个问题的答案,另有97位科学家在他们的《全球可持续发展报告》的科学政策简报中讨论了各种技术。[176]他们中许多人还指出了与选中技术有关的具体机会和威胁。表3-3提供了观点概要。被选中的技术有生物技术、数字技术、纳米技术、神经技术和绿色技术群。

表3-3 本报告团队从全球科学家收集而来的2030年前达到可持续发展目标的重要新兴技术

技术	2030年前达到可持续发展目标的重要新兴技术	可持续发展目标所有领域的机会	潜在威胁
生物技术	生物技术,基因组和蛋白质学;基因编辑技术和DNA定制排序;转基因机体;干细胞和人类工程;生物催化术;合成生物;可持续农业技术	食物作物,人类健康,制药,材料,环境,燃料	军事用途,健康和环境的不可逆变化
数字技术	大数据技术;物联网;5G移动电话;3D打印和制造;云计算平台;开放数据技术;免费与开源;大规模网络公开课;微观仿真;电子分配;无线电、移动电话、卫星、GIS和遥感数据组合系统;数据共享技术,包括公民科学化技术;社交媒体技术;促进公众参与和行为改变的移动程序;预付费系统和自动抄表系统;数字监控技术;数字安全技术	发展,就业,制造,农业,医疗,城市,金融,绝对“解耦”,治理,参与,教育,民事科学,环境监督,资源效率,全球数据共享,社交联网和合作	不平等利益,失业,技能差距 社会影响,穷人负担不起;全球价值链中断;担心隐私、自由和发展问题;数据欺诈、盗窃、网络攻击

续表

技术	2030 年前达到可持续发展目标的重要新兴技术	可持续发展目标所有领域的机会	潜在威胁
纳米技术	纳米压印光刻；纳米技术应用于分散式水和废水处理、海水淡化和太阳能(纳米材料太阳能电池)；有前途的有机和无机纳米材料，如石墨烯、碳纳米管、碳纳米管和导电聚合物石墨烯、钙钛矿、铁、钴以及镍纳米粒子，等等	能源、水、化学品、电子、医药等行业；高效；资源节约；二氧化碳缓解	人的健康(毒性)，环境影响(纳米废物)
神经技术	数字自动化，包括自动驾驶汽车(无人驾驶汽车和无人机)，IBM 沃森，法律实践的电子发现平台，个性化算法，人工智能，语音识别，机器人技术；智能技术；认知计算；人类大脑的计算模型；介科学驱动的虚拟现实	健康，平安，安全(如电力偷窃)，更高的效率，资源节约，新型工作，制造，教育	不公平利益，去技能化，失业和两极化，技术差距扩大，军事使用，冲突
绿色技术	循环经济：再制造技术，产品生命周期延长技术，如重复使用和翻新，以及回收技术；多功能的基础设施；为服务提供的集中系统和分散系统集成的技术；二氧化碳减排技术；低能耗和排放技术 能源：排放量相当于液化石油气炉的现代炉灶；电网外电系统的部署(可能是直流电)；基于间歇性可再生能源的微型电网；电池技术的进步；用于空间供热、热电储存和电能流动的热泵(与电网外的电力相互作用)；智能电网；天然气技术；电气化新方法；海水淡化；中小型核反应堆；生物燃料供应链；太阳能光伏、风能和微型水力技术；盐度梯度功率技术；节水冷却技术；LED 灯；先进计量 交通：综合公共交通基础设施、电动车辆、氢燃料汽车和供应基础设施 水：移动水处理技术，废水技术，先进的测量基础设施 建筑：可持续建筑技术，被动式住房	环境，气候，生物多样性，可持续生产和消费，可再生能源、材料和资源；清洁空气和水；能源；水和食品安全；发展，就业；医疗；平等	新的不平等，失业；担心隐私、自由和发展的问题

续表

技术	2030 年前达到可持续发展目标的重要新兴技术	可持续发展目标所有领域的机会	潜在威胁
绿色技术	农业：可持续农业技术；生物产品的创新处理、低输入处理和存储技术；园艺技术；灌溉技术；增加了对氮化酶的生物模拟效果的生物有机物质 其他：海洋生物，人工光合作用		
其他	残疾人的辅助技术；可选择社交技术；制造实验室；激进的医学创新；地球工程技术(如海洋的铁肥)；新采矿/萃取技术(如在海洋、极地、冰川区的页岩气)；深海采矿技术	包容性，发展，医疗，环境，气候变化缓解，资源可用性	污染，不平等，冲突

注：表 3-3 列出的各类技术，将在题为《科学家对 2030 年以前重要新兴技术对可持续发展目标有造成影响的观点》的附录 3 中进行更详细的讨论。

新技术以几何级速度发展，比以往任何时候都快。第四次工业革命与前三次完全不同。[177]它融合了物理、生物、计算机等多种学科，影响了所有学科、行业和世界经济。到 2030 年，会出现许多新技术，目前处于萌芽阶段或尚未成熟的技术将进入商业化阶段，它们可能有助于解决一些可持续发展问题。相反，发展目标议程可能在这个转变中扮演重要角色，因为它将指导未来的发展，同时充当一种工具和变革框架。[178]

发展目标的两个最关键技术，是降低碳回收成本的非碳清洁能源技术，以及能帮助我们作出明智决策、在发展目标的各领域提供有效服务和创新的信息通信和计算机技术。生物技术、纳米技术和神经技术的快速发展，是可能影响许多部门的另外的领域。最大的挑战可能在制造业、建筑业和运输业等领域，在这些领域，需要创新才能增加就业机会，确保各国更多的人脱离贫困，进入中产阶级。[179]为《全球可持续发展报告》而提交的科学政策简报强调了合成生物学、[180]生物技术、[181]纳米技术、[182]再生能源技术[183]的重要性，目的是为所有人提供清洁水和能源。有些科学家认为，“能帮助各国加快实现发展目标的创新，是没有数量限制的”。[184]

尽管这些技术有巨大的潜力，充分证明了人类的聪明才智，但把风险降到最低，关注新技术和应用新技术产生的新化学品可能带来的问题和危险，也是很重要的。没有风险的技术是不存在的。即使是最可持续的技术也有意想不到的负面影响。另一个担忧是，新兴的信息和生物技术可能会对社区和社会的凝聚力和价值观体系产生不利影响。一些科学家甚至认为，“可持续技术是不存在的！”[185]

有人反对把技术视为灵丹妙药，认为用技术来解决生态系统的极限问题，是有局限的，而且技术是服从政治的。[186]他们认为，仅凭高性能技术是不足以完成可持续发展目标的，还需要有超越目前境界的可替代的社会技术和视角。[187,188,189]有些科学家认为，这是从现在起到2030年的最关键问题。[190]

远景分析人员为2030年前的技术部署提供了最初的量化看法。能源经济学家认为，对工业化国家的绿色技术而言，智能电网的市场渗透率可达电力市场的20％，所有新建筑都具有能源效率，而现有的所有建筑物都要翻新才能具有能源效率。由于大大改进了电池性能，降低了成本，电动汽车将达到新注册汽车50％的市场份额；核能将提供约60％的基本负载发电，[191]氢燃料汽车和基础设施供应将商业化，天然气将成为最大的化石燃料。[192]在发展中国家，不仅是家庭，小型城市、农村企业和小农户的电气化都将充分实现，还将部署海水淡化（反渗透），中小型核反应堆可提供约10％的基本负载发电，农业将机械化；小型电网的发展将以可储存的间歇性再生能源为基础，电网扩张将是今天的两倍，为教育服务的信息技术将部署在偏远地区。

长期技术路线图可支持企业发展和政策规划。在所有发展目标领域，系统的路线图和远景计划将非常有益，有助于吸引更多领域的科学家、工程师和其他权益方。许多技术预测专家已经制定了从2016年到2030年的技术集群部署的指导时间表，可以作为对可持续发展目标进行全面分析的良好基础。

联合国贸易发展会议的科技促进发展委员会秘书处最近在联合国的辩论中对一些领域进行了开创性的技术预测。例如，第19届科技促进发展委员会的一个重点议题是“对数字发展的远见”。若干科技促进发展委员会文件[193,194,195]重点关注各国如何利用预测,来评估新兴数字发展可能带来的影响。他们为每种技术趋势的发展轨迹提供了可能的全球远景。这些预见可能成为各国根据自己具体情况启动前瞻性演习的起点。

四、结　　语

本章介绍了代表全球 43 个学科的 158 位科学家提出的观点。他们的观点提供了初步指导,为准备 2019 年《全球可持续发展报告》深入探讨技术的章节提供了有效帮助。尚有待去做更深入的工作——深入工作由外部科学家、工程师、联合国专家在咨询国际科学理事会、国际社会科学理事会和世界工程组织联合会共同组织的“科技界专业组”之后共同完成。

科学家们建议的精选的行动或政策成分有:国家和国际行动计划和技术路线图;建立有效的国家科学政策接口(经过分析来支持公共决策的科学家);促进跨社区的学习,包括弱势社区;集群分析、预见和远景规划;科学路线图包括从一开始就纳入研发过程的可负担性和包容性措施;投资于新技术和旧技术,投资于基础设施和分散性技术,投资于提高脆弱社区的先进技术性能和技术适应性;为各国确定有前途的技术轨迹和新产业;让社区和最贫困、最脆弱的群体识别自己的需求。

科学家们为可持续发展目标提供了许多重要的新兴技术,并建议进一步制定相关政策。这些技术属于生物技术、数字技术、纳米技术、神经技术和绿色技术集群。然而,关于 2030 年前这些技术的性能和部署的预期水平,我们还不得而知。如果要估计它们在不同环境中的情况,关于可持续发展目标和路线图的合作是非常必需的。为所有可持续发展目标领域制定系统路线图和远景规划,将是非常有益的,有助于吸引所有的权益方。

我们今天所拥有的技术足够强大,能够让科学家、工程师和所有权益方参与并联网。未来的新技术将是构建有效的全球科学政策合作的更有力的工具，将为可持续发展目标所设想的更美好的未来而发挥技术的作用。

尾注

① Harvard's Sustainability Science Program's Initiative on Innovation and Access to Technologies for Sustainable Development. https://www. hks. harvard. edu/centers/mrcbg/programs/sustsci/activities/program-initiatives/innovation/documents.

② Anadon, Laura Diaz, Gabriel Chan, Alicia Harley, Kira Matus, Suerie Moon, Sharmila L. Murthy, and William C. Clark. "Making Technological Innovation Work for Sustainable Development." Paper, Harvard Kennedy School, December 2015. Available at: https://research.hks.harvard.edu/publications/getFile.aspx? Id=1294.

③ https://sustainabledevelopment.un.org/topics/science/crowd sourcedbriefs.

④ Pan, Jiahua (2016)，提交给联合国的科学家关于技术和可持续发展目标调查的报告，2016 年 4 月实施。

⑤ Jiahua Pan, (2015a). China's Environmental Governing and Ecological Civilization. China Social Science Press and Springer-Verlag Berlin.

⑥ Grübler, A., (1998). Technology and Global Change. Cambridge, United Kingdom: Cambridge University Press.

⑦ Diamond, J., (2005). Collapse: How Societies Choose to Fail or Succeed. New York: Viking Press.

⑧ Holdren, J.P., (2006). The energy innovation imperative: addressing oil dependence, climate change, and other 21st century energy challenges. Innovations: Technology, Governance, Globalization, vol.1, No.2, pp.3 - 23.

⑨ Acemoglu, Daron (2002). Technical Change, Inequality, and The Labor Market. Journal of Economic Literature, 40, March 2002: pp. 7 - 72. http://economics. mit. edu/files/4124.

⑩ Fu, Xiaolan & Gong, Yundan, 2011. "Indigenous and Foreign Innovation Efforts and Drivers of Technological Upgrading: Evidence from China," World Development, Elsevier, vol.39(7), pages 1213 - 1225, July, https://ideas. repec. org/a/eee/wdevel/v39y2011i7p1213 - 1225.html.

⑪ Dilek Aykut & Andrea Goldstein (2006). "Developing Country Multinationals: South-South Investment Comes of Age," OECD Development Centre Working Papers 257, OECD Publishing., https://ideas.repec.org/p/oec/devaaa/257 - en.html.

⑫ 政治学家和人类学家还提出了有益的论点，但在表 3 - 1 中没有达成一致，包括额外的可持续发展目标：1.5，4.7，6.5，6.6，11.3，11.5，11.6，12.1，13.1，15.1，15.3，15.5，15.8 和

16.5。科学家进一步深入的跨学科辩论(包括客观的选择标准)将是有益的。

⑬ 我们无法确定对科学家观点的任何此类审查或评估。部门一级可能的例外情况是由经济和社会事务部进行的为"里约+20"项目做准备的两项联合国统计司 21 号研究：一个在能源方面,另一个在食品和农业方面。然而,它们比单纯的技术得到更普遍的关注。

⑭ DESA (2012). Perspectives on sustainable energy for the 21st century, UN SD21 study for Rio + 20, https://sustainabledevelopment.un.org/content/documents/1131Energy_SD21.pdf.

⑮ DESA (2012). Food and agriculture: sustainability for the 21st century, UN SD21 study for Rio + 20, https://sustainabledevelopment.un.org/index.php? page = view&nr = 625&type = 400&menu = 35.

⑯ Roehrl, R., et al. (2016). Perspectives of Scientists on technology and the SDGs, Background paper for the GSDR 2016, May 2016, to appear http://sustainabledevelopment.un.org/globalsdreport/2016/.

⑰ Kamp Adriaan (2016),提交给联合国的科学家关于技术和可持续发展目标调查的报告,2016 年 4 月实施。

⑱ "Strengthening National Systems of Innovation to Enhance Action on Climate Change," TEC Brief No.7, UNFCCC (2015).

⑲ Sagar, Ambuj (2016),提交给联合国的科学家关于技术和可持续发展目标调查的报告,2016 年 4 月实施。

⑳ Pan Jiahua, (2015b). Ecological Civilization: A New Development Paradigm China Economist Vol.10, No.4, July-August 2015(p044 - 71).

㉑ Nakicenovic, Nebojsa, (2016). PGA High-level dialogue, New York, 21 April 2016.

㉒ 技术更贴近消费者(如手机),扩散的速度一般超过"块状"技术(如电厂),当然,前提是有用于部署的基础设施,并且满足了人类的需求。

㉓ Nakicenovic, Nebojsa (2016). Framing for the Narrative for the UN Forum on STI for the SDGs, Draft, May 2016.

㉔ OECD (2000) "Science, Technology and Innovation in the New Economy" Policy Brief. September 2000. Retrieved on April 22 from http://www.oecd.org/science/sci-tech/1918259.pdf.

㉕ Evoh, C. (2015) Evoh, Chijioke J. (2015) "ICT and African Transition to the Knowledge Economy: Issues and Challenges Facing Nigeria" in Funso Adesola, Iwebunor Okwechime, Ronke Ako- Nai and Akin Iwilade (eds.) (2015), State, Governance and Security in Africa: A Festschrift in Honour of Professor Bamitale Idowu Omole, Tallahassee, (Florida, USA), SokheChapke Publishing Inc.

㉖ Salkowitz, R. (2010) Young World Rising: How Youth, Technology and Entrepreneurship are changing the World from the Bottom up. Hoboken, NJ: John Wiley & Sons Inc.

㉗ Houghton, J., & Sheehan, P. (2000) "A Primer on the Knowledge Economy" CSES Working Paper No. 18. Centre for Strategic Economic Studies Victoria University of

Technology http://www. business. vu. edu. au/cses/documents/working_papers/cses/wp18_2000_cses.pdf.

㉘ 然而,非洲移动宽带服务的接通率为 11%,仍然落后于其他地区。来源:国际电信联盟(2014) Measuring the Information Society Report,2014.日内瓦:国际电信联盟。

㉙ Chijioke Josiah Evoh (2016), submission to UN survey among scientists on technology and the SDGs, conducted in April 2016.

㉚ Evoh, C. (2015) Evoh, Chijioke J. (2015) "ICT and African Transition to the Knowledge Economy: Issues and Challenges Facing Nigeria" in Funso Adesola, Iwebunor Okwechime, Ronke Ako- Nai and Akin Iwilade (eds.) (2015), State, Governance and Security in Africa: A Festschrift in Honour of Professor Bamitale Idowu Omole, Tallahassee, (Florida, USA), SokheChapke Publishing Inc.

㉛ Donnenfeld, Zachary (2016),提交给联合国的科学家关于技术和可持续发展目标调查的报告,2016 年 4 月实施。

㉜ Philibert, Cedric, (2006). Barriers to technology diffusion: the case of solar thermal technologies. International Energy Agency, document number COM/ENV/EPOC/IEA/SLT(2006)9, https://www.oecd.org/env/cc/37671704.pdf.

㉝ Richardson, J. W. (2011). Challenges of Adopting the Use of Technology in Less Developed Countries: The Case of Cambodia. Comparative Education Review, 55(1), 8-29.

㉞ IPCC (2000)-Bert Metz, Ogunlade Davidson, Jan-Willem Martens, Sascha Van Rooijen and Laura Van Wie Mcgrory (Eds.). Methodological and Technological Issues in Technology Transfer. Cambridge University Press, UK. http://www. ipcc. ch/ipccreports/sres/tectran/index.php? idp=0.

㉟ Batelle and R&DMag (2014). 2014 Global R&D Forecast. https://www. battelle. org/docs/tpp/2014_global_rd_funding_forecast.pdf.

㊱ 根据联合国教科文组织针对可持续发展进展报告,在 2013 年收集的最新官方统计数据,公共部门和私人部门对研发的投入在发达地区占 GDP 的 2.36%,在发展中地区占 GDP 的 1.16%,2013 年占全球 GDP 的 1.7%。

㊲ Rogner, Holger, (2016),提交给联合国的科学家关于技术和可持续发展目标调查的报告,2016 年 4 月实施。

㊳ Colglazier, W. (2016),提交给联合国的科学家关于技术和可持续发展目标调查的报告,2016 年 4 月实施。

㊴ Saidam, Muhammad (2016),提交给联合国的科学家关于技术和可持续发展目标调查的报告,2016 年 4 月实施。

㊵ Bandala E.R., Patino-Gomez C. 2016. Phys. Chem. Earth 91, 1.

㊶ Bandala, Erick (2016), 提交给联合国的科学家关于技术和可持续发展目标调查的报告,2016 年 4 月实施。

㊷ L. Christiansen, A. Olhoff and S. Trærup (eds.): Technologies for Adaptation: Perspectives and Practical Experiences, UNEP Risø Centre, Roskilde, 2011.

㊸ Klein, Naomi (2014). This changes everything: Capitalism vs. The Climate. Simon & Schuster. ISBN-10: 1451697392.

㊹ de Vries, Bert (2016), 提交给联合国的科学家关于技术和可持续发展目标调查的报告,2016 年 4 月实施。

㊺ 一个创新系统是指影响技术变革过程的一系列参与者和机构,其中术语技术包括物理构件和实践。创新可以被定义为一个包含多个阶段的非线性过程,包括发明、选择、生产、采用、适应和退出。

㊻ Harley A., et al. (2014) Innovation and Access to Technologies for Sustainable Development: A Global Systems Perspective (Sustainability Science Program Working Paper Working Paper No. 2014-02, Kennedy School of Government, Harvard University, Cambridge, MA).

㊼ Brunner, José Joaquín & Gregory Elacqua (2003): Informe de Capital Humano En Chile, ediciones Universidad Adolfo Ibañez, Mayo.

㊽ The Boston Consulting Group (2007): Hacia una estrategia nacional de innovación para la competitividad: Consejo de Innovación para la competitividad.

㊾ Huepe Minoletti, Claudio, (2016),提交给联合国的科学家关于技术和可持续发展目标调查的报告,2016 年 4 月实施。

㊿ Mwendwa, P. (2015). Assessing the fit of RapidSMS for maternal and new-born health: perspectives of community health workers in rural Rwanda. Development in Practice, 26 (1), 38-51. doi: 10.1080/09614524.2016.1112769.

(51) Mwendwa, P. (2016 Forthcoming). What Encourages Community Health Workers (CHWs) to Use Mobile Technologies for Health Interventions? Emerging Lessons from Rural Rwanda. Development Policy Review.

(52) Purity Mwendwa (2016), 提交给联合国的科学家关于技术和可持续发展目标调查的报告,2016 年 4 月实施。

(53) located in the city of Mogi Guaçu, in the region of Campinas, 170 km from São Paulo.

(54) Ribeiro,J.H. (2016). G1 Natureza. Edição do dia 06/12/2015 Mogi-Guaçu, SP. 2015. Disponível em: <http://g1.globo.com/natureza/noticia/2015/12/floresta-recriada-tem-hoje-maisde-100-especies-de-arvores-nativas.html> Acesso em: 25 abr. 2016.

(55) 这是一种高强度的干预,森林控制湿度和温度,减少洪水并使之重新注入河流,改善水质、土壤和河流,减少空气污染物,产生氧气和碳封存气体,防止大风和噪音,提供娱乐和教育、药物、食物和生物量。参见 Kobiyama, M. (2000). Ruralizaçãona gestão de recursos hídricos em área urbana.Revista OESPConstrução. Ano 5, n. 32, pp.112-117. 圣保罗 2000 年。

(56) 它们保存水源,控制水土流失,维持边坡稳定,维护生态系统,并对抗洪水、潮汐、干旱、暴风雪、大雾和落石。参见 Kobiyama, M. (2012). Relação entre desastres naturaise floresta. Revista Geonorte, 1 卷,6 号,第 17—48 页,2012 年。

(57) Vania Aparecida dos Santos (2016), 提交给联合国的科学家关于技术和可持续发展目标调查的报告,2016 年 4 月实施。

(58) Colglazier, W. (2016)，提交给联合国的科学家关于技术和可持续发展目标调查的报告,2016 年 4 月实施。

(59) Nakicenovic, Nebojsa (2016). Framing for the Narrative for the UN Forum on STI for the SDGs, Draft, May 2016.

(60) Diarra, Birama (2016),提交给联合国的科学家关于技术和可持续发展目标调查的报告,2016 年 4 月实施。

(61) Sachs, Jeffery (2016). PGA High-level dialogue, New York, 21 April 2016.

(62) https://sustainabledevelopment.un.org/TFM.

(63) Colglazier, W. (2016)，提交给联合国的科学家关于技术和可持续发展目标调查的报告,2016 年 4 月实施。

(64) EC (2015). From Niche to Norm — Suggestions by the group of experts on a 'Systemic approach to eco-innovation to achieve a low-carbon, circular economy'. European Commission, Brussels http://bookshop. europa. eu/en/from-niche-to-normpbKI0115206/ (accessed 24 April 2016).

(65) Ellen MacArthur Foundation, SUN and McKinsey Center for Business and Environment (2015). Growth within: a circular economy vision for a competitive Europe. http://www.ellenmacarthurfoundation.org/ (accessed 24 April 2016).

(66) Wijkman, A. and Skanberg, K. (2015). The circular economy and benefits for society. The Club of Rome. http://www. clubofrome. org/wp-content/uploads/2016/03/The-Circular-Economy-and-Benefits-for-Society.pdf (accessed 24 April 2016).

(67) EC (2016). Circular economy strategy. Thematic website, European Commission, Brussels http://ec.europa.eu/environment/circulareconomy/index_en.htm (accessed 24 April 2016).

(68) Kusch, S. (2015). Industrial symbiosis: powerful mechanisms for sustainable use of environmental resources. Brief for the UN Global Sustainable Development Report 2015. https://sustainabledevelopment.un.org/topics/science/crowdsourcedbriefs (accessed 24 April 2016).

(69) Gatzweiler, Franz W. 和 ICSU - UNU - IAMP 全球科学委员会成员,关于城市健康与幸福跨学科科学项目: a SystemsApproach (2016). Brief for GSDR——一种针对城市健康和福祉的系统方法,以应对城市变化的可持续性挑战 https://sustainabledevelopment. un. org/content/documents/9461GSDR _ 2016 _ Brief _ Urban% 20health% 20and% 20Wellbeing.pdf.

(70) Kusch, S.; Fleming, A.; Cradock-Henry, N.; Schmitz, N.; Pereira, L.; Vogt, J.; Lim, M.; Kharrazi, A.; Evoh, C.J.; Hamel, P.; Bollmohr, S.; Patterson, J.; Adler, C.; Waterlander, W.; Sugiura, A.; Augustyn, A. M.; Dogra, A.; Mukherjee, N.; Onzere, S.; Mahomoodally, F.; Hughes, A.C.; Bowen, K.; Tironi, A.; Smith, K.; Hoffenson, S.; Udenigwe, C.C.: Sustaina-bility in a changing world: integrating human health and wellbeing, urbanisation, and eco-system services. Brief for the UN Global Sustainable Development Report, 2016. https://sustainabledevelopment. un.org/topics/

science/crowdsourcedbriefs (accessed 24 April 2016).

⑦1 Nexus Network (2016). Resources. Material made available on the website of the Nexus Network. http://www. thenexusnetwork. org/about/resources/ (accessed 24 April 2016).

⑦2 Nexus Resource Platform (2016). Nexus knowledge. Available on the website of the Water, Energy & Food Security Nexus Resource Platform. http://www.water-energy-food.org/en/knowledge.html (accessed 24 April 2016).

⑦3 Kusch, Sigrid (2016),提交给联合国的科学家关于技术和可持续发展目标调查的报告,2016 年 4 月实施。

⑦4 对可持续发展目标最恰当的理解:它是一个相互关联的反馈循环和贯穿于可持续发展三个维度的延时的动态系统。

⑦5 Groesser, S.N. and M. Schaffernicht. 2008. Mental models of dynamic systems: taking stock and looking ahead. System Dynamics Review. Vol.28. No.1. 46 - 68.

⑦6 Sterman, J. 1994. Learning in and about complex systems. System Dynamics Review. Vol.10, No.2 - 3, 291 - 330.

⑦7 Young, O. R., A. Underdal, N. Kanie, S. Andresen, S. Bernstein, F. Biermann, J. Gupta, P. M. Haas, M. Iguchi, M. Kok, M. Levy, M. Nilsson, L. Pintér and C. Stevens. 2014. United Nations University. Policy Brief #1. Downloaded from http://www. earthsystemgovernance. org/sites/default/files/publications/files/Policy-Brief - 1.pdf.

⑦8 Pedercini, M. and Barney G. O. 2010. Dynamic analysis of interventions designed to achieve Millennium Development Goals (MDG): The case of Ghana. Socio-Economic Planning Sciences, 44(2): 89 - 99.

⑦9 iSDG 模型是基于已广泛应用于评估绿色经济和可持续农业的阈值 21 模型。

⑧0 UNEP, 2011, Towards a Green Economy: Pathways to Sustainable Development and Poverty Eradication——A Synthesis for Policy Makers, www.unep.org/greeneconomy.

⑧1 Zuellich, G., Dianati, K., Arquitt, S. and M. Pedercini. 2015. Competing agricultural paradigms to meet urban and rural food needs in Senegal — an integrated systems approach. Food and Agriculture Organization, Meeting Urban Food Needs (MUFN) project. http://www. fao. org/fileadmin/templates/ags/docs/MUFN/CALLS_FILES_EXPERT_2015_b.pdf.

⑧2 Matteo Pedercini 和 Steve Arquitt (2016),提交给联合国的科学家关于技术和可持续发展目标调查的报告,2016 年 4 月实施。

⑧3 Kuznets, 1979; Amsden, 2001; McMillan and Rodrik, 2011.

⑧4 Saviotti and Pyka, 2004, Imbs and Wacziarg, 2003.

⑧5 Cristelli, Tacchella and Pietronero, 2015; Hartmann et al, 2015.

⑧6 Freire, Clovis (2016),提交给联合国的科学家关于技术和可持续发展目标调查的报告,2016 年 4 月实施。

⑧7 Reuter, Thomas (2016),提交给联合国的科学家关于技术和可持续发展目标调查的报

告,2016 年 4 月实施。

⑱ de Vries, Bert (2016),提交给联合国的科学家关于技术和可持续发展目标调查的报告,2016 年 4 月实施。

⑲ V.N. Attri (2016),提交给联合国的科学家关于技术和可持续发展目标调查的报告,2016 年 4 月实施。

⑳ Qinqi Dai 和 Yu Yang (2016),提交给联合国的科学家关于技术和可持续发展目标调查的报告,2016 年 4 月实施。

㉑ V.N. Attri (2016),提交给联合国的科学家关于技术和可持续发展目标调查的报告,2016 年 4 月实施。

㉒ Foster and Heeks, 2013.

㉓ 值得注意的是,包容性创新的发展并不一定局限于更高的技术规范。包容性的创新可以从尖端的研究中发展出来,也可以考虑基本的或以前存在的技术。然而,这并没有限制其产生重大影响的潜力(联合国贸易和发展会议, 2014 年,Innovation policy tools for inclusive development p5,(TD/B/C.II/25))。

㉔ Ibid.

㉕ UNCTAD, 2011, Applying a gender lens to STI (UNCTAD/DTL/STICT/2011/5).

㉖ UNCTAD, 2013, Technology in Action: Good Practices in Science, Technology and Innovation Policies for Women in South Asia-UNCTAD Current Studies on Science, Technology and Innovation No.12 (UNCTAD/DTL/STICT/2013/3).

㉗ Steffen Helbing (2016). Suggestions for the conception of barrier-free disaster prevention in Germany. Zentrum für Kultur und visuelle Kommunikation der Gehörlosen in Berlin/Brandenburg e.V.

㉘ Please refer to UNCTAD's World Investment Report in 2008, 2010, 2009, 2013 and 2014, respectively.

㉙ 最近,联合国贸易和发展会议的一项题为"弥合数字鸿沟以获得数字红利"的研究发现,尽管 ICT 的使用正引发社会各阶层的变革影响,但新的分歧正在不断出现。它确定了公共政策工具,以促进新技术的应用。

⑩⓪ Foster C. and Heeks R. (2013). Conceptualising Inclusive Innovation: Modifying Systems of Innovation Frameworks to Understand Diffusion of New Technology to Low-Income Consumers. European Journal of Development Research. 25(3): 333 - 355.

⑩① 用固定宽带连接或人们使用互联网的百分比来衡量。

⑩② Lebel L., Lorek S. (2008) Enabling sustainable production-consumption systems. Annu Rev Environ Resour 33: 241 - 275.

⑩③ Fu, X., Hou, J., Mohnen, P. (2015) The impact of China-Africa trade on the productivity of African firms: Evidence from Ghana. Working paper. Oxford: Oxford Department of International Development.

⑩④ van Kerkhoff L., Lebel L. (2006) Linking knowledge and action for sustainable development. Annu Rev Env Resour 31: 445 - 477.

⑩⑤ 通过减少信息不对称,减少参与者专业知识和技能之间的社会距离。

⑩⑥ Ockwell D., Sagar A., de Coninck H. (2015) Collaborative research and development (R&D) for climate technology transfer and uptake in developing countries: towards a needs driven approach. Clim Change 131(3): 401 - 415.

⑩⑦ Mutanga, Oliver (2016),提交给联合国的科学家关于技术和可持续发展目标调查的报告,2016 年 4 月实施。

⑩⑧ Bauer, S. M., Elsaesser L. J. & Arthanat, S. 2011. Assistive technology device classification based upon the World Health Organization's, International Classification of Functioning, Disability and Health (ICF). Disability and Rehabilitation: Assistive Technology 6(3): 243 - 259.

⑩⑨ Oishi, M., Van der Loos, M., & Mitchell, I. 2010. Design and use of assistive technology: Social, technical, ethical, and economic challenges, Springer: New York, NY.

⑪⓪ Balcazar, F. E., Suarez Balcazar, Y., Taylor Ritzer, T. & Keys, C. B. 2010. Race, Culture and Disability: Rehabilitation Science and Practice. James and Bartlett Publishers: Massachusetts.

⑪① The 2015 Association for the Advancement of Assistive Technology in Europe and the World Health Organisation report 'Global Challenges in Assistive Technology' (World Health Organisation, 2015: 3).

⑪② Mutanga, Oliver (2016),提交给联合国的科学家关于技术和可持续发展目标调查的报告,2016 年 4 月实施。

⑪③ Antje Bruns 和 Rosella Alba (2016),提交给联合国的科学家关于技术和可持续发展目标调查的报告,2016 年 4 月实施。

⑪④ 上述建议基于水资源研究项目(www.waterpower.science)、治理与可持续发展实验室进行的实证研究,特里尔大学。

⑪⑤ Alba, R. and A. Bruns (2016). "Beyond the pipe: rethinking urban water supply in African cities", Paper presented at Southern African Cities Studies Conference 2016, 17 - 19 March, Durban South Africa.

⑪⑥ Silver, J. (2014). "Incremental infrastructures: material improvisation and social collaboration across post-colonial Accra". Urban Geography 35.6: 788 - 804.

⑪⑦ Stoler, J. (2012) "Improved but unsustainable: accounting for sachet water in post - 2015 goals for global safe water". Tropical Medicine & International Health 17. 12: 1506 - 1508.

⑪⑧ Brenner, N. (2014). "Implosions/Explosions. Towards a Study of Planetary Urbanization".

⑪⑨ Freese, J. 2009. "Preferences". In The Oxford Handbook of Analytical Sociology, edited by Peter Hedström and Peter Bearman, 94 - 114. Oxford, U.K.: Oxford University Press.

⑫⓪ Finitsis, D. J., Pellowski, J. A. and Johnson B. T. Text Message Intervention Designs to Promote Adherence to Antiretroviral Therapy (ART): A Meta-Analysis of Randomized

Controlled Trials. PLoS One. 2014；9(2)：e88166.

⑫1 Bernard T.，Dercon S.，Orkin K.，Seyoum Taffesse，A. 2014. “The Future in Mind：Aspirations and Forward-Looking Behaviour in Rural Ethiopia”. Working Paper，Centre for the Study of African Economies，University of Oxford，Oxford，U.K.

⑫2 Shankar，A. V.，Onyura，M. and Alderman，J. Agency-based empowerment training enhances sales capacity of female cookstove entrepreneurs in Kenya. Journal of Health Communications 2015 (a)；20 Suppl 1：67 – 75.

⑫3 Shankar，A. V.，Onyura，M.，Ojode，M. and Milliam，E. Fostering agency and wellbeing in women：an evaluation of the IMAGINE Initiative. Development in Practice，2015 (b) Vol.25，No.3，375 – 388.

⑫4 Shankar，A.，(2016)，提交给联合国的科学家关于技术和可持续发展目标调查的报告，2016年4月实施。

⑫5 Sharma，Deepak (2016)，提交给联合国的科学家关于技术和可持续发展目标调查的报告，2016年4月实施。

⑫6 OECD (2011) Divided We Stand：Why Inequality Keeps Rising，OECD Publishing，Paris.

⑫7 OECD (2012) Innovation for Development：The challenges ahead，in OECD Science，Technology and Industry Outlook 2012，OECD Publishing，Paris.

⑫8 OECD (2015) Innovation Policies for Inclusive Growth，OECD Publishing，Paris.

⑫9 UN (2013) Science，technology and innovation for sustainable development in the global partnership for development beyond 2015，Thematic Think Piece of the UN System Task Team on the post – 2015 UN Development Agenda，March.

⑬0 Gatzweiler，Franz，(2016)，提交给联合国的科学家关于技术和可持续发展目标调查的报告，2016年4月实施。

⑬1 Gatzweiler，F.W.，von Braun，J.，(2016). Technological and Institutional Innovations for Marginalized Smallholders in Agricultural Development，Springer，http://link.springer.com/book/10.1007%2F978 – 3 – 319 – 25718 – 1.

⑬2 WHO (2016) Health product research and development fund：a proposal for financing and operation (Special Programme for Research and Training in Tropical Diseases (TDR)，Geneva，Switzerland).

⑬3 Jaffe A. B.，Newell R. G.，Stavins R. N. (2005) A tale of two market failures：Technology and environmental policy. Ecol Econ 54(2 – 3)：164 – 174.

⑬4 Kinn，M.. (2011a). Benefits of Direct Current Electricity Supply for Domestic Application. (MPhil Thesis)，The University of Manchester. Retrieved from http://www.dcisthefuture.org/papers.

⑬5 Kinn，M.. (2011b). Proposed components for the design of a smart nano-grid for a domestic electrical system that operates at below 50V DC. Paper presented at the Innovative Smart Grid Technologies (ISGT Europe)，2011 2nd IEEE PES International Conference and Exhibition on.

⑬⑥ Kinn, Moshe (2016),提交给联合国的科学家关于技术和可持续发展目标调查的报告,2016 年 4 月实施。

⑬⑦ de Vries, Bert (2016),提交给联合国的科学家关于技术和可持续发展目标调查的报告,2016 年 4 月实施。

⑬⑧ See http://www.dcisthefuture.org/papers for more information.

⑬⑨ Kinn, M., C., 和 Abbot, C. (2014). 利用直流电压系统提高城市的抗灾能力,减少经济活动的脆弱性。

⑭⓪ Kinn, Moshe, & Abbott, Carl. (2014). To what Extent is Electricity Central to Resilience and Disaster Management of the Built Environment? Procedia Economics and Finance, 18(0), 238 - 246. doi: http://dx.doi.org/10.1016/S2212 - 5671(14)00936 - 8

⑭① IMECHE. (2013). Global food waste not want not (pp.31).

⑭② J.Gustavsson, C.Cederberg, U. Sonesson. (2011). Global food losses and food waste: FAOUN.

⑭③ 在 1998 年,日本发起的领跑者计划旨在提高终端使用产品的能源效率,作为其气候变化政策的基石,这个计划是,在标准制定过程中,市场上最节能的产品建立起"一流的标准",所有相应的产品制造商都将在下一个目标中实现这一目标。

⑭④ K. Akimoto et al., Assessment of the emission reduction target of halving CO_2 emissions by 2050: Macro-factors analysis and model analysis under newly developed socioeconomic scenarios, Energy Strategy Reviews, 2, 3 - 4, 246 - 256 (2014).

⑭⑤ Akimoto, Keigo (2016),提交给联合国的科学家关于技术和可持续发展目标调查的报告,2016 年 4 月实施。

⑭⑥ Qinqi Dai 和 Yu Yang (2016),提交给联合国的科学家关于技术和可持续发展目标调查的报告,2016 年 4 月实施。

⑭⑦ Jasovsky, D., et al. (2016). Antimicrobial resistance——A threat to the world's sustainable development. Development Dialogue Paper 16. April 2016.

⑭⑧ 例如,一个对 m-kopa 的案例研究显示,通过提供一种现收现付太阳能服务,可以向东非的低收入客户提供廉价电力的创新供应。类似地,内罗毕非正式定居点的 Jisomee Mita 方案使人们可以通过自我计量和移动支付来获得管道供水。

⑭⑨ 这份报告是基于科技促进发展委员会秘书处编写的"Smart Cities and Infrastructure"问题文件,该文件于 2015—2016 年在布达佩斯举行的科技促进发展委员会小组会议上提出,匈牙利,参见:http://unctad.org/meetings/en/SessionalDocuments/CSTD_2015_Issuespaper_Theme1_SmartCitiesandInfra_en.pdf.

⑮⓪ Pan, Jiahua (2016),提交给联合国的科学家关于技术和可持续发展目标调查的报告,2016 年 4 月实施。

⑮① Pan, Jiahua. 2015c. Environmental Sustainability in Megacities: Technological Breakthroughs and the Rigidity of Environmental Constraints. Chinese Journal of Urban and Environmental Studies Vol.3, No.4 (2015) 1550027 (10 pages), World Scientific Publishing Company. DOI: 10.1142/S2345748115500227X.

⑮② Singh, R.B. (2016),提交给联合国的科学家关于技术和可持续发展目标调查的报告,

2016 年 4 月实施。

⑬ Mukherjee, Mahua (2016),提交给联合国的科学家关于技术和可持续发展目标调查的报告,2016 年 4 月实施。

⑭ 尤其是可持续发展目标 6,9,11,13,15 和 17。

⑮ 例如,空气污染、城市热岛效应、热浪影响。

⑯ 例如,地下水水质改善,防洪减灾和暴雨管理。

⑰ Ahern, J. (2010), Planning and design for sustainable and resilient cities: theories, strategies, and best practices for green infrastructure, In: Novotny, V., Ahern, J., and Brown, P. (eds.), Water-Centric Sustainable Communities, pp.135 – 176, John Wiley and Sons, Hoboken.

⑱ Asian Development Bank (2015) 'Green city development tool kit', Asian Development Bank, Mandaluyong City, Philippines, pp.11 – 13.

⑲ Bowler, D. E., Buyung-Ali, L., Knight, T. M., and Pullin, A. S. (2010) 'Urban greening to cool towns and cities: A systematic review of the empirical evidence', Landscape and Urban Planning, Vol 97, pp.147 – 155.

⑳ Konijnendijk, C.C., Annerstedt, M., Nielsen, A.B., Busse, A., and Maruthaveeran, S. (2013) 'Benefits of Urban Parks——A systematic review', A Report for IFPRA, Copenhagen & Alnarp.

161 Wolf, K. L. (2003) 'Ergonomics of the City: Green Infrastructure and Social Benefits', in C. Kollin (Ed.), Engineering Green: Proceedings of the 11th National Urban Forest Conference, Washington D.C., American Forests.

162 Lu et al.

163 Ebikeme et al. *Open Data in a Big Data World: challenges and opportunities for sustainable development*.

164 Science International (2015): Open Data in a Big Data World. Paris: International Council for Science (ICSU), International Social Science Council (ISSC), The World Academy of Sciences (TWAS), InterAcademy Partnership (IAP), http://www.icsu.org/science-international/accord

165 Hughes, Alice (2016),提交给联合国的科学家关于技术和可持续发展目标调查的报告,2016 年 4 月实施。

166 Big Data & Development Overview on the 3 C's, the future of big data, and key terms.

167 Big Data and the SDGs more particularly: http://datapopalliance.org/item/reflections-on-big-data-thesustainable-development-goals-measuring-achievingdevelopment-progress-in-the-big-data-era/.

168 see notably: http://arxiv.org/pdf/1603.04012v1.pdf.

169 英国国际发展署(DFID)的论文更多地研究了大数据的有用性,以监测、预测和直接从灾难恢复。后续文章参见: http://datapopalliance.org/10 – key-take-aways-cop21data/; http://datapopalliance. org/unevenly-distributed-resilience/; http://datapopalliance.org/leveraging-the-crowd-how-people-can-contribute-to-disaster-management/; http://

datapopalliance. org/the-real-promise-of-big-data-seeing-like-a-state-and-like-a-citizen/; http://datapopalliance. org/using-big-data-to-detect-and-predict-natural-hazards-better-and-faster-lessons-learned-with-hurricanes-earthquakes-floods/; http://datapopalliance. org/urban-identity-and-the-fragility-resilience-double-helix/.

⑰⓪ 例如,数据流行联盟的 Flowminder 分析了移动网络数据,以估计 2015 年尼泊尔地震后的人口流动和分布。

⑰① Emmanuel Letouze 和 Anna Swenson (2016),提交给联合国的科学家关于技术和可持续发展目标调查的报告,2016 年 4 月实施。

⑰② Nicholas Zimmermann, *Deployment of Technology to Mitigate Drought Risk in Syria*, Brief for GSDR. https://sustainabledevelopment. un. org/content/documents / 5570Deployment of Technology to Mitigate Drought Risk in Syria.pdf.

⑰③ 联合国统计司提交。

⑰④ A sample of processes that this report examined include: World Economic Forum, The Global Risks Report 2016; Swiss Re SONAR: New Emerging Risk Insights, 2015; DNV-GL, UN Global Compact, Mondaymorning-Global Institute, Global Opportunity Report 2016; and Sutherland et al, A Horizon Scan of Global Conservation Issues for 2016, 31(1) Trends in Ecology & Evolution (2016).

⑰⑤ WFEO Engineers for a Sustainable Post 2015, July 2015, http://www.aaes.org/sites/default/files/WFEOEN GINEERSFORASUSTAINABLEPOST2015%20V1.6.pdf.

⑰⑥ https://sustainabledevelopment.un.org/topics/science/crowdsourcedbriefs.

⑰⑦ Schwab, K. (2016) The Fourth Industrial Revolution. World Economic Forum.

⑰⑧ Kolodziejczyk, Bartlomiej (2016),提交给联合国的科学家关于技术和可持续发展目标调查的报告,2016 年 4 月实施。

⑰⑨ Colglazier, W. (2016),提交给联合国的科学家关于技术和可持续发展目标调查的报告,2016 年 4 月实施。

⑱⓪ Friedrich Soltau, The promise of synthetic biology for sustainable development, Brief for GSDR.

⑱① Manish Anand, Innovation and Sustainable Development: A Bioeconomic Perspective. Brief for GSDR.

⑱② Addie, Ali J. *Nanotechnology and Sustainable Development in Iraq*, Brief for GSDR.

⑱③ Steven A. Moore, Reframing Social Housing as an Infrastructure of Production and Consumption, Brief for GSDR.

⑱④ Ashish Jha et al., Accelerating achievement of the sustainable development goals. A game-changer in global health, Brief for GSDR.

⑱⑤ Kemp, Rene (2010). Ekonomiaz N.º 75, 3.er cuatrimestre, 2010.

⑱⑥ Reuter, Thomas (2016),提交给联合国的科学家关于技术和可持续发展目标调查的报告,2016 年 4 月实施。

⑱⑦ Okabe, A. (2016) E-VOIDs: a bottom-up micro-intervention for better lighting and ventilation in high density slums, Jakarta (Indonesia), https://sustainabledevelopment.

un.org/.

⑱⑧ Pitria，M.，Yoshikata，Y. and Okabe，A.（2015）Involution：A Strategy of Kinship based Living Spaces to Deal with High Density Population Urban Kampung，A Case Study in Kampung Cikini，Jakarta，Indonesia，The 5th International Conference of JABODETABEK Study Forum 2015，IICC：Bogor.

⑱⑨ Amemiya，T.，Okabe，A.，Evawani，E. et al.（2014），Holcim Awards 2014 Asia Pacific Acknowledgement Prize：Megacity Skeleton，Stakeholder participation for urban upgrading，http://www.lafargeholcim-foundation.org/Projects/megacity-skeleton.

⑲⓪ Okabe，Akiko（2016），提交给联合国的科学家关于技术和可持续发展目标调查的报告，2016 年 4 月实施。

⑲① 基本负荷功率指的是连续 24 小时供电的发电资源。

⑲② Rogner，H.，（2016），提交给联合国的科学家关于技术和可持续发展目标调查的报告，2016 年 4 月实施。

⑲③ http://unctad.org/meetings/en/SessionalDocuments/CSTD_2015_Issuespaper_Theme2_ForesightDigital Dev_en.pdf.

⑲④ http://unctad.org/meetings/en/SessionalDocuments/ecn162016crp1_en.pdf.

⑲⑤ http://unctad.org/meetings/en/SessionalDocuments/ecn162016d3_en.pdf.

第四章

为可持续发展服务的包容性制度

新的议程认可了建立和平、公正和包容的社会十分必要。这类社会提供了人们平等公正的机会，是建立在尊重人权(包括发展的权利)、各级政府有效法制和良政、透明、高效和负责任制度的基础之上的。

一、引　　言

《2030年议程》提倡用透明、高效、包容和负责任的制度来促进消除贫穷和可持续发展，旨在确保各层次的决策都回应及时，具有包容性、参与性和代表性，强调民众获取信息、基本自由保护和推进无歧视法律和政策对可持续发展的重要性。[①]

“制度”是一个广义且有多种解释的术语，它包含了一系列结构、实体、和构成人类生活和社会的框架和规范。尽管制度肯定不是唯一一种消除不平等的方法，但是包容性的制度是促进平等的重要助力，是实现“不让任何一个人掉队”目标的关键。《2030年议程》没有规定国家一级的制度模式，但是总的原则体现了制度应该努力实现如下目标：“高效、包容、有责任心”(SDG 16)、“确保各级的决策反应迅速，具有包容性、参与性和代表性”(target 16.7)和“政策一致性”(target 17.14)。

不同的科学领域从不同的视角来审视制度，如从认知过程结果到一系列法律规范。[③]认知过程以与客观情况相关联的（时间和空间）和特定领域[②]为表现形式。制度是由促进制度传播的信念支撑的，制度的规则也已渗入到个人阶层和权力关系中。[④]正式的制度包括由官方权威所执行的成文宪法、法律、政策、权利和规章。

想要达成任何一个联合国千年发展目标下的子目标都需要一系列要素的组合，包括：法律规章调控，不同层次的各种制度，以及潜在的社会变化，例如由制度本身的改变所造成的社会规范变化。举例来说，性别平等的进步需要所有这些层次的一系列行动，还需要具有不同任务和目的的一系列机制的干预。换言之，没有任何与包容性有关的目标可以通过仅仅一个制度加以实现。从反面来看，那些具有广泛授权的个别制度可以在许多不同的领域乃至全社会对包容性作出贡献。对于这些制度，评估它们的包容性和这些制度如何通过具体行动实施其包容性十分重要。

有许多类型的制度，基于它们在包容性方面的重要性，应该有待研究。在这些种类的制度中，本章节主要针对两种特定类型的制度，即国家可持续发展委员会（NCSDs）和国家议会，是如何通过促进包容性来促进可持续发展的进行分析。在这么多类型的制度中选择这两种类型制度是具有例证性的，因为国家可持续发展委员会和议会都是保证可持续发展的重要制度。促进国家一级的可持续发展试图通过鼓励建立利益攸关方和跨部门国家机制综合决策的方式来解决一些挑战。[⑤]这类机制广泛地被称作是国家可持续发展委员会（NCSDs）。而议会已经扮演了一个重要的角色并且将会在《2030年议程》实施过程中显得更为至关重要。《2030年议程》承认"国家议会通过实施立法、预算和确保承诺的有效实施责任担当上的角色必要性"和在包容性上对"当地民族、民间社会、私营部门和其他利益攸关方"所作出的贡献。[⑥]通过法律的制定和预算，议会可以保证包容性，确保政府的政策实施"不让任何一个人掉队"。

本章借鉴了各国和各地区现有的研究，总结了可以指导各国在着手执行《2030年议程》的过程中努力适应其体制框架的教训。

二、为可持续发展服务的包容性制度

强化制度提高可持续发展能力的有用经验可以从 1992 年巴西里约热内卢第一届环境和发展大会、2002 年南非约翰内斯堡可持续发展全球峰会和 2012 年巴西里约热内卢可持续发展大会得出的结果实践中学习。

举个例子,根据定义,可持续发展需要综合决策方法,融合社会、环境和经济等多个维度。自 1992 年以来,可持续发展的这种综合性本质对那些被设计出来不能跨越界限的制度提出了挑战。学者试图用各种概念来应对这些挑战,例如横向一体化、[7,8]跨界、[9]战略公共管理[10]和元治理。[11]

非正式制度主要有:(通常是不成文的)社会规范、习俗或传统,这些也可以塑造人的思想、态度和行为。[12,13]正式和非正式的制度构成了社会中机会、资产和资源的分配。例如,政治协议确立了管理政治和经济关系的正式规则(如选举方式、宪法和市场规章),同样确立了权力和资源的非正式划分。[14]

各种不同类型的制度存在着,这取决于它们管理的领域:有管理社会再生产的制度——特别是关乎个人的生活、成员身份和地位[15]的制度;也有那些在不同领域(如政治、经济、社会)调节互动、交流的制度(如行为准则)。家庭和社区内的经济关系、政治治理和社会规范是影响发展的关键制度领域。这些制度一起决定了社会关系的包容性程度。

每一个国家有着不同的"起点"和管理风格的偏好,源于宪法、传统、文化、政治实践、地理和其所产生的环境、社会和经济状况。[16]然而,在不同国际领域参与的需求使得整个政府的政策协调成为决定在国家层次上有效和包容性治理的关键因素。[17]

因为覆盖的范围和普及度大,制度是决定某个人或社会是否被发展和进步排除在外或包括在内的根本。制度会触发人的行为和社会趋势,而这种行为和趋势会对发展结果,尤其是对包容性产生积极的或者消极的影响。与此同时，权力主体可以只为了一部分人而不是全社会的利益设立制度。没有包容性的制度会潜在地侵犯个人的权利和利益，破坏获得平等、发言权和资源、服务的机会，并使经济处于长期不利。这也会对非经济领域造成不利的影响，如贫穷，包括缺少获得服务的条件，缺少政策制定的发言权和对暴力和腐败表现出的脆弱性。此外，在一个领域内不具有包容性的制度在其他领域也会表现其劣势。[18]

包容性制度给予人们平等的权利和权益，并提供平等的机会、发言权和获得所有的资源和服务。该制度通常基于普适性原则（例如，普遍获得公平或服务，统一与年龄相关联的养老金制度）、无歧视原则（例如，公务员精英招聘，保护寡妇土地权利的继承法）或是特定的行为。针对一些特别弱势的人群和组织，需要区别对待来达到相同的结果（例如，增加妇女政治代表比例的配额，在不发达地区优先投资的预算规则）。

经济制度塑造了土地、住房、劳动力和信贷市场的权利、[19]监管框架、[20]权力寻租和腐败程度。[21]成文的经济制度有财产权和劳动法。许多全国性的统计数据研究显示：越具有包容性的经济制度越能提升经济成果。[22]制度的质量——比如财产权的安全度和法治的力量——是决定收入水平的一项重要因素。[23]一些研究还显示了与之相反的因果关系秩序；[24]具体来说就是，收入水平、获得教育的程度和经济增长会共同促成更强的制度，而非相反。[25]

关于政治制度，它们的质量、性别平衡性和真正的包容程度似乎对可持续发展来说是重要的决定性因素。一些全国性的经济研究显示：更好的包容性治理减少了贫困，改善了与之相关的人类发展成果，例如婴儿死亡率、[26]人们的文化水平[27]和健康状况。[28]虽然有证据表明，选举本身对发展没有重大影响，但政治包容的更深层措施——包括政治竞争、解决问题的政党，以及招募入政党的人员竞争——具有重要影响。[29]

关于包容性社会规范所产生的影响研究相对较少。有一项研究表明社会信任对经济增长有强有力的积极效应。[30]在这方面，不歧视妇女、族裔、宗教和种姓少数群体的规范可能是特别重要的。[31]带有歧视性的社会规范会使人们陷入剥削关系,并将他们推向长期贫困。例如,基于来自各个国家的纵向时间数据分析,“长期贫困研究中心”定义了5个长期贫困陷阱:缺乏安全——贫困家庭应对冲突、冲击和自然灾害的能力会明显减弱,有限的公民参与度——缺乏有力的政治声音和有效的、合法的政治代表和权利,空间劣势——遥远的距离造成了政治劣势和薄弱的整合能力,社会歧视和社会关系——涉及权利、赞助、授权、竞争、协作、支持,极少的工作机会——对穷人,尤其是妇女和女孩来说,工作机会可能是受限的或是受剥削的。[32]鉴于贫穷、社会歧视、发展和人权的联系,国家人权制度可以在为国家制度提供咨询和监测《2030年议程》在地方、国家、区域和国际各层级的执行情况方面发挥作用。他们可以通过揭露不平等和歧视来帮助确保国家对人民的责任,包括通过创新和包容的方法来收集数据;与权力持有者、弱势群体和被边缘化的群体建立伙伴关系来发挥作用。

加强包容性制度建设包含以下内容:改变权力关系和激励机制,[33]将被边缘化人群和群体纳入社会,[34]解决被排除制度的社会、政治和经济驱动力,[35]减轻新旧制度之间的紧张关系,[36]针对和统一制度对政策的干预和综合化,[37]解决性别不平等,理解社会规范和行为变化,促进在不同领域(经济、政治和社会)支持制度运作的一致性。[38]

制度是由人建立和保持的,改变制度一直都是一个复杂的过程。制度改革不只是单单地通过新规章亦或是建立新的主体。制度的设计和实施需要将人员和组织的能力考虑进去。因此,过于雄心壮志和技术性的制度改革尽管改头换面、大改结构,往往在功能上却收效甚微。[39]

制度反映了国家的文化和历史起源。制度的文化维度意味着所谓的“最佳实践”是难以定义的,充其量只能说是相对的。制度建设的文化维度及其潜在的价值必须考虑在内(例如,在改革新的更具包容性的制度过程中,要争取最小的文化兼并性),因为它们很难改变,而不考虑的话则会导致制度改革的失败。[40]

因此,支持制度改革的动力是很重要的。从世界范围看,这包括了促进和加强涉众反馈机制、审查机制以及支持设计和实现公民参与机制(例如：公民报告卡),以及在国家和地方一级促进公共信息披露。大量受过良好教育的、政治上和经济上有抱负的年轻男女、有效的代表他们的组织,以及支持包容性制度的中产阶级都是至关重要的。不断增长的移民和城市化提供了社会流动性和更强的包容性机制改革的可能性,但也会增加城市内部的边缘化。[41]

在这一背景下,本章重点考察两种特殊的制度,即国家可持续发展委员会和国家议会。虽然它们的性质、职能不同,但它们都具有代表性和包容性,是确保落实《2030 年议程》"不让任何一个人掉队"的重要机制。

三、国家可持续发展委员会

国家可持续发展委员会(NCSDs)曾经被认为是实现决策和参与一体化的关键,这两个维度也是可持续发展概念的核心。国家可持续发展委员会见证了"地球峰会"[42]后第一个 5 年内的迅速发展。时至今日,国家可持续发展委员会的数量和类似组织在全球范围内已超过 100 个,有着广泛的组织形式和功能。[43]然而,在过去的 20 年里,它们的成功程度参差不齐,有些甚至从政策环境中消失了。[44]但是,它们存在的基本依据并没有消失。国家可持续发展委员会的建立是响应了 2030 年议程中"确保各级的决策反应迅速,具有包容性、参与性和代表性"(目标 16.7)和"政策一致性"(目标 17.14)的要求。因此,无论是新成立的还是原先保留的可持续发展委员会,都将在实施 2030 年议程中起积极作用,有助于"发展具有雄心壮志的国家快速响应制度",以"现有的规划,如国家发展和可持续发展战略"为基础。[45]

本章节以本报告的主题为基础,主要从包容性角度来探讨国家可持续发展委员会,而并不覆盖其全部功能。[46]这种分析可能因可持续发展委员会受到的学术关注有限而有所局限。但是,尽管没有在全球范围内出现可持续发展委员会的最新数据,[47]它们所面临的挑战与今天所有国家都息息相关。本章的附件提供了自 1992 年“地球峰会”至今的全球可持续发展委员会的一些研究概述。

国家可持续发展委员会的组成通常反映了其存在的政治制度和文化特征。[48]总的来说,该委员会越是由政府主导,就越像是一个“交流平台”,被用来向各类利益相关者传递政府政策。相反地,越是独立的委员会越会在政策制定过程中扮演决策咨询的角色。

利益相关者的参与度也各不相同,包括:(1) 沟通和提高认识,(2) 咨询,(3) 参与政策制定,(4) 参与实施和进展回顾。[49]利益攸关方的参与程度和政府对待这种参与的态度对国家可持续发展委员会所产生的效用也会有很大影响,并且通常会反映在可持续发展委员会所获得的资源上。[50]表 4－1 反映了特定类型的国家可持续发展委员会的潜在优势和缺点,以及使它们变得更高效的经验教训。

表 4－1 国家可持续发展委员会的优势与挑战概述

委员会组成	优　　势	挑　　战	学到的经验
政府代表	对政策的影响力更大,甚至有的具有立法权; 强大的领导力; 实施战略的更多资源; 更高的公众地位	独立性和客观性相对低; 受政治利益影响的风险较高; 未必有利于长期思考; 进取心相对低	这类委员会必须确保他们能够获得客观和有实证基础的信息以及关于当前可持续发展问题和趋势的分析,并对持续或改变现行政策有影响
各类成员代表	通常更具代表性; 可以促进更广的公众参与; 更有能力得到广泛的意见和专业知识; 可能带来更多发展的建议	政府的声音可能主导其他利益相关方; 难以避免僵局以及及时传达一致的信息; 难以避免筒仓思维以及构绘出更广阔的图景	确保以下几点很重要: (1) 重要部门的代表;可持续发展委员会中好的商业代表似乎尤为重要; (2) 非政府代表不受多元化的阻碍,能够自由地发言;来自政府外部的各级领导似乎能取得最好的结果; (3) 所有人都可以获得信息,这样才能作出重要的贡献

续表

委员会组成	优　　势	挑　　战	学到的经验
非政府与利益相关方的代表	由于其机构独立性可以对政府政策进行彻底检查并指出不可持续发展的政策和实践； 可能非常具有代表性，并与国家以下层面的利益相关者网络有着密切的联系； 可能有广泛的公众支持基础，具有合法性并帮助倡导提议	会受到决策者和政策的影响； 代表地位可能特别高； 确保超出环境问题的利益和专业知识； 确保长期资金	确保以下两点很重要： (1) 成员的利益、经验和专长贯穿于可持续发展的各个方面；在科学、环境和经济领域，强大的能力将有所帮助； (2) 他们具有一定的地位，在多个部门，如经济、金融、工业、社会事务、规划以及环境等部门有能力与部长和高级官员进行有效接触

国家可持续发展委员会以鼓励开放、互为尊重的讨论作为政府和所有利益攸关者对话的平台。[51]与此同时，国家可持续发展委员会和其他多方利益相关者也可以由特定利益集团主导，导致其缺乏问责制和缺乏所有权。潜在的解决方法包括：解决参与者的角色、权利和责任的透明度问题，以及对参与的期望管理（如信息，合作或共同决策），有适当的程序来平衡发言的少数和沉默的多数，制定纳入和排除主体的规则；以及组织如何将协议制定成规章。[52]

在国家可持续发展委员会中专家代表的组合是可以变的。关注可持续发展利益的高层商业领袖的参与在许多案例中显示都卓有成效。科学家、经济学家或者其他有着优秀实践经验的知识分子在许多案例中也表现出很高的附加值。[53]增加专家型的科学机构可能会提供更多的协商性，这有别于在代表机构中经常看到的谈判风格。[54]比如，可持续发展史上历史最悠久的也最具代表性的芬兰可持续发展委员会（FNCSD）在2014年初增加了独立的科学专家小组。专家小组概览可持续发展的主要问题和研究，并向芬兰可持续发展委员会提出应该加以讨论的问题。它还对社会承诺的可持续发展实施过程进行评估，并为其发展提供建议。

关于理事会,一些研究人员认为,具有最高层次可持续发展的领导(比如,直接向政府首脑进行汇报)是最为理想的,[55]因为高层领导能够促进政府内部的横向协调,包括预算过程。高层领导有助于通过政策管理周期和不同部门进行目标整合,因为各部门倾向于遵守最高国家办事处的执行命令。[56]此外,国家可持续发展委员会和主要决策者之间的直接联系会增加其有效性。

四、议　　会

作为立法机构,议会对执行 2030 年议程和可持续发展目标起到非常重要的作用。无论采取哪种形式,议会都负责执行三个基本职能:代表、立法和监督。议会代表它们各自的选区;作为其职责的一部分,它们对立法进行讨论并予以批准;在履行其监督职责方面,它们监督法律、国家政策和战略计划的执行。反过来,政府向议会呈递报告,议会从诸如审计等机构对政府进行评估。虽然各国的议会制度各不相同,[57]但所有国家都需要议会通过有关可持续发展目标的立法。

在考察机构贯彻“不让任何一个人掉队”目标的执行情况时,有必要区分机构本身的包容性和机构包容性。前者指的是机构本身的组织设计方式是否有利于代表社会各方(或所有国家)的意志和声音。当边缘化群体被鼓励表达自己观点的时候,这样的代表是最具有包容性的。[58]议会就如同一个舞台,人民代表可以用语言来评论国家甚至是改造国家。比如,在解决社会不平等问题上,议会可以从文化、种族、民族和类似的身份类别出发试图解决问题。[59]如果不包含任何群体的特殊需求,那么议会本身的代表作用就无法体现。[60]作为最有代表性的决策机构,议会通常旨在反映社会外界的多样性。这就包括了必须要确保所有的群体都被代表了,以及每个群体在所有人中或多或少都有一定比例被代表。

反过来说,机构包容性指的是机构通过其行为直接支持或实现包容性的成果,促进共同利益而不是特定利益。从议会这个角度而言,这意味着审议各国议会本身是如何代表社会各阶层，包括被边缘化的群体，以及如何在通过立法时考虑到这些群体的观点、利益和需要。如，议会在立法时具有特殊的地位，要确保基于性别歧视的规范和做法被消除，促进女性参与各级决策，确保平等获取卫生、[61]教育[62]经济资源、[63]私有财产[64]和新兴技术[65]等的权利，而所有这些在可持续发展目标中都特别被强调了。[66]

为了说明议会如何能够促进包容性的这两个维度，本章特别着眼于弱势和被边缘化的四类人：妇女，原住民，残疾人以及儿童和青少年。这四类群体被选为实例，是因为这四类群体是研究文献一直以来所关注的。

（一）妇女和女孩

促进两性平等长期以来一直被认为是促进发展的重点，[67]这也是《2030 年议程》是否能取得成功的关键先决条件。[68]议会的独特地位在于在其权力范围内可以制定具有约束力的法律来确保消除基于性别歧视的规范和做法。当女性不被允许参与决策进程时，她们获得平等的卫生、[69]教育、[70]经济资源、[71]土地[72]和新兴技术[73]的机会也就减少了。妇女和女孩大约构成了一半的国民人口，因此她们参与议会显得至关重要。有更多女性议员的立法机关更有可能采取有利于妇女和促进两性平等的政策。[74]

提高妇女参与度的一个途径是议会中女性议员的比例要提高。自 1995 年北京联合国第四次世界大会通过《北京宣言和行动纲要》[75,76]以及消除对妇女歧视委员会关于特别临时措施（包括配额）的第 25 号令（2004 年）的一般性建议，此项措施已经取得了非常显著的成效。自北京世界大会以来，各国越来越多地采取配额措施来加强妇女参与，反对歧视，以加快原来女性参与政治的缓慢步伐。这些措施旨在消除一些障碍，尤其是仍然阻碍妇女平等参政的制度性和系统性方面的障碍。[77]

在不同程度上受到不同国家情况的影响，议会的性别配额规定了选择女性候选人[79]的规则[78]和程序，只有选民与立法者[80]（年龄，性别，种族等）之间有更高的相似性和更好的联系，那么立法者才更能代表女性整体和她们所关注

的事物。[81,82]

在20世纪60年代,全球只有不到0.6%的立法者是妇女,[83]而到2015年,这一比例则上升到了22.1%。[84]在整个非洲地区,这一增长尤为普遍,在17个国家中,25%的议员是女性。我们应该注意到发展中国家的这一增长速度比发达国家更快。[85,86,87]近年来女性议员人数上升主要是由于政治转型期间创造的机会、来自妇女运动和民间社会的压力以及妇女融入政治后不断改进的规范。[88,89]同样,支持执政党制定与性别有关的立法和配额也至关重要。[90]尽管已经取得了进展,但是单单只采取配额措施还不足以确保性别平等,还需要对当地情况的适应。[91]妇女配额需要配合采取其他措施才能为妇女创造有利的参与环境。特别是,如果成为议员的妇女没有真正积极参与讨论的权利并对决策产生影响,那么在公共和政治生活中增加妇女代表的积极影响就没有发挥作用。[92,93]

链接4-1 卢旺达议会

卢旺达是世界上议会妇女占比人数最多的国家,达63.8%。2003年,卢旺达宪法规定了政府范围内所有部门以及各级政府的行政管理中的性别配额。宪法规定,在政府的所有决策机构中,至少要有30%的妇女。

卢旺达是世界上第一批制定和通过"反性别暴力法"的国家之一。反性别暴力法案最终于2008年成为法律,极大地保护了妇女及儿童的权利,并且规定家庭暴力(包括婚内强奸)是违法的。

这一成就是通过宪法性别配额,过渡政府和来自妇女民间社会的强有力的支持来实现的,成为卢旺达后种族灭绝时代社会的可靠支柱。

资料来源:Gretchen Bauer, Jennie E. Burnet 2013。

(二) 原住民

原住民的特点是他们与居住的土地或领土有着特殊的关系,他们有自己独有的文化,包括语言、习俗和艺术。[94]世界各地约70个国家有3.7亿多原住民。仅拉丁美洲就有400多个原住民群体，据估计在亚太地区大约有705个原住民群体。从世界范围来讲，他们占人口总数的5%，但却占贫困人口的15%。[95]

自20世纪中期以来，原住民一直努力希望他们的社会文化特征和相应权利被国家认可。[96]因此，自决问题一直成为国家与原住民关系的前沿阵地。[97,98]原住自决主要是指政治参与，明显受到国家领土完整权的限制，[99]尽管一些外在因素仍然存在，如国际代表和跨边界合作。[100]自决权与政治参与权之间的联系是不可分割的，并且已经被联合国人权委员会记录在案。[101]

因此，原住民在议会中的代表是原住民自决和被国家包容的有力象征。[102,103]第一步是官方认可其为原住民。在优惠政策方面采取积极行动，通常是用来解决不平等结构的战略。[104]提高原住民参与度的措施包括：定期审查选举制度和引入原住民代表配额，在政党中纳入更多的原住民，在政治机构中给予原住民就业和培训机会，让其拥有否决权和直接参与立法及政策进程的权利，通过立法、能力建设和教育，加强原住民参与地方政府和青年参与政治进程的权利。[105]

在一些案例中，原住民已经建立了自己的议会或委员会，这些议会或委员会不具有政治或立法权力，而是作为一个咨询机构存在。居住在挪威、瑞典和芬兰的萨米族人就是一个典型例子。新西兰却恰恰相反，原住民在国家立法机构中拥有最长的自我代表权历史，超过了140年（见链接4-2）。[106]另有些国家不承认原住民在其境内的权利，因此在国家议会中没有具体的代表原住民利益的条款。虽然各国在处理原住民问题上的做法各不相同，但对于学术界和民间社会学家来说，继续评估确保不同原住民长期参与政治的方法及其对《2030年议程》的有力贡献还是极其重要的。

链接4-2　毛利人案例

1867年的“毛利人代表法案”在新西兰引入了一种双重选区制，议会代表是从两组选民中选出，一组是毛利血统的选民，另一组是欧洲血统的选民,现在被称为普通选民。20世纪90年代的选举制改革使得毛利议员人数保持固定在4人,成功地推动了毛利人的代表权,并引入了比例代表制。由于政党决定了议会席位的总体配置,尽管他们的选区分散,各党派仍然都想要吸引毛利选民的投票。因此,这样一种制度使得少数民族能够保证有他们的代表,而不会失去影响。与双重选民制一起被采用的比例党派选举制度大大增加了毛利人的代表人数。

资料来源:Banducci et al.,2004。

(三) 残疾人

据估计,全球有超过10亿人存在某种生理上的残疾。[107,108] 由于缺乏对残疾人敏感和回应的政策干预,社会对他们的羞辱和歧视以及没有为残疾人专门设计的物理环境,如通信设备、交通和隔离的教育等障碍,[109] 使他们仍然是多数社会中最边缘化的群体。无障碍沟通和包容对待是残疾人的基本人权,它对于赋予残疾人独立生活、被社会接纳、与他人一样参与社会贡献和发展的权利至关重要。实质上,无障碍沟通和包容对待问题是议会和全球社会为了纳入残疾人及其需要而必须加以考虑的关键问题。

议会,通过执行诸如美国1990年的残疾人法案和1995年英国"反残疾歧视法"等法律框架,一直是改善残疾人权利的重要渠道。一项全球性的重要成就是2016年6月,[111] 通过了由164个国家和一个区域组织——欧洲联盟共同签署的"联合国残疾人权利公约"。[110] 残疾人也受益于不断变化的政策趋势,即消除法律、制度和外在环境的障碍;增加残疾人获得参与权的机会,包括公共服务机会、增加社会保护,以及社会对残疾人的认可。[112] 例如,155个国家给予残疾人士现金福利作为收入代替或收入补贴。[113] 诚然,单纯地靠"法律文字"也可以创造基本的权利;但是更多的是要形成一个公平公正对待残疾人士的氛围,并且促进残疾人士以一种有意义的方式充分积极地参与到社会生活当中。[114,115,116,117]

（四）儿童和青少年

“青少年”通常指的是年龄为15—24岁的人。儿童（指18岁以下）[118]有权利对影响自身利益的问题自由发表意见。[119,120]然而，由于绝大多数国家都有立法规定将投票门槛定为18岁，[122,123,124]所以儿童通常无法参与到投票这个对政治进程产生重要影响的行为中去。[121]因此，尽管他们的政治参与权、公民权和声音有所提高，但是世界上1/3 18岁以下的人群，在选举代表、影响立法或制定政策时，实际参与政权相对较少。此外，尽管有些年轻人已到可以投票的法定年龄，并非所有年轻人都选择参与到正式的政治投票中去。[125,126]年轻选民登记人数的普遍下降趋势表明，年轻人越来越多地将社会运动和组织视为政治利益和行动的平台。这究竟是一种排斥还是不同的参与形式仍旧被人们所争论。[127]

在参与正式政治活动方面，年轻女性在被选举机会上似乎处于更为不利的境地。一些变量，诸如选举制度、青年配额、资格年龄和妇女代表人数（作为议会包容的衡量标准）造成了这种情况。[128]促进青年政治参与的其他措施包括诸如参与政府资助的咨询工作，青年议会[129]和圆桌讨论，以及非正式的活动，如政治筹款、志愿者工作、抗议运动和青年团体等。[130]至少有30个国家在国家层面或城市、村庄、学校中设有某种非成人的议会机构。其中包括印度、斯里兰卡、挪威、芬兰、德国、斯洛文尼亚、玻利维亚、厄瓜多尔、巴西、尼日利亚、津巴布韦、刚果、布基纳法索、利比里亚、新西兰、英国、苏格兰和世界儿童联合会。[131]（见链接4－3）

计划将被具体实践的儿童行动计划往往也适用于国家行动计划，如在洪都拉斯293个市镇实行的儿童计划；[132]儿童参与式预算委员会，如巴西巴拉曼萨省的参与式预算委员会，也可以促进公民权的行使，并成为定义和执行公共政策的真正平台；[133]政府出台的青年和儿童发展议程，如新西兰出台的议程，也可以通过宣传、服务和治理成为促进青年参与的潜在有效工具。

链接 4-3 青年参与机制案例

一个有效的由儿童组成议会的案例是印度拉贾斯坦邦的巴尔萨桑德儿童议会,这个议会汇集了来自不同村庄的儿童,讨论和处理他们同样关心的问题,如教育和村庄生活的各个方面。[134]在国家治理中给予儿童某种形式发声的例子还包括:2003 年南非“儿童行动”项目,其中包括儿童参加议会听证和公开辩论;2004 年英国 4 名儿童委员维护和促进儿童在法律和政策中的权利;以色列议会邀请儿童参加其与儿童有关的委员会;以及卢旺达每年举行的与儿童相关的主题的全国儿童和青年峰会。[135]

英国史密斯顿学生自治委员会和巴斯顿青年委员会,以及法国城镇设立的法国圣母教会协会也是青年参政机制的典型。[136]

城市行政部门与儿童青少年之间的“城市协商”机制,例如在科卡卡奇、厄瓜多尔、巴拉曼萨和巴西的伊卡普伊以及委内瑞拉的圭亚那实行的机制也取得了成功,这主要是由于市政当局的承诺和政治、经济和社会的生存力[137]共同作用。

五、结语——供政策制定者思考

制度是由人们建立的,是用来追求公平平等地履行其人权和需要的媒介。反过来,这些制度也形成了人与人之间的互动,包括家庭、社会、政治和经济领域,影响着社会的发展。制度产生的行为模式对于发展成果和包容性既可能是积极的也可能是消极的。《2030 年议程》和“可持续发展目标”呼吁所有社会团体在社会、政治和经济领域的纳入和参与。本章探讨了两种类型的机构——国家可持续发展委员会和议会如何成为包容性的积极推动者。

研究报告显示,如果有足够的资源,国家可持续发展委员会可以在向公众宣传和教育可持续发展相关议题、鼓励公开辩论、向核心利益相关者提供制定政策的建议以及将利益相关者纳入实施和进入审查的各个环节等方面发挥作用，成为整个政策制定中的有效机制。本章的评论由于缺乏实证数据有一定局限性，即使分散的数据确实存在，仍值得进一步研究。学术界对国家可持续发展委员会的关注有限，是可以鼓励其研究的一个领域。

关于议会，本章着重关注了妇女、原住民、残疾人以及儿童和青少年这四类人群。有关研究报告显示，这些群体在国家议会中的代表性已经取得了进展。然而，差距仍然存在。同样，虽然在边缘群体权利的立法方面取得了进展，但仍有很长的路要走，议会始终在确保所有人都得到关注的情况下发挥着关键作用。其他边缘化群体和弱势群体也应同样值得关注。

为了从科学和政策方面改善可持续发展机制，收集其他类型的制度情况以及它们如何促进包容性也至关重要。比如，21 世纪地方议程和其他地方级参与进程；获取信息和诉诸司法的机制；各方面的规范和标准；以及在政策制定中代表子孙后代的机制等。[138] 相反，收集关于机制本身和机制特性的组合如何被成功地用于解决包括与包容性相关的具体目标的数据也极其重要，这应该成为未来全球可持续发展报告中的一个关键组成部分。

尾注

① UN General Assembly, 2015, Transforming our world: the 2030 Agenda for Sustainable Development, resolution A/RES/70/1, September, New York.

② Tooby, J., Cosmides, L. (1992), Can a general deontic logic capture the facts of human moral reasoning? How the mind interprets social exchange rules and detects cheaters? In W. Sinnott-Armstrong (Ed.), *Moral psychology*. (pp.53 - 119) Cambridge, MA: MIT Press.

③ Sperber, D. (1996), Explaining Culture: A Naturalistic Approach, Wiley, 1996.

④ Brook Boyer (2000), Institutional mechanisms for sustainable development: a look at national councils for sustainable development in Asia, *Global Environmental Change*, 10, 2, July, 157 - 160.

⑤ For more information see Ch 38, Agenda 21; paragraph 165. https://sustainabledevelopment.un.org/content/documents/Agenda21.pdf.

⑥ For more information see A/RES/70/1, paragraph 45 http://www.un.org/ga/search/view_doc.asp? symbol=A/RES/70/1.

⑦ Peters, G. (1998), Managing horizontal government: the politics of coordination, *Public Administration*, 76, 295-311.

⑧ Peters, G. (2013), Toward policy coordination: alternatives to hierarchy, *Policy & Politics*, 41(4), 569-584.

⑨ May, P. and Jochim, A. and Pump, B., (2010). Boundary-Spanning Policy Problems: Politics and Policymaking. APSA 2010 Annual Meeting Paper. Available at SSRN: http://ssrn.com/abstract=1644291.

⑩ Nordbeck, R. and Steurer, R. (2015), Multi-sectoral strategies as dead ends of policy integration: Lessons to be learned from sustainable development, *Environment and Planning C: Government and Policy*, November 24, 2015.

⑪ Meuleman, L. and Niestroy, I. (2015), Common But Differentiated Governance: A Metagovernance Approach to Make the SDGs work, *Sustainability* 2015, 7(9), 12295-12321.

⑫ Leftwich, A. & Sen, K. (2010), Beyond institutions: Institutions and organizations in the politics and economics of poverty reduction——Thematic synthesis of research evidence, DFIDfunded Research Programme Consortium on Improving Institutions for Pro-Poor Growth (IPPG), Manchester: University of Manchester. http://www.ippg.org.uk/8933_Beyond%20Institutions.final%20(1).pdf.

⑬ Berman, S. (2013), Ideational theorizing in the social sciences since 'Policy paradigms, social learning and the state', *Governance*, 26(2), 217-237. http://onlinelibrary.wiley.com/doi/10.1111/gove.12008/abstract.

⑭ DFID (2010a), *Building peaceful states and societies*, A DFID Practice Paper, London: Department for International Development, https://www.gov.uk/government/uploads/system/uploads/attachment_data/file/67694/Building-peacefulstatesand-societies.pdf.

⑮ Bowles, S. and Gintis, H. (2011), A Cooperative Species: Human Reciprocity and Its Evolution, Princeton University Press.

⑯ Meuleman, L. and Niestroy, I. (2015), Common But Differentiated Governance: A Metagovernance Approach to Make the SDGs work, *Sustainability* 2015, 7(9), 12295-12321; doi: 10.3390. available at http://www.mdpi.com/2071-1050/7/9/12295.

⑰ Government Governance (GG) and Inter-Ministerial Policy Coordination (IMPC) in Eastern and Central Europe and Central Asia, Raymond Saner, Gordana Toseva, Aziz Atamanov, Roman Mogilevsky, Aleksandar Sahov.

⑱ World Bank (2013). *Inclusion matters: The foundation for shared prosperity*, Washington D.C.: World Bank.

⑲ Acemoglu, D. & Robinson, J. (2012), Why nations fail: The origins of power, prosperity, and poverty, New York: Crown Publishers; Agenda 21, 1992 https://sustainabledevelopment.un.org/content/documents/Agenda21.pdf.

⑳ Leftwich, A. & Sen, K. (2010), Beyond institutions: Institutions and organizations in the politics and economics of poverty reduction — Thematic synthesis of research evidence, DFIDfunded Research Programme Consortium on Improving Institutions for Pro-Poor Growth (IPPG), Manchester: University of Manchester. http://www.ippg.org.uk/8933_Beyond%20Institutions.final%20(1).pdf.

㉑ Acemoglu, D. & Robinson, J. (2012), Why nations fail: The origins of power, prosperity, and poverty. New York: Crown Publishers; Agenda 21, 1992 https://sustainabledevelopment.un.org/content/documents/Agenda21.pdf; World Bank (2013), *Inclusion matters: The foundation for shared prosperity*, Washington D.C.: World Bank.

㉒ Rodrik, D., Subramanian, A. & Trebbi, F. (2004), Institutions rule: The primacy of institutions over geography and integration in economic development, *Journal of Economic Growth*, 9(2), 131 - 165, http://www.hks.harvard.edu/fs/drodrik/Research%20papers/institutionsrule,%205.0.pdf.

㉓ 例见 Rodrik, D., Subramanian, A. & Trebbi, F. (2004), Institutions rule: The primacy of institutions over geography and integration in economic development, Journal of Economic Growth, 9(2). 这项跨国计量经济学研究评估了机构、地理因素和贸易在决定全球收入水平方面所做的贡献。对 200 多个国家进行的抽样发现：机构质量胜过一切。尽管地理因素会对机构质量产生强烈的间接影响，一旦机构被控制，对收入的直接影响就会减弱。同样，贸易几乎就显得微不足道。

㉔ Glaeser, E. L., La Porta, R., Lopez-de-Silanes, F. & Shleifer, A. (2004). Do institutions cause growth? *Journal of Economic Growth*, 9(3), 271 - 303.

㉕ Hawkes, D. & Ugur, M. (2012), Evidence on the relationship between education, skills and economic growth in low income countries: A systematic review, London: EPPI-Centre, Social Science Research Unit, Institute of Education, University of London.

㉖ Halperin, M., Siegle, J., & Weinstein, M. (2010) (revised edition), The democracy advantage: How democracies promote prosperity and peace, Abingdon: Routledge.

㉗ Kaufmann, D., Kraay, A. & Zoido-Lobaton, P. (1999), *Governance matters*, Policy Research Working Paper No.2196, Washington D.C.: World Bank Institute. http://papers.ssrn.com/sol3/papers.cfm? abstract_id=188568.

㉘ Evans, W. & Ferguson, C. (2013), Governance, institutions, growth and poverty reduction: a literature review, London: Department for International Development.

㉙ Ibid.

㉚ Knack, S. & Keefer, P. (1995), Institutions and economic performance: Cross-country tests using alternative institutional indicators, *Economics & Politics*, 7(3), 207 - 227.

㉛ Foa, R. (2008), Social institutions and human development, Social Development Working Papers No.006, Washington D.C.: World Bank. http://www.academia.edu/1850049/Social_Institutions_and_Human_Development.

㉜ Carter, B. (2014), Inclusive Institutions: Topic Guide. Birmingham, UK: GSDRC,

University of Birmingham. The Chronic Poverty Report 2008 - 09: Escaping poverty traps http://www.chronicpoverty.org/uploads/publication_files/CPR2_ReportFull.pdf.

㉝ Banerjee, A. & Duflo, E. (2011), Poor Economics: A Radical Rethinking of the Way to Fight Global Poverty, New York: Public Affairs.

㉞ OECD (2012), Do discriminatory social institutions matter for food security? Paris: OECD. http://www.oecd.org/social/poverty/49756756.pdf.

㉟ Calder, J. & Hakimi, A. (2009), Statebuilding and community engagement without reconciliation: A case study of Afghanistan's National Solidarity Program. Occasional Paper: Peace Building Series No.2. Franklin, US: Future 27.

㊱ Unsworth, S. (2010), An upside down view of governance, Brighton: IDS. http://www2.ids.ac.uk/gdr/cfs/pdfs/AnUpsidedownViewofGovernance.pdf.

㊲ World Bank (2013), *Inclusion matters: The foundation for shared prosperity*, Washington D.C.: World Bank.

㊳ Ferguson, C. (2008), Promoting social integration: Background paper for discussion, Report commissioned by UNDESA for the Expert Group Meeting on Promoting Social Integration, Helsinki, Finland, 8 - 10 July http://www.gsdrc.org/docs/open/SE6.pdf.

㊴ Pritchett, L., Woolcock, M. & Andrews, M. (2013), Looking like a state: techniques of persistent failure in state capability for implementation, *Journal of Development Studies*, 49(1), 1 - 18.

㊵ Meuleman, L. and Niestroy, I. (2015), Common But Differentiated Governance: A Metagovernance Approach to Make the SDGs work, *Sustainability*, 7(9), 63 - 69.

㊶ World Bank. (2013), *Inclusion matters: The foundation for shared prosperity*, Washington D.C.: World Bank.

㊷ 自1992年以来,关于NCSDs发展的大事年表和信息详见:United Nations Department of Economic and Social Affairs, 2012, National Institutions for Sustainable Development: A preliminary review of the institutional literature, Sustainable Development in the 21st Century (SD21), Division for Sustainable Development, available at: https://sustainabledevelopment.un.org/content/documents/1372Study2_final.pdf.

㊸ Osborn, D., Cornforth, J. and Ullah, F., (2014), National Councils for Sustainable Development: Lessons from the past and present, Stakeholder Forum, available at http://www.sdplannet.org.

㊹ De Vries, M. (2015), The Role of National Sustainable Development Councils in Europe in Implementing the UN's Sustainable Development Goals: Overview and Conclusion, Background Paper commissioned by the German Council for Sustainable Development (RNE) and EEAC, available at http://www.eesc.europa.eu/? i = portal.en.events-and-activitiessustainable-development-goals-documents.37314.

㊺ For more information see A/RES/70/1, paragraph 78. http://www.un.org/ga/search/view_doc.asp? symbol = A/RES/70/1.

㊻ See annex.

㊼ 第一届里约热内卢地球峰会之后成立地球议会，它曾在全球范围内促进 NCSDs 会议，鼓励他们互相交换信息并相互学习（地球议会，2007 年）。但是，通过网站 www.ncsdnetwork.org 收集 NCSD 的相关数据在某一时刻被终止了（Niestroy，2012）。所以 2012 年建立了一个 NCSDs 及其类似机构的全球网络，希望填补这一空白，但不幸的是，由于预算方面面临挑战，这一全球网络不再活跃（www.ncsds.org）。

㊽ Osborn, D., Cornforth, J. and Ullah, F., (2014), National Councils for Sustainable Development: Lessons from the past and present, Stakeholder Forum, available at http://www.sdplannet.org.

㊾ Olsen, S.H. and Zusman, E. (2014), Governance and National Sustainable Development Strategies, Institute for Global Environmental Strategies (IGES) Policy Report, available at http://pub.iges.or.jp/modules/envirolib/upload/4973/attach/NSDS_report_combined_25_03_14.pdf.

㊿ Niestroy, I. (2012), Sustainable Development Councils at National and Sub-national Levels Stimulating Informed Debate: Stocktaking, Stakeholder Forum Sdg2012, available at http://www. stakeholderforum. org/fileadmin/files/NiestroySDG%20thinkpiece%20 -%20FINAL2.pdf.

(51) De Vries, M. (2015), The Role of National Sustainable Development Councils in Europe in Implementing the UN's Sustainable Development Goals: Overview and Conclusion, Background Paper commissioned by the German Council for Sustainable Development (RNE) and EEAC, available at http://www.eesc.europa.eu/? i = portal.en.events-and-activitiessustainable-development-goals-documents.37314.

(52) Meuleman, L. and Niestroy, I. (2015), Common But Differentiated Governance: A Metagovernance Approach to Make the SDGs work, Sustainability 2015, 7(9), 12295 - 12321.

(53) Osborn, D., Cornforth, J. and Ullah, F., (2014), National Councils for Sustainable Development: Lessons from the past and present, Stakeholder Forum, available at http://www.sdplannet.org.

(54) Niestroy, I. (2015), Governance approaches and tools for SD integration: good practice (what has worked where and why) at national level, paper for the UNDESA/UNEP Technical Capacity Building Workshop on Sustainable Development Integration Tools, Geneva, 14 - 15 October 2015.

(55) Niestroy, I. (2012). Sustainable Development Councils at National and Sub-national Levels: Stimulating Informed Debate: Stocktaking, Stakeholder Forum Sdg2012, available at http://www. stakeholderforum. org/fileadmin/files/NiestroySDG%20thinkpiece%20 -%20FINAL2.pdf.

(56) Olsen, S.H. and Zusman, E. (2014), Governance and National Sustainable Development Strategies, Institute for Global Environmental Strategies (IGES) Policy Report, available at http://pub.iges.or.jp/modules/envirolib/upload/4973/attach/NSDS_report_

combined_25_03_14.pdf.

⑤⑦ 议会通常由议院组成,通常是两院制或一院制。在一些议会制度中,首相是议会的一员(例如在英国),而在另一些议会制度中,首相不是其中一员(如荷兰)。首相通常是下议院的多数党领袖,但只要保持众议院的信心,就能保住自己的职位。在一些国家,权力的划分更加严格,行政人员不能成为议会或立法机构的一部分,也不能由议会或立法机构任命。在这样的体系中,议会不会选择或解雇政府首脑,而政府也不能要求提前解散议会,因为在议会中,行政人员也是议会成员。一些州由强大的国家元首和政府首脑共同对议会负责。

⑤⑧ Thomas, N. (2007), Towards a Theory of Children's Participation, *International Journal of Children's Rights*, Volume 15, p.199 - 218. DOI: 10.1163/0927 55607X206489.

⑤⑨ Gershon, I. (2008), Being Explicit about Culture: Māori, Neoliberalism, and the New Zealand Parliament. *American Anthropologist*, 110, 4, 422 - 431.

⑥⓪ Wall, J. and Anandini D. (2011), Children's Political Representation: The Right to Make a Difference. *International Journal of Children's Rights*. 19, 595 - 612.

⑥① OECD (2010), Gender inequality and the MDGs: What are the missing dimensions?, Paris: OECD http://www.oecd.org/dev/poverty/45987065.pdf.

⑥② Kabeer, N. & Natali, L. (2013), Gender equality and economic growth: Is there a win-win? IDS Working Paper 417, Brighton: IDS http://www.ids.ac.uk/publication/gender-equality-andeconomic-growth-is-there-a-win-win.

⑥③ Jones, H. (2009), *Equity in development. Why it is important and how to achieve it*, London: ODI http://www. odi. org. uk/sites/odi. org. uk/files/odi-assets/publications-opinionfiles/4577.pdf.

⑥④ Cerise, S., Francavilla, F., Loiseau, E. & Tuccio, M. (2013), Why discriminatory social institutions affecting adolescent girls matter, Issues Paper, Paris: OECD Development Centre. http://www. wikigender. org/images//0/08/Adolescent _ girls _ policy_brief_FINAL.pdf.

⑥⑤ World Bank (2013), *Inclusion matters: The foundation for shared prosperity*. Washington D.C.: World Bank.

⑥⑥ OECD (2012), Do discriminatory social institutions matter for food security? Paris: OECD, http://www.oecd.org/social/poverty/49756756.pdf.

⑥⑦ Branisa, B., Klasen, S., & Ziegler, M. (2013), Gender inequality in social institutions and gendered development outcomes, *World Development*, 45(0), 252 - 268.

⑥⑧ Ward, J., Lee, B., Baptist, S. & Jackson, H. (2010), Evidence for action: Gender equality and economic growth, London: Vivid Economics / Chatham House. http://www. chathamhouse. org/sites/default/files/public/Research/Energy,% 20Environment% 20and% 20Development/0910gender.pdf.

⑥⑨ OECD (2010), Gender inequality and the MDGs: What are the missing dimensions? Paris: OECD, http://www.oecd.org/dev/poverty/45987065.pdf.

⑦⓪ Kabeer, N. & Natali, L. (2013), Gender equality and economic growth: Is there a win-

win? IDS Working Paper 417, Brighton: IDS.

⑪ Jones, H. (2009). *Equity in development. Why it is important and how to achieve it*, London: ODI.

⑫ Cerise, S., Francavilla, F., Loiseau, E. & Tuccio, M. (2013), Why discriminatory social institutions affecting adolescent girls matter, Issues Paper. Paris: OECD Development Centre.

⑬ World Bank (2013), *Inclusion matters: The foundation for shared prosperity*, Washington D.C.: World Bank.

⑭ Stockemer, D. (2014), Women's descriptive representation in developed and developing countries, *International Political Science Review*.

⑮ Dahlerup, D. (2006), The story of the theory of critical mass, Politics & Gender, 2, 4, 511 - 522.

⑯ Krook, M. L. (2009), Analysing women's substantive representation: From critical mass to critical actors, *Government and Opposition*, 44, 2, pp.125 - 145.

⑰ See Women's rights are human rights (2014), at http://www.ohchr.org/Documents/Publications/HR-PUB-14-2.pdf.

⑱ Pitkin, H. (1967), *The concept of representation*, University of California Press.

⑲ Barnes, T. D., & Burchard, S. M. (2012), "Engendering" Politics: The Impact of Descriptive Representation on Women's Political Engagement in Sub-Saharan Africa, *Comparative Political Studies*.

⑳ Bauer, G., & Burnet, J. E. (2013), Gender quotas, democracy, and women's representation in Africa: Some insights from democratic Botswana and autocratic Rwanda, *Women's Studies International Forum*, 41, pp.103 - 112. Pergamon.

㉑ Lindberg, S (2004). Women's empowerment and democratization: The effects of electoral systems, participation and experience in Africa, *Studies in Comparative International Development*. 39, 1, 28 - 53.

㉒ Yoon, M. Y. (2011), More women in the Tanzanian legislature: Do numbers matter?, *Journal of Contemporary African Studies*, 29(1), 83 - 98.

㉓ Tripp, M., Casimiro, I., Kwesiga, J., & Mungwa, A. (2009), *African women's movements*, Cambridge, UK: Cambridge University Press.

㉔ Inter-Parliamentary Union, (2015), Women in Parliament: 20 Years in Review, Accessed 12 April 2016, http://www.ipu.org/pdf/publications/WIP20Y-en.pdf.

㉕ Bauer, G., & Burnet, J. E. (2013), Gender quotas, democracy, and women's representation in Africa: Some insights from democratic Botswana and autocratic Rwanda. *In Women's Studies International Forum*, 41, 103 - 112, Pergamon.

㉖ Hassim, S. (2010), Perverse consequences? The impact of quotas for women on democratisation in Africa, *Political Representation*, pp.211 - 235.

㉗ Stockemer, D. (2014), Women's descriptive representation in developed and developing countries, *International Political Science Review*.

⑱ Bauer, G., & Burnet, J. E. (2013), Gender quotas, democracy, and women's representation in Africa: Some insights from democratic Botswana and autocratic Rwanda, *In Women's Studies International Forum*. 41, 103 - 112. Pergamon.

⑲ Tripp, M., Casimiro, I., Kwesiga, J., & Mungwa, A. (2009), *African women's movements*, Cambridge, UK: Cambridge University Press.

⑳ Inter-Parliamentary Union (2016), Women in Parliaments, Accessed 10 April 2016. http://www.ipu.org/wmn-e/world.htm.

㉑ For a comprehensive review of trends in women's political participation, see the 2015 edition of the World of Women report, United Nations, 2015. The World's Women 2015: Trends and Statistics, New York: United Nations, Department of Economic and Social Affairs, Statistics Division. See also the forthcoming Report on the World Social Situation, United Nations, Department of Economic and Social Affairs, Division for Social Policy and Development.

㉒ See Women's rights are human rights (2014), at http://www.ohchr.org/Documents/Publications/HR-PUB - 14 - 2.pdf.

㉓ Inter-Parliamentary Union. (2015), Women in Parliament: 20 Years in Review, Accessed 12 April 2016. http://www.ipu.org/pdf/publications/WIP20Y-en.pdf.

㉔ Gagnon, J. P. (2011), Establishing Indigeneity in African Pluralities using PRO169 Parameters and a Case Study for Measuring their Inclusivity. *African and Asian Studies*, 10, 323 - 346.

㉕ International Fund for Agricultural Development, (2012), Indigenous peoples: valuing, respecting and supporting diversity, Accessed 13 April 2016. https://www.ifad.org/documents/10180/0f2e8980 - 09bc - 45d6 - b43b - 8518a64962b3.

㉖ Lauriola, V. M. (2013), Indigenous Lands, Commons, Juridical Pluralism and Sustainability in Brazil: Lessons from the Indigenous Lands of Raposa Serra do Sol, *Journal of Latin American Geography*. 12, 1, 157 - 185, DOI: 10.1353/lag.2013.0000.

㉗ 自20世纪70年代初以来,在原住民政策制定中,自主决定语言成为官方词典的一部分,并在和原住民事务相关的法律和政策领域引入了包括原住民土地权和原住民代表结构和组织。民族自决能对原住民产生持久的积极影响。Lino, D. (2010), The Politics of inclusion: The right of self-determination, statutory bills of rights and indigenous peoples, Melbourne University Law Review, 34, 839 - 869.

㉘ 越来越多的证据表明,原住民社区在社会和经济方面取得的成功与治理有内在联系。哈佛大学通过研究美国印第安人经济发展得出结论:在保留土地上取得的经济发展、教育、自然资源、地理位置或资金的可用性不像主权、管理制度、战略思考和领导能力的发展那样重要。Humpage, L. (2005), Experimenting with a whole of government approach: Indigenous capacity building in New Zealand and Australia, Policy Studies, 26, 1, 47 - 66, DOI: 10.1080/01442870500041744.

㉙ Stepien, A., Anna Petrétei and Timo Koivurova (2015), Sámi Parliaments in Finland,

Norway, and Sweden, in Tove Malloy, Alexander Osipov and Balazs Vizi (eds.), Managing Diversity through Non-Territorial Autonomy, Oxford University Press.

⑩⓪ As in the case of the Sámi people.

⑩① Xanathaki, A., and D. O'Sullivan (2009), Indigenous participation in elective bodies: the Maori in New Zealand, *International Journal on Minority and Group Rights*, 16, 2, 181－207, DOI 10.1163/157181109X427734.

⑩② Maddison, S. (2010), White Parliament, Black Politics: The Dilemmas of Indigenous Parliamentary Representation, *Australian Journal of Political Science*, 45, 4, 663－680, DOI: 10.1080/10361146.2010.517180.

⑩③ 可见联合国经济和社会事务部社会政策和发展司即将发行的《世界社会形势报告》。

⑩④ 总的来说,如果它在概念、针对性、操作性上具有创新性,那么平权行动就有可能解决种族间的不平等问题。然而,它的成功取决于平权行动的意识形态框架、政治控制程度、平权行动管理和监督结构的设计。Ratuva, S. (2014), Ethnicity, affirmative action and coups in Fiji: indigenous development policies between the 2000 and 2006 coups, Social Identities, 20, 2－3, 139－154, http://dx.doi.org/10.1080/13504630.2014.881281.

⑩⑤ Xanathaki, A., and D. O'Sullivan (2009), Indigenous participation in elective bodies: the Maori in New Zealand, *International Journal on Minority and Group Rights*, 16, 2, 181－207, DOI 10.1163/157181109X427734.

⑩⑥ Gershon, I. (2008), Being Explicit about Culture: Māori, Neoliberalism, and the New Zealand Parliament, *American Anthropologist*, 110, 4, 422－431.

⑩⑦ World Health Organization (2015), Disability and Health Fact Sheet. Accessed 21 April 2016. http://www.who.int/mediacentre/factsheets/fs352/en/.

⑩⑧ 关于对残疾的定义,国际上并没有公认的定义。在《联合国残疾人权利公约》中,残疾人士包括但并不局限于那些长期在身体、精神、智力或感官上有缺陷的人。由于交流具有各种障碍,可能会阻碍他们平等有效地参与社会。按国际分类、残疾和健康功能(ICF),"残疾"是对障碍、活动限制或参与限制的一个总括的术语,并且在这个国际分类中,人的功能和残疾在健康状况(疾病,伤害、创伤等)和语境因素(包括个人和环境因素)之间被认为存在动态的相互作用。UNWHO, 54th World Health Assembly. WH/A/54/VR9 (2001). http://apps.who.int/gb/archive/pdf_fles/WHA54/ea54r21.pdf? ua=1.

⑩⑨ 对残疾进行正确定义对于理解和改进可持续发展和残疾人之间的分界面至关重要。人们普遍认为残疾是一种从很少或没有残疾到严重残疾的连续体,而不是一种残疾/无残疾的二元状态。由于缺乏国际商定的方法来确定残疾人,不同国家仍以不同的方式来衡量残疾人。世界卫生组织和世界银行的一份联合报告确认了9项改善残疾人状况的建议,能够访问所有主流政策、系统和服务,投资于为残疾人士设定的专业课程及服务,采取国家残疾战略和行动计划,提高残疾人的参与度,提高人力资源能力,提供足够的资金,提高对残疾人的担负能力,提高公众对残疾的认识和理解,提高残疾数据收集能力,加强和支持残疾研究。World Health Organization & The World Bank. (2011), World Report on Disability. Accessed 22 April 2016. http://www.who.int/disabilities/world_report/2011/report.pdf.

⑪⓪ For more information, see the United Nations Convention on the Rights of Persons with Disabilities (2008), http://www.un.org/disabilities/convention/conventionfull.shtml.

⑪① Ibid.

⑪② Department of Economic and Social Affairs. (2015). Global Status Report on Disability and Development Prototype 2015, http://www.un.org/esa/socdev/documents/disability/2016/GlobalStatusReportonDisabilityandDevelopment.pdf.

⑪③ 另一个需要考虑的因素是,残疾人在寻求就业时需要的重新整合或培训。International Labour, Organization (2014), World Social Protection Report 2014/15: Building economic recovery, inclusive development and social justice, http://www.ilo.org/wcmsp5/groups/public/---dgreports/---dcomm/documents/publication/wcms_245201.pdf.

⑪④ Kall, W. M. (2014), Same law-same rights? Analyzing why Sweden's disability legislation failed to create equal rights in mental health, *International Journal of Law and Psychiatry*, 37, 6, 609 - 618.

⑪⑤ Oliver, M. (1990), The individual and social models of disability. In joint workshop of the living options. *Group and the Research Unit of the Royal College of Physicians*. Volume 23.

⑪⑥ 在20世纪90年代,学术团体承认,他们对残疾人的客观化普遍监督,扭曲了他们分析的结果,并对政策的实施产生了负面影响。这些分析导致了未来研究方法和研究重点的根本性转变。Stone, E., &Priestley, M. (1996), Parasites, pawns and partners: disability research and the role of non-disabled researchers, British Journal of Sociology, 47, 4, 699 - 716.

⑪⑦ 残疾人权利特别报告员的报告论述了残疾人的政治参与,见 http://www.ohchr.org/EN/HRBodies/HRC/RegularSessions/Session31/Documents/A_HRC_31_62_E.doc.

⑪⑧ 联合国以统计为目的,将15—24岁之间的人定义为青年。有关资料参阅 Secretary-General's Report to the General Assembly, A/36/215, 1981, http://www.un.org/ga/search/view_doc.asp? symbol = A/36/215.

⑪⑨《联合国儿童权利公约》,有关资料参阅 General Assembly resolution A/RES/44/25, 1989 http://www.un.org/en/ga/search/view_doc.asp? symbol = A/RES/44/25.

⑫⓪ 从这方面看,儿童的利益主要围绕着4个概念:动员、参与、影响和代表性。Wyness, M. (2002), Children, childhood and political participation: Case studies of young people's councils, The International Journal of Children's Rights, 9,193 - 212.

⑫① Munn, N. J. (2012), Capacity testing the youth: a proposal for broader enfranchisement, Journal of Youth Studies, 15, 8,1048 - 1062.

⑫② 一些国家,包括奥地利、波斯尼亚-黑塞哥维那、巴西、古巴和尼加拉瓜在内的国家已经将投票年龄降低到16岁(德国和以色列地方选举也是如此),东帝汶、印度尼西亚、塞舌尔和苏丹将投票年龄降低到17岁。在另一些国家,如加蓬、马来西亚和萨摩亚等国,参加全国选举的最低年龄必须达到21岁。Hurst, G. (2003), Ministers contemplate lowering the voting age to 16, The Times, 14 February 2003. Accessed 10 April 2016.

⑫③ 成年人对孩子的参与权以及18岁以下的年轻人的参与权有所保留,认为其缺乏能力、

对参政不感兴趣,并且认为孩子们应该远离成年人的压力,或者放弃将他们置于有利地位的权力。Matthews, H. (2001), Citizenship, Youth Councils and Young People's Participation, Journal of Youth Studies, 4, 3, 299–318.

⑫④ 自决的权利也被认为是成年人的某些责任和权利,因此被视为是威胁成年人的保护和既定角色。Wyness, M. (2002), Children, childhood and political participation: Case studies of young people's councils, The International Journal of Children's Rights, 9, 193–212.

⑫⑤ Matthews, H. (2001), Citizenship, Youth Councils and Young People's Participation, *Journal of Youth Studies*, 4, 3, 299–318.

⑫⑥ 此外,年轻一代选民登记的普遍下降趋势表明,当电子技术为年轻人提供了一个组织和行动去替代政治舞台时,年轻人反而越来越倾向于将社会运动和社区组织作为他们的政治利益和后续行动的平台。Fyfe, I. (2009), Researching youth political participation in Australia: Arguments for an expanded focus, Youth Studies Australia, 28, 1, 37–45.

⑫⑦ 即将出版的《2016 年世界青年报告》探讨了年轻人参与经济、政治和社区生活的问题。这份报告关注的是年轻人的公民参与。见 United Nations, 2016, "Youth Civic Engagement", World Youth Report, Department of Economic and Social Affairs, forthcoming, New York.

⑫⑧ Wall, J. and Anandini Dar. (2011), Children's Political Representation: The Right to Make a Difference. International Journal of Children's Rights, 19, 595–612.

⑫⑨ 为了最大限度地提高年轻人的参与性,青年委员会有以下的特点:会议地点和会议时间,年轻人感到舒适的地方;由青年设立的议程;可用选项的信息的供给,控制这些选择的程序和过程以及他们所做的决策的影响;真正的沟通;没有象征主义。

⑬⓪ Munn, N. J. (2012), Capacity testing the youth: a proposal for broader enfranchisement, *Journal of Youth Studies*, 15, 8, 1048–1062.

⑬① Wall, J. and Anandini Dar. (2011), Children's Political Representation: The Right to Make a Difference, *International Journal of Children's Rights*, 19, 595–612.

⑬② Bartlett, S. (2005), Integrating Children's Rights into Municipal Action: A Review of Progress and Lessons Learned, *Children, Youth and Environments*, 15, 2, 19–40.

⑬③ Guerra, E. (2002), Citizenship knows no age: children's participation in the governance and municipal budget of Barra Mansa, Brazil, *Environment & Urbanization*, 14, 2, 71–84.

⑬④ Bartlett, S. (2005), Integrating Children's Rights into Municipal Action: A Review of Progress and Lessons Learned, *Children, Youth and Environments*, 15, 2, 19–40.

⑬⑤ Wall, J. and Anandini Dar. (2011), Children's Political Representation: The Right to Make a Difference, *International Journal of Children's Rights*, 19, 595–612.

⑬⑥ Wyness, M. (2002), Children, childhood and political participation: Case studies of young people's councils, *The International Journal of Children's Rights*, 9, 193–212.

⑬⑦ Cabannes, Y., (2006), Children and young people build participatory democracy in

Latin American cities, *Environment & Urbanization*, 18, 1, 195 - 218. DOI: 10.1177/0956247806D0ow6n3lo9a7d3ed.

⑬⑧ For examples, see United Nations Department of Economic and Social Affairs, 2012, National Institutions for Sustainable Development: A preliminary review of the institutional literature, Sustainable Development in the 21st Century (SD21), Division for Sustainable Development, available at: https://sustainabledevelopment.un.org/content/documents/.

第五章

发现可持续发展的新兴问题

一、引　言

《全球可持续发展报告》是联合国的出版物，目的是加深高级别政治论坛的科学政策交集。这一交集指科学家、决策者和其他权益方之间交流思想，他们共同开发知识，丰富政策、决策过程和研究的多种方式。[①] 2015 年的报告强调了利用这些联系来识别各领域可持续发展新兴问题的重要性，包括它的社会和经济维度。[②]尽管寻找新兴的问题可以用很多方法，但共同特征是专家参与和利用科学证据、评估和预测的正式化过程。

科学政策的交集涉及信息和知识的交换，从而引发学习，最终改变决策和行为。它可以在政策和决策过程的不同阶段提供不同功能。例如，科学建议可以引导公众来关注那些威胁人类福利、需要政策干预的问题。许多环境和健康问题（如气候变化、疟疾、艾滋病）通过基于科学知识的意识创造过程，而被带到政治关注的前沿。有时候公众没有关注，问题尚未进入政策圈的时候，可用科学知识来引起决策者注意，提出问题的定义，并对不同政策选择的潜在影响进行评估。总之，让决策者了解未来新的机遇和威胁，并对缓慢变化和突然冲击都做好准备，这是很重要的。

决策者面对各种各样的分析、定级排序和关于新兴问题的建议，他们要从各个视角去做准备。然而，获得的材料在级别（地理和时间级别）上，在问题的重要性上，都是不同的。事实上，对于高级别政治论坛的决策者来说，这些材料都不是备而待用的。因此，有必要从可持续发展的角度，对现有材料进行系统化处理。2016 年秘书长在全球会议上关于跟踪和评估的报告指出，高级别政治论坛的一个关键使命是解决新出现的新兴问题。③

对 2014 年和 2015 年报告中出现的新兴问题进行初步审议后，人们感到，问题在于相对缺乏准则：其一，系统性地确定政策制定者可能要考虑的一系列问题；其二，对这些问题进行分类，并提交出来。第五章的目的是概述发现可持续发展问题的现有方法，提供并展示一种从未来《全球可持续发展报告》角度来发现新兴问题的方法。本章的第一部分围绕政策讨论：确定哪些是新兴问题，标准是怎样的，介绍“浏览”是找出新兴问题的主要方法，同时提供一个合理框架对新兴问题进行分类。这部分还提供来自各种渠道的新兴问题样本。这些资源对决策者可能考虑的新兴问题给出了广泛的描述。本章的第二部分着眼于专家对新兴问题的评估，这作为一种演练，目的是探索和应用一种新的方法来确定可持续发展的新兴问题。

二、发现新兴问题

与决策者有关的“新兴问题”理念和可持续发展议程，可以有许多方法来进行概念化(参见链接 5-1)。可持续发展的广阔范围说明，任何社会的、经济的或环境的过程，或科学承认的任何挑战，都有可能相关的。而所谓“新兴”，可以指某些问题的新颖面或强化了，可以指对其原因或后果的新理解，指开发出新的管理方法，也可以指对以前未被认识的问题的发现。不过，发现新兴问题的内在主观过程，可以由标准来引导，而标准是通过对特定领域(如全球环境)的兴趣来选择的。

例如，表 5-1 所示，一个常见的起点是对概率和影响进行评估，附加标准欢迎更细致的分析。因此，在考虑环境方面的新兴问题时，评估效应可能的持久性是非常重要的。我们还必须认识到，是哪些人认为某一个问题是新兴问题，为何这样认为，这是很重要的，因为这关系到有效的政策行为。科学的发现和支持是必要的，但是一个问题是否走到前台，还取决于政治过程和社会规范。

链接 5－1　新兴问题及其新颖性

对“新兴”认可基础是“新颖性”，但不一定是闻所未闻的或令人吃惊的问题。新颖性可能产生于：

1. 新的科学知识，采取新的数据、证据、理论或模型为形式；
2. 新技术的发展；
3. 新的尺度或冲击率加速；
4. 认识水平的提高；
5. 处理已知问题的新方法。[④]

表 5－1　发现新兴问题的标准

标　　准	解　　释
风险评估	
发生概率	发生可能性
潜在破坏的影响/程度	对社会、经济、环境的影响
一般/截面	
持久性	环境的短期到长期效应，长期延误
不可逆性	破坏/伤害不可补救
潜伏/延迟反应	原因事件与破坏/伤害之间的间隔
到处存在	地理因素（地方到全球），跨越可持续发展的多个维度
新颖性	决策者觉得是新的，不符合流行的科学理解
动员潜力	政治关联度
合理性	明确的因果链，权威的来源，基于证据
可解决性	认为在现有模式中，利于人的干预
优先性	在社会文化规范上的重要性，对弱势群体的影响

资料来源：德国全球变化咨询委员会（1998）；[⑤] Amanitidou 等（2012）。[⑥]

发现新兴问题的过程可以有多种方式，但一个共同起点是“浏览”不同来源的问题，这是借鉴了联系的目的。“全面浏览”被定义为“系统考察潜在的问题、威胁、机会和未来可能的发展,包括处于当前思维和规划边缘的问题。全面浏览可以探索新的和意想不到的问题,以及持续存在的问题、趋势和弱信号。”[8]弱信号是出现新兴问题的第一个信号,也是可能发生变化的指标。[9]

更广泛地看,浏览通过获悉可能发生的情况和其他指向未来的演练,通过强调组织之间的网络构建和知识交流,能服务于策略制定。[10]图 5-1 把“浏览”放在指向未来决策工具的广泛背景中。

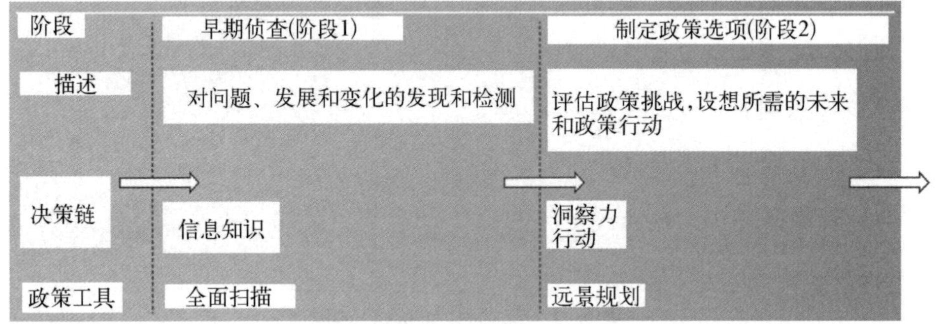

图 5-1 预见程序的简化阶段

资料来源:Habegger(2009)。[7]

探索性浏览着眼于从不同来源的大量数据中收集潜在的新兴问题,而一种以问题为中心的方法,则着重识别描述潜在问题重要部分的核心文档。因此,为了避免出现对新兴问题的肤浅看法,应该参考尽可能广泛的信息源,并考虑到演练的范围和目的。人的感觉的作用,特别是专家意见的作用,在发现新兴问题的各种方法中起关键作用。广泛而言,问题的形成——受共同假设和世界观的引导——决定了哪些问题属于新兴问题。[11]

即使是一个有指导的浏览过程,也可能产生大量问题。为了找出全球决策者考虑的问题,用过滤方式筛出主要属于地方或国家的问题。为了环境问题,要改造德国全球变化顾问委员会[12]提出的“全球过滤器”,下面的问题可能有助于过滤新兴问题,供高级别政治论坛的国际决策者考虑:

1. 此问题是否与可持续发展目标紧密相关?

2. 此问题构成全球潜在威胁还是机会?

3. 风险管理或驾驭机会是否取决于国际行动与合作？

4. 此问题是否会持续（非暂时的）？是否有明显的上升趋势？

图 5－2 以图解方式列出了对问题的浏览过程，用“过滤器”筛选出对决策者有潜在关系的问题。

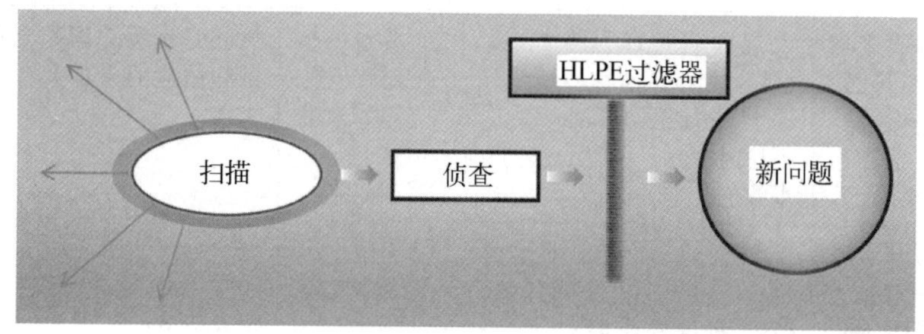

图 5－2　高级别政治论坛发现新兴问题的图解

（一）新兴问题框架

在对问题进行探索性的浏览之后，下一步通常是对问题进行集群化或分类，以方便分析和判断。[13,14]决策者可以使用各种框架——什么框架管用，取决于研究的背景和总体目标。理想情况下，框架应该是相当灵活的。为了搞清楚哪个框架最适合可持续发展环境，决策者针对从选出的评估和报告中产生的新兴问题（参见表 5－2），根据以下三个框架进行分类：

1. STEEP 框架：社会、技术、经济、环境和政治；

2. “Kates”框架：文献中的“可持续发展”定义所涵盖的领域和问题；[15]

3. DPSIR 框架：驱动力-压力-状态-影响-反应。[16]

STEEP 框架是最直接的分类法，用于对潜在新兴问题进行宽泛分类，这些问题适用于多个学科和分析模式。DPSIR 框架是描述社会与环境之间互动性的一个因果框架，因此，它最适合与环境相关的新兴问题。Kates 框架处理法更广泛，包括 6 个类别：自然、生命支持、社区、人民、经济和社会。事实证明，对初始集群化工作来说，STEEP 框架比其他两个框架更合适。这并不是说它本质上就是优越的；相反，实际上它能非常轻松而一贯地用于相当广泛的目标问题。此外，在STEEP框架中使用的类别，是关注对象不同的组都很熟悉的。

表5-2　精选的重要报告和评估所发现的新兴问题

新兴问题来源	社　会	技　术	经　济	环　境	政　治
具有最高平均影响和可能性的“全球风险”（世界经济论坛，2016）	大规模自愿移民； 深刻的社会不稳定； 水源危机	网络攻击	重要经济体的财政危机 失业和就业不足； 资产泡沫	气候变化缓解和适应的失败	国家之间的冲突
未来3年有影响的全球十大风险（瑞士再保险，2015）	生活方式药物； 流行病风险上升	预见性维护 LED灯的危险	去全球化； 大货币实验	“超自然”灾害； 巴西干旱； 野火； 化石燃料管理	
风险和机会（全球机会报告，2016）	浪费的一代： ——数字劳动 ——市场 ——缩小技能差距 全球食品危机 ——新的饮食 ——智能农业	抵制拯救生命的医学： ——免抗生素食物 ——精确治疗 加快交通排放： ——灵活机动 ——集群运输		失去海洋生物多样性： ——再生海洋 ——经济 ——关闭循环	
全面浏览2016年环境资源保护问题（萨瑟兰等，2016）		人工智能； 电脉冲拖网； 渗透能力； 卫星获取船载自动识别系统； 被动性声波检测，防止非法活动； 濒危动物的合成体； 调节灌溉的人工冰川	改变能源储存和消费模式的成本	蜜蜂作为带菌者被管理； 增加人工海岛建设程度； 水生睾丸酮浓度增加； 工程纳米粒子对陆地生态系统的影响； 入侵物种是遗传多样性的储藏所	中国的生态文明政策； 北冰洋中不受管制的渔业威胁到鱼类资源的扩大

续表

新兴问题来源	社　会	技　术	经　济	环　境	政　治
联合国秘书长科学咨询理事会识别的人类和地球未来最大的挑战(联合国秘书长,2016)	确保对基本科研和基础科学教育的投资占GDP的一定比例;为所有人提供饮用水	免排放技术:改变化石燃料范式	一个海洋,众多国家:建设“蓝色经济”的可持续性	解决对生物多样性的威胁,为热带建立新的范式;实施针对传染病的综合战略,包括全球即时反应体系	通过预测避免巨大的人类灾难;为被资源不平等使用和人口不断增长而压垮的世界寻找解决方案

资料来源:世界经济论坛;[17]瑞士再保险公司;[18]联合国全球契约;[19] Sutherland 等;联合国教科文组织对《全球可持续发展报告(2016)》的贡献。[20]

表 5-2 说明了在 4 个报告和评估中找出的新兴问题的分类,评估和报告从不同角度为不同受众来准备的。在这个样本中,社会和政治类别在问题中占比最低;然而,问题的分布对于报告的类型和数量是敏感的。例如,表 5-2 中列出的大量与技术相关的问题,体现了在浏览阶段(见图 5-3)使用的一份报告(《2016 年环境资源保护问题报告》)。此外,有些新兴问题可能进入几个类别——被归入社会、技术、经济或政治类别的问题,也可能进入环境类别。

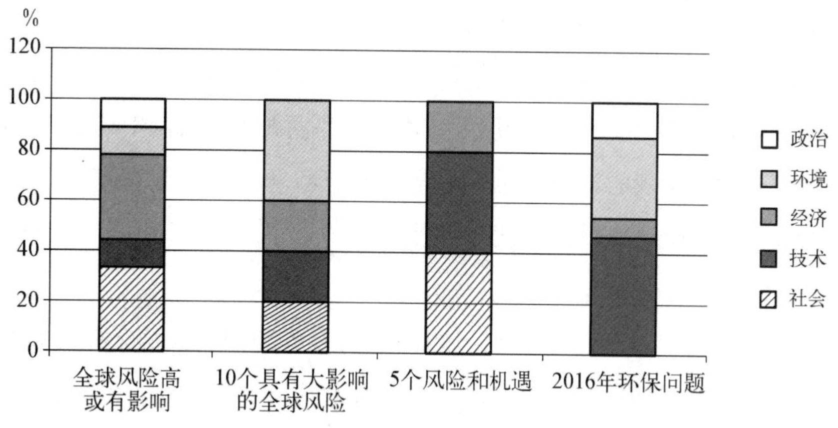

图 5-3　根据类别和数据来源划分的新兴问题百分比

在提出可能出现的问题时,根据粗略的时间框架进一步把它们分组,可能会很有用。表 5-3 说明了这一点。引入新兴问题的时间维度,有助于澄清机构和决策层是否对某个问题存在潜在兴趣。结果可以以表格的形式呈现,在表格中,可以再次使用 STEEP 框架,通过背景和时间来整理新兴问题。

表 5-3 新兴问题和参考时间表

STEEP		预计影响	
0—2 年		2—5 年	5 年以上
社会	暴力	深刻的社会不稳定; 出台综合的传染病综合战略,包括全球即时反应系统	确保对基本科研和基础科学教育的投资占 GDP 一定比例; 向所有人提供饮用水
技术	网络攻击	通过预测避免重大人类灾难	免排放技术:改变化石燃料范式
经济	重要经济体的财政危机	失业与就业不足; 资产泡沫	一个海洋,众多国家:建立可持续的"蓝色经济"
环境	新出现的疾病	水源危机	气候变化缓解和适应的实效; 应对生物多样性威胁,确立地球热带的新范式
政治	大规模自愿移民	国家之间的冲突	为被资源不平等使用和人口连续增长压垮了的地球寻找解决方案

(二) 从不同来源发现新兴问题

除了上述报告之外,《全球可持续发展报告(2016)》的准备工作还包括来自各种来源的材料:(a) 在联合国系统内的新兴问题识别机制中选出的问题,(b) 国家科学院发现的新兴问题和科研重点简述,(c) 从主要学术期刊选出的问题,(d) 来自众包科学简报的相关观点综述。

1. 联合国全球举措

联合国许多机构参与了新兴问题的识别过程和相关演练。在有些情况下,这样的过程长期存在着,而其他的则是最近的。根据《2030 年议程》,预计将有更多的联合国机构把重点放在发现可持续发展新兴问题上。以下是来自联合国实体新兴问题识别过程和相关演练的例子。选出的例子在附录1中。例如，联合国环境规划署利用链接5－2中的标准，提供了区域过程发现的新兴问题的信息。此外，联合国秘书长科学咨询理事会使用德尔菲法识别了人类和地球未来最大的挑战，基于对这些挑战的研究结果，联合国科教文组织为《全球可持续发展报告(2016)》作出了贡献。联合国教科文组织的政府间海洋学委员会也提供了这个特定领域的新兴问题清单。

链接5－2　联合国环境规划署SP7新兴问题项目

该项目的重点是界定新的环境问题，并着眼于发现和挑选区域范围内的新兴问题的过程。从地区角度来看，新兴问题必须对相关地区的可持续发展有重要影响，并在该地区被视为重要问题，但尚未得到政策界的足够重视。它应该要求决策者和权益方视其为立即落实的重点行动，还必须以证据为基础，包括科学和传统的知识来源，以“新颖”为基础来认识“新兴”。

链接5－3　联合国科学咨询理事会使用的德尔菲方法

德尔菲法用于提炼知识，并在不同一地理位置的专家之间建立可靠的共识。它涉及有计划、连续地询问一个专家小组，由联合国秘书长科学咨询理事会成员给出受约束的反馈。在德尔菲第一轮调研时，提出23个重大想法，它们将在解决可持续发展目标的落实问题时具有全球影响。在第二轮中，董事会成员系统地评估了这些想法。结果列出了八大挑战。

链接5－4　古老草原面临风险

森林砍伐的问题使人们开始寻找适合重新造林的地区，而大面积的开放式草原植被被认为是可能的地方。然而，最近的研究表明，草原往往很古老，具有高度生物多样性，并不是退化的次产物。不过，大规模区分一级和二级草原，仍然是困难的。[21]

2. 国家科学院

国家科学院在该国重视的所有科学领域,进行协调,有时规定科研重点,从而在学术上发挥重要的作用。国家科学院也负责经常向政府提供有关科技的独立的、客观的建议。国家科学院的成员资格是科学家的最高荣誉之一。因此,人们认为,国家科学院是科学新兴问题一个有效的信息来源,能推动多种国家重点领域。

表5-4中所列的新兴问题,是国家科学院发布的公开报告和声明中汇集的问题简述,有些问题来自国家科学院接到电子邮件要求后直接给出的信息。它代表一些国家科学院使用STEEP框架时所考虑的问题列表。从问题的选择来看,至少在这个国家科学院样本中,它们解决的问题显然在可持续发展范围内——水,传染病、对极端天气的复原力——以及更“先进”的科学研究,比如涉及人工智能的科研。

表5-4 国家科学院思考的问题选择

新兴问题	英国皇家学会	匈牙利科学院	塔吉克斯坦科学院	巴西科学院	斯洛文尼亚科学艺术院	喀麦隆科学院
社会	食物与环境安全	劳动力市场地位和教育对欧洲青年主观幸福感的影响	改进教育质量	被忽视的疾病	斯洛文尼亚高等教育的状态和地位,斯洛文尼亚语新辞典	为改进尼日利亚妇女儿童营养而发展农业
技术	太阳能地质工程	核分析技术的应用和发展	传染病的预防、诊断和治疗方法		生物机器人,计算、人工智能和互联网的风险	喀麦隆抗疟疾药物的抗药性
经济	从科学和创新进行长期增长	农业食品部门产品供应链的国际比较,欧盟和国家市场竞争力与绩效的决定因素	塔吉克斯坦经济机制与市场开发的关系			

续表

新兴问题	英国皇家学会	匈牙利科学院	塔吉克斯坦科学院	巴西科学院	斯洛文尼亚科学艺术院	喀麦隆科学院
环境	针对极端气候的复原力	把未来地球观测数据和模型结合起来,改进对欧盟内陆水域生态状况的监测和预测	监测水资源及其综合使用	亚马逊流域的森林法典和科学	森林和木材	
政治	在灾害、发展和气候变化问题上联合行动	冷战后时代边界概念的潜力与挑战	S&T 政策与政治	科技与创新的国家政策		喀麦隆国家生物技术政策框架的要素

3. 来自主要期刊的问题

对新兴问题浏览的最简单形式,是以权威的、同行评议的系列学术期刊为基础。[22]鉴于《全球可持续发展报告》的目的,挑选相关文章的标准是:知识或技术的重大突破,可能对可持续发展、对全球的长期意义有重大影响,大大提高了科学对这个问题的兴趣,要求或暗示有必要采取政策行动,或提出新的可持续的商业机会。链接 5-5 和链接 5-6 列出了主要科学版物很重视的两个例子,这两个例子超越了本身的学科界限,可能与未来的可持续发展相关。

链接 5-5 通过深度神经网络和树形检索来掌握围棋的游戏,西尔弗等人,2016 年

围棋一直被认为是最具挑战性的经典的人工智能游戏,因为移动可能性太多,评估棋盘状态又很难。它需要一种不同的方法来处理 IBM 计算机中使用的一种程序,这个程序在 1997 年击败了世界领先的国际象棋选手,令人瞩目。对围棋计算机博弈手而言,深度神经网络是通过人类专家博弈的监督学习和自玩游戏强化学习的新颖结合所训练出来的。自从这项研究发表以来,电脑围棋博弈手击败了世界上最厉害的人类围棋选手,成绩是 4∶1。[23]

4. 众包科学简报

众包简报是来自世界各地科学界的信息,它们突出与可持续发展有关的一个特定问题、发现或研究,也可涉及它们之间的相互联系。为《全球可持续发展报告(2016)》服务的科学简报,要求作者去考察与某一特定问题相关的最新发现,解决一个重要问题,或提出一个问题的解决方案。该简报中的要求(联合国所有 6 种官方工作语言都可看到要求)特别指出,来自自然和社会科学界以及来自所有学科的文章,都会受到高度重视和欢迎。对简报作者的要求是行文简明扼要(不超过 1 500 个单词),文章实事求是,以同行评议的文献为基础;还建议从当前的科学辩论中突出重点,以引起决策者的注意。

对科学简报的公开呼吁引来世界各地的 70 多份稿件。大部分简报是用英文写的,也有用中文、葡萄牙文、俄文和西班牙文写的。大多数写稿的科学家都与发展中国家和发达国家的大学或研究中心关系密切。

表 5-5 使用前面介绍的 STEEP 框架,根据议题展示了简报披露的一些问题。简报占比最大的是与社会范畴相关的问题,其次是技术、经济、环境和政治问题。尽管这是不同的研究人士所认同的问题的随机集合,但考虑这些问题仍然有价值,因为可能会显示出一些其他过程不一定能发现的新兴问题。

表 5-5 众包科学政策简报(2016)的分布及其样本问题

社 会	技 术	经 济	环 境	政 治
20 份简报	14 份简报	4 份简报	14 份简报	10 份简报
城市健康	人工智能	绿色经济	热浪	《2030 年议程》中议题回顾

续表

社　会	技　术	经　济	环　境	政　治
性别主流化	绿色基础设施	绿色职业	气候变化与社会	地区合作 环境 中国的治理
可持续发展教育	大数据：挑战和机遇		城市风暴水：挑战和机遇	城市可持续性 现实政治的转变

资料来源：作者的汇编。

图5-4展示了为响应2015年和2016年《全球可持续发展报告》呼吁而提交的简报的多样性，指出它们涉及17个可持续发展目标，并显示了它们之间的联系。

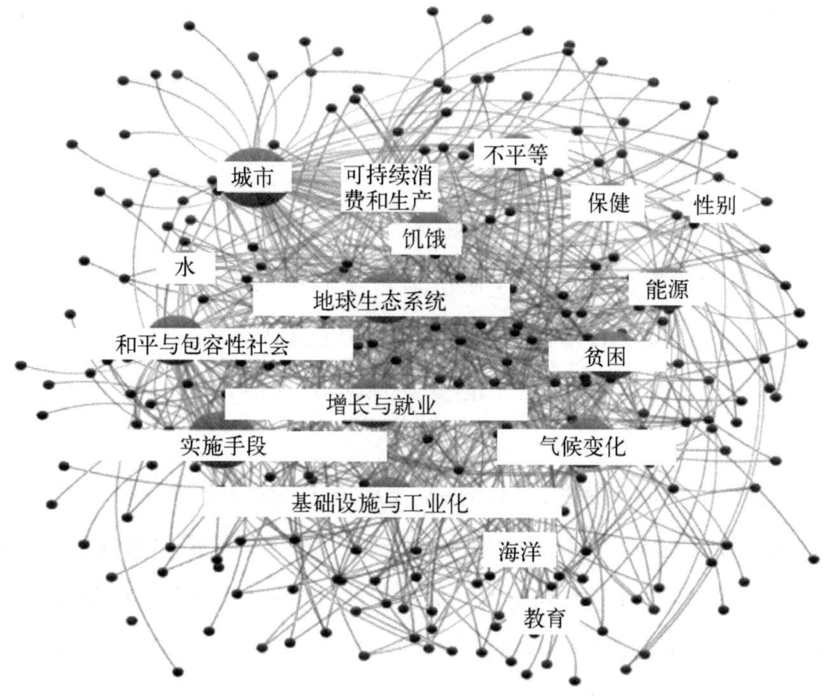

图5-4　可持续发展目标的科学简报及其覆盖面一览

注：提交的简报用棕色(2015)和绿色(2016)圆圈作为标记，并与标记圆圈相连。节点的大小与连接的数量成正比。

下面将从《全球可持续发展报告(2016)》收到的简报中挑选出一些重点,包括新的令人注意的发现。其他简报的内容在其他章节(第一章、第二章和第三章)中介绍。值得注意的是,大量简报都谈及技术问题,第三章也有所介绍。

许多简报考察了推动向可持续发展转变所必需的新范式,新范式含有对社会福利(公共卫生、幸福、环境质量、读写能力)的广泛理解,它把可持续发展与以人均GDP衡量的经济增长区分开来,并促进社会改革,以减少不平等。[24]

职业在实现变革过程中所起的广泛的制度角色是很重要的,因为兑现可持续性可能不得不挑战深层制度化的信念和做法,这样才能创建新的组织模型和工作安排,并使之制度化。[25]因此,重要的是科学、技术和创新政策必须通过理论和实施层面上的国际协调来获得发展。[26]许多简报都提出方法,要求促进科学家、工程师、实践者、权益方和决策者之间的对话。[27]许多简报都认识到,必须对涉及多个可持续发展目标的横截面问题进行综合评估,这样才能拟定具有多种关联性的方法。[28]

5. 可持续城市化、基础设施和就业

加强科学政策交集面,对于解决城市发展中的新兴问题和建设有复原力的城市至关重要。目前衡量全球城市化状况和城市化程度的方法必须更新,这样决策者和公民社会才能更好地解决当前的和正在出现的城市挑战。[29,30]

在许多国家,转向绿色经济需要有发展可再生能源产业的机会,如果重视教育、培训以及技术和非技术工作的技能发展,在再生能源领域就有创造就业的巨大潜力。[31]城市地下空间也值得加强关注,这不仅因为有基础设施,还因为地质、地貌和生态过程会影响城市的复原力。[32]区域合作的环境治理在一些领域正在进行,以使经济发展与生态和社会关注得到平衡,确保公民社会组织、行业协会、媒体和社区的参与。[33]在城市结构中,金融、政治和社会的努力和创新必须越来越有协同性和包容性。[34]

难民营的特殊困难和结构，可以理解为空间现象，通过这个空间，应用城市社会政策有可能为居民提供相对自主权，可以推动自治组织的发展，最后产生难民与政府的合作，为流离失所的脆弱群体找到可持续的结果。[35]

6. 公共医疗、洁净水和空气

雨水再用作为抗衡气候变化对水资源影响的重要适变措施，虽然有很大潜力，但雨水径流中危险的水污染物也越来越多，如工业化学品、药品和内分泌干扰物，这是对公众健康和生态系统服务的新威胁，尤其在缺水的城市地区。关于新式水处理过程的最新研究，已经开发出一种可持续的水处理替代方案，如低成本的太阳能方案，但需要各类行动者的协调行动，来推动实地应用和扩散。[36]在大多数国家，为了保护公共卫生和指导最佳做法，还需要全面推广雨水再利用严格的科学指南。[37]

需要采取紧急的全球行动，通过可持续的药物开发来加速预防、控制、消除被忽视的热带疾病。[38]埃博拉疫情的爆发说明卫生问题的社会经济决定因素具有关联性，尤其是在非洲贫困和弱势的社区。有一份简报指出，需要加强组织和实施全球卫生紧急反应系统，包括全球统一的应急队伍，同时使非洲的卫生系统和基础设施更为强大，更有复原力。[39]

需要采取新的战略和新的思维方式，最大限度地提高有关新兴问题的大数据在医疗政策中的道德影响和持续影响，"确保不让任何一个人掉队"。[40]灾害医学的统一标准有助于未来医疗工作者的能力建设，使他们能有效应对人道主义和灾害危机，促进社区的复原力和可持续发展。[41]全球医疗政策智库和学术机构在确保有效知识共享、技术援助以解决实施的困难方面，以及在创建创新战略、提高全球医疗水平的方面，起了关键作用。[42]

7. 情况特殊的国家

虽然这一章关注的是高级别政治论坛要解决的有关全球的问题，但不同的新兴问题在不同的地理层面可能有其最相关的内容，从地区到国家，到次国家层面。在国家层面，有些新兴问题可能是具有某些特征的国家所共有的。联合国的政府间流程和立法所划分的类别有：最不发达国家、内陆发展中国家和小岛屿发展中国家。重要的是要关注最不发达国家，它们占世界人口的12%，占全球贫困人口的24%。[43]许多内陆发展中国家在最贫穷国家之列。[44]小岛屿发展中国家资源有限，地理位置偏远，易受自然灾害影响，易受外部冲击，对国际贸易过度依赖，环境脆弱(参见链接5-6)。

链接5-6　最不发达国家、内陆发展中国家和小岛屿发展中国家的新兴问题

最不发达国家

最不发达国家是贸易和发展挑战相结合的脆弱经济体，内外部的冲击将进一步恶化其脆弱状态。诸多证据表明，气候变化加剧了现有的贫困，加剧了不平等，引发了新的弱点，成为威胁倍增器。[45]这类国家另一个新兴问题是，很难为目前进入劳动力市场的年轻人创造就业机会——据估计，这批人每年将增加1 020万。[46]这类国家的全球贸易占比依然是很低的1%左右。[47]

内陆发展中国家

在31个内陆发展中国家中，有一半属于最不发达国家。除了较高的贸易成本外，内陆国家的平均出口还不到其海洋邻国人均水平的一半。[48]内陆国特别依赖邻国的和平与稳定，以维持国际贸易。当过境国受到内战或其他形式的社会动荡影响时，运输路线可能会被破坏或关闭，导致主要贸易走廊改道，甚至运输中断。[49]总之，内陆国在发展方面几乎没有进展，世界上20个排名最低的国家中有10个是内陆国家，内陆国和沿海发展中国家的差距正在扩大。[50]

小岛屿发展中国家

人口因气候变化而流离失所，是小岛屿发展中国家的一个新兴问题，而广泛的移民也加剧了不利气候的影响。然而，保护由于环境退化而跨国迁徙的移民的国际法是有限的。[51,52]

另一个新兴问题是持续的海洋酸化和与之相关的珊瑚白化的影响。海洋酸化可能导致海洋资源的歉收，因此对小岛屿发展中国家的渔业产生明显的影响。[53]由于珊瑚礁在渔业生产、水产品加工、海洋多样化、海岸保护和旅游业中起重要作用，所以珊瑚礁的丧失将对经济、社会和环境的生态系统产生重大影响。

三、专家对新兴问题的评估

探索性浏览的一种常用方法，是通过专家和专家网络。[54,55,56]在收集问题的过程中，最初的问题表在专家的投票和讨论过程中被削减。各种调研领域都是这样的做法。例如，2014年，国际南极社群聚集在一起，“全面浏览”，以确定未来20年更重要的科学问题。[57]另一项最近的咨询和优先考虑的活动旨在确定2015年后发展议程的100个关键研究问题，将从事国际发展的学者和实践者的研究兴趣和研究重点汇集起来。[58]

作为《全球可持续发展报告》的一项举措，一个专家组会议的召开，聚集了来自不同领域的20名专家。在这次面对面的会议中，专家们考虑了识别新兴问题的潜在标准，还考虑了决策者可能考虑的一系列新兴问题。为此，专家进行了一项指导性的优先排序活动，其基础是来自电子调查的指导性问题列表。

在会议之前，通过开放式的在线调查收集了新兴问题的初步列表，分发给可持续发展和科学家群体的成员。下一步，包含85个问题的电子调查分发给专家会议的参与者，还发给更多专家，他们受邀为问题的重要性打分。算出平均分数后，产生了排名表（见链接5－7）。

为了撰写本章而进行的浏览，在不同规模、不同学科领域和不同焦点方面，发现了若干候选问题。在讨论中，建议专家使用以下标准：区域相关性；

链接 5－7 专家在指导性重点排序中挑选的重点问题

为可持续发展目标建立全球的、地区的、国家的和地方的治理机制。

应对日益增强的气候变化影响。

收入和财富不平等的加剧带来的政治不稳定和社会动荡。

确保所有人能获得廉价的、可持续的、可靠的现代能源服务。

加快实施环境友好的可再生能源。

必须开发其他经济模式,使经济增长摆脱资源利用,尽可能缓解环境退化。

必须保护和恢复生态系统。

全球贫困在持续,包括富裕国家的穷人。

加强合作来落实可持续发展目标。

各国家庭财富的分配极不平等。

加强发展中国家的社会保护和环境保护,作为降低不平等和对抗环境退化及气候变化的手段。

综合评估可持续发展的路径。

提高城市和居住区的可持续性、包容性、安全性和复原力。

海洋鱼资源的枯竭和海洋资源的开发。

科学与政策行动之间的时间滞后几十年。

由于人口、气候和其他原因的变化,造成的各种人口流动。

促进可持续的工业化。

由于气候变化,尤其是非洲的气候变化,未来农业产量将减少。

医疗系统资金不足,特别在发展中国家。

出台《2030 年议程》所需的治理形式和方法。

政策相关性,紧迫感,以证据为基础,事件的概率和影响,持久性,不可逆性,潜伏/延迟反应,无处不在,新颖性,动员的潜力,此问题在全球的传播度(见表 5－6)。必须根据透明标准来选择和评估问题,这是明确的。同样,必须探索问题之间的联系，如有可能，把问题综合起来，并找出共同的主题，这也是很明确的。

专家讨论了网上调查获得的排在最前面的 20 个议题。对不同领域进行初始分类，可以认识到 STEEP 框架的作用。然而，专家认为，采取额外步骤，把与价值观、威胁、机会、因果机制和反应相关的问题区分开来，是很有好处的。因此，专家决定透过这个棱镜来观察数量有限的例证性新兴问题。对于每个问题，专家都考虑了与该问题的发展同时出现的新的威胁。然后，专家讨论了解决全球政治层面的这些新兴问题所带来的机会和相应的因果机制。

随后，专家还研究了减轻新出现的威胁的可能的行动和应对措施，最后，考察了每个问题的主要特点，总结了政治行动的主要注意事项和变化。表 5 - 6 和下文使用从浏览获得的 4 个问题，阐明了这一方法。

1. 建立全球的、地区的、国家的和地方的制度机制和合作关系

可以说，发展的制度和制度机制的缺失联系，可以解释发展中国家中增长速度和发展趋势之间的差异。[59]各个层面的个人和团体之间的合作和信任，是具有重要经济效益的社会资产，因为它使人们能够达成协议并进行交易，否则就一筹莫展。[60]建立制度机制和合作关系，对于确保全球可持续发展，兑现“不让任何一个人掉队”的承诺，是至关重要的。

2. 应对越来越大的气候变化影响

气候变化是 21 世纪人类发展面临的一个典型挑战。降雨量、气温和水资源的变化将对脆弱国家造成极其严重的影响。尽管气候变化由来已久，但专家一致认为，它仍是一个新兴问题。首先，这是由于科学理解和政治行动之间的时间滞后。其次，有证据表明气候的全球影响在升级。[61]专家认为，影响发展的速度超过了预期，对政治决策过程和社会应对构成了挑战。

3. 解决富国和穷国的贫困问题，解决各国的财富分配极不平等的问题

虽然大多数地区的贫困率都有所下降，但进步却参差不齐。过去 20 年东亚的积极趋势，使得极端贫困人数减少 80%，而撒哈拉以南非洲的贫困率仍在 40%以上。[62]非洲有可能得益于工作年龄人口的增长，但这需要生产性就业的

表 5-6　结构框架内的新兴问题举例

新兴问题	要维护的价值观	威　胁	机　会	因果机制	应对/行动	关键的新特征
	社会价值观(自由、平等、团结、宽容、尊重自然等)	对价值观的威胁	应对威胁,或加强价值观的技术机会	与威胁或后果有关的因果机制,鉴于它们的"新兴问题"地位,尤其是不太被了解的机制	政治和制度机会	紧急特征
应对越来越大的气候影响	团结,尊重自然	政治消极,政治机制无法跟上气候变化的影响	与开发和部署清洁技术相关的就业和增长机会,将妇女纳入政策,并在清洁能源领域进行规划和实施	未记录/未发现的二氧化碳排放(来源)尚未被纳入计算,未能根据科学确定的水平来限制排放	不同国家的行动和影响之间的相互联系必须令人信服	影响的发展速度超过预期和社会反应速度
解决富裕国家和贫穷国家的贫困问题,以及国家内部财富分配极不平等的问题	平等,尊严	不断加深的结构不平等,用途	提高生产力(智能手机)和拯救生命技术的广泛传播,认知行为干预进行创新,提高发言权和代理权		推动获得基本服务、社会保障、全民医疗	经济增长不再保证减少失业和贫困

续表

新兴问题	要维护的价值观	威　胁	机　会	因果机制	应对/行动	关键的新特征
建立从全球到地区、国家和地方各级的制度机制和伙伴关系	自由，责任	打破信任，制度惯性和不作为		以垂直为特征的现有制度安排，在复杂的可持续发展问题上不能很好地发挥作用	制度实验，广泛的权益方参与的分散应对	《2030 年议程》的统一性所造成的落实和治理困难
使经济增长摆脱资源利用，并将环境恶化降至最低的另一种经济模式	尊重自然，平等	既得利益，政治经济	新技术和商业模式，中断和创新	发展被视为 GDP 增长的代名词，路径依赖和锁定	关注消费和生产，环境外部因素的定价	可持续性过渡的可能性

发展。人们注意到，经济增长不一定会对一个国家的贫困线或失业率产生直接影响。穷人和富人之间的工资差距不仅存在于发展中国家；随着穷人和富人之间的差距越来越大，发达国家也在经历中产阶级的萎缩。社会保障体系延伸带来的可能收益，包括最底层人群，也被视为一个利益攸关的领域。

4. 使经济增长与使用资源脱钩，并将环境恶化降至最低的另一种经济模式

今天的经济模型只考虑经济增长，不考虑资源消耗对人类幸福的正负影响。负面影响包括气候变化、污染、土地利用变化和生物多样性的丧失。迄今为止，经济发展与能源、材料、水和土地等自然资源的加快使用密切相关，而许多资源对于需求而言已经变得不充足了，而且有些资源在不久的将来会有严重短缺的风险。[63]资源缺乏时，与资源脱钩尤为重要，而进一步消耗会阻碍社会的进步，也会带来很大的环境风险，这些风险是无法通过提高效率来得到实质性缓解的。[64,65]经济、企业和职业的绿色化有助于消除贫困，促进社会包容，增加抵抗气候变化的能力。[66]为了解决这些问题，经济模式必须更新。

对这些问题的考虑揭示了它们之间的诸多联系，这说明更高次序的合成是合适的。威胁、技术机会或管理和政策反应所表达的问题，往往与独特而广泛的基础问题有关。例如，气候变化的广泛趋势可能与新出现的威胁、机遇和政策反应相关联。表 5 - 6 展示了在浏览过程中发现的不同的威胁、机会、因果机制和反应，是如何与广泛的基础问题相关联的。

四、结　　语

本章对 2014 年和 2015 年报告中出现的新兴问题进行了初步思考，旨在提供一个框架，框架目的是：1. 系统地识别出供高级别政治论坛的决策者思考的一系列问题；2. 对问题进行分类后提交。本章概述了识别可持续发展新兴问题的现有方法，同时论证了一种方法来发现新兴问题，这些问题既可供高

级别政治论坛思考，又可用于未来的《全球可持续发展报告》。

由于可持续发展目标的范围非常广泛，因此识别发展目标的新兴问题就得审查广泛的来源。本章推出“浏览”作为发现新兴问题的主要方法。本章提出了新兴问题的一个样本，样本来自不同来源的长期协商过程，来源有联合国全球计划，以及各国和国际的科学院。有些来源提供了对一系列新兴问题的综述，便于决策者思考。浏览过程受到一些标准的有效指导，有助于明确判定某一问题是不是新的。普遍使用的标准是事件的影响和发生概率。此外，还有持久性、不可逆转性、普遍性、新颖性和动员潜力等标准。优先排序标准用来确定问题在社会和文化规范方面的重要性程度，或者确定是否对边缘化的弱势群体有影响，这个标准涵盖了如“确保不让任何一个人掉队”之类的原则。

本章还提供了一个简单的框架，用于对新兴问题进行分类，还有供高级别政治论坛使用的标准，用来筛选新兴问题，可限制最相关问题的数量。的确，政府间沟通的过程在一定的时间内只能考虑有限的问题，某一个过程不可能处理所有新兴问题。例如，在高级别政治论坛环境中，必须剔除主要是地方或国家性质的问题，找出供全球层面应对的新兴问题。很显然，如何区分，并没有泾渭分明的方法；今天的地方问题，明天可能会升级。本章建议，以下几点内容可以作为筛选的起点：1. 该问题与可持续发展目标的相关程度；2. 该问题是否在全球的、至少多国的层面上具有潜在的威胁或机会；3. 风险管理或机会把握是否取决于国际行动和合作；4. 该问题是否可能持续存在（非暂时的），是否能确定有一个明显的增强趋势。

本章还论述了对建议的识别和过滤新兴问题的方法的测试工作，这涉及对新兴问题的专家评估。专家指出，新兴问题之间是相互依赖的。专家评估明确指出，把新兴问题重新放进一个广泛的框架里，就能很好地感知它们的相互依赖关系，这样就清楚地解释了会持久存在的价值观，潜在的威胁和机遇，起作用的因果机制，可能的应对和行动，以及重要的新兴的特征。

专家会议把浏览中确定的问题宽泛地分为以下几类。第一类是《2030年可持续发展议程》的操作化，以及建立起明确认可科学在决策中作用的制度和治理安排。第二类是通过可持续发展得到保护和加强的关键价值观,包括一直隐含在可持续发展概念中、近年逐渐获得认可的价值观。第三类是威胁可持续发展的社会、经济和环境变化的关键过程;尤其是那些新颖的、加速的、接近危险阈值的过程,或不甚了解的原因和后果。第四类是促进可持续发展的新机遇,包括解决新的和尚未解决的可持续性问题的新技术选项和政策应对。

本章证实了,在识别可持续发展的新兴问题时,可以有效使用广泛的来源——文件分析,众包和专家会议。来自各个学科的专家的参与,为这一过程带来了重要的附加值,如对新兴问题的优先排序,如对问题及其相互关联提供了多维度分析。

识别新兴问题的实际做法,再次证明可持续发展问题的复杂性和跨学科性。科学知识能对新兴问题的复杂性和互联性提供新的看法,这一过程也加强了科学—政策的交集,能促使对新威胁作出更及时的应对,对新机遇进行更及时的开发。从不同层面和不同视角,对新兴问题进行常规浏览和多学科分析,是很重要的,应该坚持下来,作为科学—政策交集的一种必要而有效的早期预警体系。

如何让新兴问题能引起高级别政治论坛的关注,如何让高层在新兴问题的纷繁状态中能有效窥见问题的实质,这个过程需要科学家与决策者来思考,而科学家与决策者之间有加强对话的空间。

尾注

① Young, J.C., A.D. Watt, S. van den Hove, and the SPIRAL project team (2013): Effective interfaces between science, policy and society: the SPIRAL project handbook. See other references in United Nations, 2015, *Global Sustainable Development Report* 2015, New York, July.

② United Nations (2015), *Global Sustainable Development Report*, New York, United Nations Department of Economic and Social Affairs.

③ United Nations (2016), *Critical milestones towards coherent, efficient and inclusive follow-up and review at the global level*, Report of the Secretary-General, A/70/684,

New York.

④ UNEP (2015), SP7 Emerging Issues Project.

⑤ German Advisory Council on Global Change (WBGU). (1998). World in Transition: Strategies for Managing Global Environmental Risks. Springer., available at http://www.wbgu.de/fileadmin/templates/dateien/veroeffentlichungen/hauptgutachten/jg1998/wbgu_jg1998_engl.pdf.

⑥ Amanatidou, E., M. Butter, V. Carabias, T. Könnölä, M. Leis, O. Saritas, V. van Rij, (2012), On concepts and methods in horizon scanning: Lessons from initiating policy dialogues on emerging issues, *Science and Public Policy*, 39(2), 208 - 221.

⑦ Van Rij, V. (2010), Joint horizon scanning: identifying common strategic choices and questions for knowledge, Science and Public Policy, 37, 7 - 18.

⑧ Hiltunen, E. (2010), *Weak signals in organizational futures learning*, PhD thesis, Helsinki School of Economics, A - 365, available online at: http://epub.lib.aalto.fi/pdf/diss/a365.pdf.

⑨ Habegger, B. (2009), Horizon scanning in government: Concepts, Country experiences, and Models for Switzerland, Center for Security Studies, ETH Zurich.

⑩ Habegger, B. (2009), Horizon scanning in government: Concepts, Country experiences, and Models for Switzerland, Center for Security Studies, ETH Zurich.

⑪ Inayatullah, Sohail (1998), Causal layered analysis: Poststructuralism as method, Futures, 30 (8) 815 - 829.

⑫ German Advisory Council on Global Change (WBGU), (1998), *World in Transition: Strategies for Managing Global Environmental Risks*, Springer, available at http://www.wbgu.de/fileadmin/templates/dateien/veroeffentlichungen/hauptgutachten/jg1998/wbgu_jg1998_engl.pdf.

⑬ Amanatidou, E., M. Butter, V. Carabias, T. Könnölä, M. Leis, O. Saritas, V. van Rij, (2012), On concepts and methods in horizon scanning: Lessons from initiating policy dialogues on emerging issues, *Science and Public Policy*, 39(2), 208 - 221.

⑭ Sutherland, W. J., E. Fleishman, M. B. Mascia, J. Pretty, M. A. Rudd, (2011), Methods for collaboratively identifying research priorities and emerging issues in science and policy, *Methods in Ecology and Evolution*, 2(3), 238 - 247.

⑮ Kates, R. W., T. M. Parris and A. A. Leiserowitz (2005), What is sustainable development? Goals, indicators, values, and practice, *Environment*, 47, 3, 9 - 21.

⑯ UNEP (2006), *Africa Environment Outlook-2: Our Environment, Our Wealth*, United Nations Environment Programme, Nairobi.

⑰ World Economic Forum (2016), *The Global Risks Report 2016*. Available online at: http://www3.weforum.org/docs/Media/TheGlobalRisksReport2016.pdf.

⑱ Swiss Re SONAR (2015), New Emerging Risk Insights. Available online at http://media.swissre.com/documents/SONAR_2015_WEB.pdf.

⑲ DNV-GL, UN Global Compact, Monday Morning-Global Institute (2016), *Global*

Opportunity Report 2016.

⑳ UNESCO，2016，Top Challenges for the Future of Humanity and the Planet identified by the UN Secretary-General's Scientific Advisory Board，contribution to GSDR 2016.

㉑ Bond，W. J.（2016），Ancient grasslands at risk，Science，351（6269），120－122.

㉒ 例如，科学、自然、科学进步、可持续性、环境可持续性的最新观点，以及美国国家科学院院刊的可持续性科学部分。

㉓ Silver，David et al.（2016）. Mastering the game of Go with deep neural networks and tree search，Nature，529，484－489.

㉔ Haapanen et al.，2016，*The role of economic growth in sustainable development from the perspective of 21st century growth critique*，Brief for the GSDR 2016；Dai et al.，2016，*Regional Collaborative Environmental Governance in Yangtze River Delta，China*，Brief for the GSDR 2016；López，J. I. V.，2016，Social Security to strengthen pension systems in Latin America. Brief for the GSDR 2016.

㉕ Sabini，L.，2016，*Project Management and Sustainability*，Brief for the GSDR 2016.

㉖ Attri，V. N.，2016，Sustainable Development and World Trade：The Contribution of International Environmental Regulations to Trade，Brief for the GSDR 2016.

㉗ Guttieres et al.，2016，*Role of Science，Technology and Innovation in Urban Frameworks：Enhancing the Science-Policy-Practice Interface for Resilient Cities*，Brief for the GSDR 2016；Ranjha，S.，2016，*Green infrastructure：planning for sustainable and resilient urban environment*，Brief for the GSDR 2016；Ebikeme et al.，2016，*Open Data in a Big Data World：challenges and opportunities for sustainable development*，Brief for the GSDR 2016.

㉘ Alva et al.，*Thematic Reviews in the 2030 Agenda：the case for a review of natural resources*，Brief for the GSDR 2016；Kusch et al.，2016，*Sustainability in a changing world：integrating human health and wellbeing，urbanisation，and ecosystem services*，Brief for the GSDR 2016.

㉙ Vo，H.，2016，*Revisiting the Urban Age Declaration*，Brief for the GSDR 2016.

㉚ 2016 年的报告中，Inter-agency Task Force on Financing for Development 报告提出了一些旨在改进监测和增加城市化数据的方法的倡议。Ref：p. 49，Section II. A. 7. 3，http://www. un. org/esa/ffd/wp-content/uploads/2016/03/Report _ IATF － 2016 － full.pdf.

㉛ Patar et al.，2016，*Environment and Green Jobs：Paradigm shift from a non-sector to an employable industry（an analysis from Indian perspective）*，Brief for the GSDR 2016.

㉜ Bolysov et al.，2016，*Urban sub-relief as underground infrastructure，territorial resource and source of hazards*，Brief for the GSDR 2016.

㉝ Dai et al.，2016，*Regional Collaborative Environmental Governance in Yangtze River Delta，China*，Brief for the GSDR 2016.

㉞ Koch et al.，2016，*How to achieve Urban Sustainability Transformations（UST）in real life politics?*，Brief for the GSDR 2016.

㉟ Al-Nassir, S., 2016, *Refugee Camps as a Spatial Phenomenon of Self-Organization*, Brief for the GSDR 2016.

㊱ Bandala et al., 2016, *Emerging Contaminants in urban stormwater: challenges and perspectives for sustainable water use*, Brief for the GSDR 2016.

㊲ Goonetilleke et al., 2016, *Urban Stormwater Reuse: an Agenda for Sustainable Development*, Brief for the GSDR 2016.

㊳ Kefalidou, A., 2016, *Sustainable drug development for Neglected Tropical Diseases*, Brief for the GSDR 2016.

㊴ Evoh et al., 2016, *Integrated Health Governance and Sustainability: Rebuilding Livelihoods and Resilience in Post-Ebola Communities in West Africa*, Brief for the GSDR 2016.

㊵ Fagan et al., 2016, *Balancing Big Data and the Right to Health: Strategies for Maximising Ethical and Sustainable Impact*, Brief for the GSDR 2016; Rasella et al., 2016, *Mobilizing Big Data and Microsimulation for SDGs: Forecasting the Impact of a Conditional Cash Transfer Programme on Tuberculosis in Brazil*, Brief for the GSDR 2016.

㊶ Herrgard et al., 2016, *Building Resilience by Professionalisation of Healthcare Workers Through Technological Innovations*, Brief for the GSDR 2016.

㊷ Jha et al., 2016, *Accelerating achievement of the sustainable development goals: A game-changer in global health*, Brief for the GSDR 2016.

㊸ UNFPA (2011), *Population Dynamics in the LDCs* Available online at: http://www.unfpa.org/sites/default/files/pub-pdf/LDC_Fact_Sheet.pdf.

㊹ UN-OHRLLS (2016), *About the landlocked developing countries (LLDCs)*. Available online at: http://unohrlls.org/about-lldcs/.

㊺ IPCC (2014), Working Group II Contribution to the Intergovernmental Panel on Climate Change, Fifth Assessment Report, 2013. See: http://ipcc.ch.

㊻ UNCTAD (2013), The least developed countries report 2013: Growth with employment for inclusive and sustainable development. Available online at: http://unctad.org/en/PublicationsLibrary/ldc2013overview_en.pdf.

㊼ United Nations (2014), World economic situation and prospects: Chapter 2 - International Trade. Available online at: http://www.un.org/en/development/desa/policy/wesp/wesp_archive/2014wesp_chap2.pdf.

㊽ World Bank (2015), Poverty overview. Retrieved: http://www.worldbank.org/en/topic/poverty/overview (04/29/2016).

㊾ Faye, M. L., J. W. McArthur, J. D. Sachs, T. Snow, (2004), The challenges facing landlocked developing countries. *Journal of Human Development*, 5, 1, 31-68.

㊿ UNDP (2007), Trade, trade facilitation and transit transport issues for landlocked developing countries. Available online at: http://unohrlls.org/UserFiles/File/Elle%20Wang%20Uploads/LLDCs%20Publication.pdf.

⑤① UN-Habitat (2015), *Urbanization and Climate Change in Small Island Developing States*. Available online at: http://unhabitat. org/books/urbanization-and-climate-change-in-small-island-developing-states/.

⑤② Smith Roy & Karen E. McNamara (2015), Future migrations from Tuvalu and Kiribati: exploring government, civil society and donor perceptions, Climate and Development, 7, 1, 47 - 59.

⑤③ United Nations (2015), *The First Global Integrated Marine Assessment: World Ocean Assessment I*. Available online at: http://www. un. org/depts/los/global _ reporting/global_reporting.htm.

⑤④ Sutherland, W. J., Aveling, R., Bennun, L., Chapman, E., Clout, M., Côté, I. M., Fleishman, E. (2012), A horizon scan of global conservation issues for 2012, *Trends in ecology & evolution*, 27(1), 12 - 18.

⑤⑤ Sutherland, et al. (2016), A Horizon Scan of Global Conservation Issues for 2016, *Trends in Ecology & Evolution*, 31(1).

⑤⑥ Oldekop, J. A., et al. (2016), 100 key research questions for the post - 2015 development agenda, *Development Policy Review*, 34: 55 - 82.

⑤⑦ Kennicutt II, M.C. et al. (2015) A roadmap for Antarctic and Southern Ocean science for the next two decades and beyond, *Antarctic Science*, 27(1), 3 - 18.

⑤⑧ Oldekop, J.A. (2016), 100 Key Research Questions For The Post - 2015 Development Agenda, *Development Policy Review*, 2016, 34 (1), 55 - 82.

⑤⑨ Elobeid, E. (2012), The role of institutions in sustainable development: The experience of Sudan economy, *International Journal of Sustainable Development*, 4(5): 53 - 68.

⑥⓪ World Bank (2003), *Sustainable development in a dynamic world*, World Development Report, Washington, DC, USA.

⑥① Rockstroem, J. et al. (2009), A safe operating space for humanity, Nature, 461: 472 - 475.

⑥② World Bank (2015), Poverty overview. Retrieved: http://www. worldbank. org/en/topic/poverty/overview (04/29/2016).

⑥③ UNEP (2011), Decoupling natural resource use and environmental impacts from economic growth, A Report of the Working Group on Decoupling to the International Resource Panel, Fischer-Kowalski, M., Swilling, M., von Weizsäcker, E.U., Ren, Y., Moriguchi, Y., Crane, W., Krausmann, F., Eisenmenger, N., Giljum, S., Hennicke, P., Romero Lankao, P., Siriban Manalang, A., Sewerin, S.

⑥④ UNEP (2010a). Metal Stocks In Society-Scientific Synthesis, A Report of the Working Group on Global Metal Flows to the International Panel for Sustainable Resource Management, Graedel, T.E., Dubreuil, A., Gerst, M., Hashimoto, S., Moriguchi, Y., Müller, D., Pena, C., Rauch, J., Sinkala, T., Sonnemann, G.

⑥⑤ UNEP (2010b), Assessing the Environmental Impacts of Consumption and Production: Priority Products and Materials, A Report of the Working Group on the Environmental

Impacts of Products and Materials to the International Panel for Sustainable Resource Management, Hertwich, E., van der Voet, E., Suh, S., Tukker, A., Huijbregts M., Kazmierczyk, P., Lenzen, M., McNeely, J., Moriguchi, Y.

⑯ ILO (2015), *Guidelines for a just transition towards environmentally sustainable economies and societies for all*, Available online at: http://www.ilo.org/wcmsp5/groups/public/---ed_emp/---emp_ent/documents/publication/wcms_432859.pdf.

第六章

结　论

最后一章突出了报告的深刻见解，有助于加强科学与政策间可持续发展的交流。读者可以通过单独的章节和概要，对该报告有更全面的总体认识。

即使讨论的主题、涉及的学科不同，第一章、第二章、第三章和第四章都强烈地传递了一个信息，那就是：如果到 2030 年，没有一个人掉队，那么包容的概念不能被看作是事后的想法或者仅仅是在其他领域的主流。相反，它应该成为机构设计和运作、研究和发展以及基础设施规划和发展的综合组成部分。

一、提升对“不让任何一个人掉队”发展战略有效性的理解

确保“不让任何一个人掉队”的目标是实施可持续发展《2030 年议程》的指导性基础原则。科学可以为决策指出三个宽泛的问题：首先，哪些人是已经或者有可能被落在后面的？其次，战略和政策如何从实际效果上帮助这些人？第三，为了实现不让任何一个人掉队的目标，什么类型的战略和政策才是适合的？

该报告明确指出，无论是在国家内部还是国家之间，在实践中有许多标准来定义哪些人是掉在后面的。实际上，那些在《2030 年议程》中特定方面“掉

队”的可能是不同社会中的不同人群。把剥削和不平等的动态本质纳入考虑范围很重要。从这方面看，预防性政策对确保新的人群在其他人脱离贫困和剥削的同时不掉队是很重要的。

在许多地区，包容性发展战略是被广泛认可的。然而，战略是否能成功保证“不让任何一个人掉队”的目标取决于许多因素，从特定国家的自身情况到设计、目标方法和实际运用。从不同的可持续发展目标地区获得的评估表明有效实现不让任何一个人掉队的目标在实践中有着明显挑战。目标制本身是不够的，开展干预措施，即使有适当的目标，也只能获得最好的部分解决办法，结果也只能是解决部分问题。

要实现“不让任何一个人掉队”的目标，本报告中干预的例子首先包括：在发展中国家干预的核心目标是那些发育不良人群的营养问题，针对最贫困地区的基于区域的干预问题，以及为无家可归者提供住所的策略。

基于回顾报告中有限的依据，在新议程的许多方面，考虑到不让任何一个人掉队的目标势在必行，在可持续发展干预措施中可能不会出现无法克服的困难。系统地最先针对那些掉在最后的人，可能是一个更大的挑战，而且在某些情况下意味着离现行战略更大的偏离。

进一步讲，系统性地收集更多的有关现存发展战略的科学依据对那些掉在最后面的人的影响是十分重要的。第一步可以是对现有的尝试评估可持续发展干预措施在不同可持续发展战略地区对落在后面的人如何产生影响的元研究的盘点。尽管在特定的可持续发展战略区域，评估方法是存在的，但是他们使用不同的标准来定义和测定谁被掉在后面或最后面，并评估干预措施的有效性。评估投资可比较性的框架在不同可持续发展战略地区干预的成本和收效是值得的，但这也很可能在方法论和成本方面造成繁重的负担。

采用有利于可持续发展的综合方法：基础设施、不平等与复原力三者之间的关系。

2016 年的报告关注了基础设施、不平等和复原力之间的联系。已有大量的文献研究了这些领域的每个方面。举个例子,在整个发展循环过程中,基础设施受到大量的关注,因为它在促进经济增长和发展方面发挥关键作用。然而,研究这些领域中任何一块的科学家通常来自不同的社会群体,使得三个领域之间的联系研究明显比它们被单独研究时更少。在这个可能的联系中,有大量的科学研究关注基础设施和不平等之间的联系、人们应对灾难的复原力分别受到基础设施复原力和不平等因素的影响,从复原力到不平等的联系和复原力到基础设施的联系似乎不怎么受到关注。需要更多这方面的研究来揭示其中重要的协同效应和权衡。

就像在任何关系中一样,利用协同效应和处理权衡是决策的关键。鉴于此,本章阐释采用综合方法分析可持续发展的重要性。报告中所展示的研究强调,需要注重效率和公平,以利用基础设施、不平等和复原力之间的协同效应。在此方面,专家已经发现,在任何维度上减少不平等都会促进更好的基础设施提供和增强复原力,如增加对基础设施的投资,惠及弱势群体。政策的一个重要组成部分就是提供基本公共设施的地域公平。

本报告提供了许多解决本联系协同增效的政策例子。比如,基于劳动力的基础设施项目能够扩大就业机会和减少不平等,同时增强应对自然灾难的复原力。参与当地社会及其分节段的参与性过程是确保在规划基础设施投资的同时考虑到经济、社会和环境因素的有效方法。需要采取规章和激励机制将减灾风险纳入到基础设施建设周期的各个阶段,以确保重要的基础设施应对自然灾害的承受能力。专家认为进一步分解城镇和乡村的分析可以提供更加具体的政策建议。

研究者、从业者、决策者和其他利益攸关方的进一步跨学科合作和参与可能是一种相互学习和传递信息的方式,有利于将科学知识转换利用到实践性战略中,利用协同效应来解决三个领域之间的权衡关系。

动员为可持续发展目标服务的技术:科学家的视角。

该报告提出了科学家关于技术在实现可持续发展目标方面的作用的一系

列观点。技术对于实现可持续发展目标、在它们之中收获协同效应的好处和最小化目标之间的权衡至关重要。技术、社会和制度都是同步进化的。因此，技术进步需要制度的调整，也有可能受到社会问题的限制。利用政策行为来实现可持续发展目标和保证“不让任何一个人掉队”的目标都需要考虑这些联系。

许多科学家指出，需要在总体技术系统效能方面同时在公平性问题上（尤其是获得技术的能力）取得进展，并支持机构改革 —— 只关注其中一项战略从长期来看已被证明是低效的。创新系统，被理解为公共和私营部门的机构网络，其活动和相互作用起到了引发、输入、修改和传播新技术的作用，如果只支持其中一种或另一种技术，则展现局部最优化。政策行为必须支持研究和发展，促进技术在技术前沿的发展，促进发展中国家和所有国家被边缘化群体中现有技术的扩散和适应 —— 互相支持，反之亦然。

科学家强调了对国家和国际技术路线图的需求。每一个国家都可以自主确立未来发展的技术轨迹和新兴产业。科学家提出，同时投资新老技术，使先进技术为低服务社区利用，以及投资大规模基础设施和由许多组件构成的小型技术的重要性。他们还建议，科学路线图应该包括与负担能力和包容性有关的措施，这些措施应该从一开始就建立在研发过程中。

科学家提出的另外一些值得注意的关键措施或政策元素还包括：有效的国家科学政策交流，预见和设想，不同群体间的互相学习，包括那些被提供服务不足的群体，聚类分析。后者分析了相互联系的公司网络（通过生产链，或是地理上相对集中的优势，利用相关的买家、供应商、基础设施和劳动力，或类似情况），来解决创新系统的不足。

二、为可持续发展服务的包容性制度

为了实现“不让任何一个人掉队”的目标，制度是十分重要和必要的，这已经成为社会的清楚认知。制度会引起行为和趋势,可能对发展的结果,尤其是包容性有着积极或者消极的影响。包容性制度赋予人们平等的权利和权益,提供平等的机会、发言权、资源与服务。另一方面,权力持有者可能为了某些特定人而不是社会所有群体的利益制定制度。

实现任何特定的有关包容性的目标(如性别平等)都需要一系列因素的组合,包括:法律、法规;不同级别的制度干预;潜在的更广泛的社会变革,如社会规范,它们本身会受到制度变化的推动。相反地,个别制度,尤其是那些有着宽泛任务的制度,可以从社会各领域和全社会的范畴推动包容性。

评价制度的包容性和它们是否和如何通过行动来促进包容性是十分重要的。在此方面,本报告探究了两类特别的机构:国家可持续发展委员会和国家议会。需要更深层次地研究关于其他类型制度,和它们如何根据《2030年议程》为包容性服务的,这也是未来全球可持续发展报告的重要组成部分之一。

从报告研究来看,如果有充足的资源,国家可持续发展委员会对利益攸关者参与全程的政策周期是十分有效的,包括:(1)告知并教育公众与可持续发展相关的主题,(2)激发知情群众的讨论,(3)使主要利益攸关者参与制定政策建议,(4)使利益攸关者参与到实施和进展的各部分。实际上,政府对利益攸关者参与程度的态度影响着国家可持续发展委员会的作用和向其提供的资源。

作为立法机构,议会对于实施《2030年议程》和可持续发展目标非常重要。它们在促进包容性中所起的角色可以在两个不同的角度检验:第一,议会本身在代表社会各阶层(包括边缘化群体)中所展现的包容性如何;第二,在立法时,他们是如何考虑这些群体的需求的。本报告聚焦于对四类特定人群的包容程度:女性、原住民、残疾人和青少年。报告研究表明,这些人群在国家议会的代表已经有所增长,然而,差距仍然存在。同样,尽管在被边缘化人群的权利写入立法方面已经取得进展,但还是有很长的路要走,并且议会在实现确保“不让任何一个人掉队”这一目标中起着关键作用。

三、确定高层政治论坛中出现的新问题

确定新出现的问题，保证政策制定者的注意力集中是科学政策研究的一个关键功能。政策制定者面临着许许多多新出现问题的广泛分析、排名和建议。此外，可持续发展议程的绝对广度也需要从不同的来源和过程考虑问题。然而，政府间的决策过程如高层政治论坛只能考虑数量有限的问题，并且在整个政务框架体系中只能解决其中一些问题。

在科学家与决策者之间加强对话，有利于新出现的问题被确定、选择并引起高层政治论坛的重视。

本章表明，在确定可持续发展背景下新出现的问题时，大量的资料，如文件分析、众包技术和专家会议能够被有效利用。该报告介绍了“扫描”是发现新问题的主要途径。扫描的过程可以通过标准进行有效指导，这有助于对正在出现的设计问题进行明确的假设。这些标准包括影响、发生概率、持续性、不可逆转性、普遍性、新颖性和行动上的潜在性。优先处理是抓住问题重要性的一项标准，针对在社会和文化规范方面或对已经处于弱势和边缘化的群体，并确保“不让任何一个人掉队”的原则有效实施。

该报告提供了一个将新出现问题进行归类的简单框架，同时高层政治论坛可以根据这些标准对新出现问题进行过滤来确定其中最为相关的部分问题。以下标准可作为考虑重点：(a) 问题与可持续发展目标相关密切性程度；(b) 问题是否是全球性的，或至少是具有国际关联的潜在威胁或机会；(c) 风险管理或机会利用是否需要依靠国际行动与合作；(d) 问题是否会持续存在(非暂态)，以及是否可以形成一个明显的增长趋势。

报告还反映了为确认和过滤新出现的问题进行方法测试而作出的努力，其中包括一份新出现问题的专家评估。专家指出了新问题之间的相互依存关系。专家评估清楚表明，在一个更广泛的框架内取代新出现的问题，最能体现

这种相互依存关系,它明确了可持续的价值、潜在的威胁和机会、发挥作用的机制、可能的反应和行动以及关键的新特征。

来自多学科专家的参与为这一过程带来了关键的附加值,包括优先处理新出现的问题,并对问题及其相互关联性提供多维度分析。对来自不同层次和观点的新问题进行定期扫描和多学科分析很重要,应该纳入科学界与政策界交流的必要和有用的预警体系。

四、从前3份《全球可持续发展报告》中获取资料

由于联合国成员国将《全球可持续发展报告》作为加强里约20国会议上提出的可持续发展科学与政策交流的手段,联合国经济和社会事务部在2014年、2015年和2016年出版了3份年度报告。把3份报告放在一起的话,这些报告从三个主要方面为科学政策界作出了贡献。

首先,自2014年以来,全球可持续发展议题成为了一个让科学家和专家参与到联合国可持续发展商讨的平台。它对所有感兴趣的联合国实体、有组织的科学机构和项目以及个人科学家开放,唯一的要求是所作出的贡献必须以科学为基础。该报告的准备过程包括有组织的科学机构中的主要代表,特别是代表联合国科技界的官方机构——国际科学理事会(ICSU),在鼓励科学贡献方面发挥了至关重要的作用。迄今为止,35个联合国实体和1 000多名科学家对这份报告作出了贡献。仅仅科学政策简报的公开征集就收到了来自世界各地589名科学家提交的264份简报。

3份报告采用的编撰方法是从对全球可持续发展报告感兴趣的任何人都能够提供内容开始的。因此,多种传播和收集渠道被开发出来,从最传统的渠道,如依靠有组织的科学机构,到最为创新的渠道,如征集不同语言的科学简报。通过这些渠道努力渗入到各类科学团体(例如年轻科学家),这些科学团

体通常只能对大型评估过程进行有限的资料获取和投入。多语言众包投入与论文征集也解决了大量评估报告中存在的由于依赖英语和同行而产生的将与特定内容密切相关的大量其他语言文献研究(包括地区经验)弃之一旁的传统偏见。

《全球可持续发展报告》的所有各个年份报告均来自科学政策界的许多资深科学家和专家的建议和指导,其中一些专家对过去制定的可持续发展评估付出了巨大的努力,包括:美国国家科学院的报告,全球环境展望,政府间生物多样性和生态系统服务平台等。

其次,这些报告就高层政治论坛如何在未来几年中在科学政策层面上进行实践提供了具体的建议。2015 年报告的第一章提出了一系列方法,使高层政治论坛能够在科学与联合国政策制定之间产生建设性互动。高层政治论坛可能考虑的行动跨越科学与政策,从提供政策相关数据、分析和信息到高层政治论坛采取的行动,来加强科学和政策之间的对话,以及将科学政策对话的成果加入到政策制定中去。最终,由联合国成员国决定高层政治论坛如何对科学政策界起促进作用,以及如果需要的话,他们想要采取哪些行动。

在专家提出的想法中,提高现有评估结果的可及性,突出解决这些问题的协同和权衡作用以及可行工具,并将全球科学政策辩论的结果转化为区域和国家相关行动的框架是最受关注的。为本章提供建议的许多实践家强调了高层政治论坛应考虑一系列行动组合的重要性,而不是单个行动,因为认识到其中潜在的协同作用。

3 份报告都花了篇幅去识别新出现的问题,从所有科学领域中问题的识别到如何与现有扫描过程结合起来为高层政治论坛提供一个可用于该论坛处理问题的主题列表。

再次,这些报告探讨了可持续发展目标的不同观点,将其作为一个综合的、不可分割的目标整体,并用不同的方法对各章进行了阐述,重点也各不相同。3 份报告的各个章节都可以归入一个简单的通用章节列表,这些章节都与涵盖了可持续发展的科学政策界的评估方法相关。这已在表6-1中详细列出。这种结构强调了一种综合方法,即侧重于认为可持续发展目标各个领域的内在关系是一个不可分割的系统,并对可持续发展的三个维度进行平衡考虑。

表6-1　过去全球可持续发展报告的大致章节列表

章　节	大致描述	2014年报告	2015年报告	2016年报告
科学政策界的交流,包括评估	描述现有评估的大致情况;评估各种情况下的科学与政策之间的接口	第二章	第一章、第二章	第一章
进展趋势与回顾	可持续发展趋势综合回顾,将整个可持续发展目标视为一个不可分割的体系	第三章		
可持续发展情况	不同机构以统一的方式发布可持续发展情况的文件和长期建模实践	第四章		
新出现的问题	对现有流程进行评估,来确定新出现的问题并对其结果进行比较,提供科学摘要相关的新出现的问题	第七章	第七章	第五章
有特色的群体或联系	深入了解一小部分可持续发展目标地区之间的相互联系、协同效应和权衡关系,并检验各种相互关联的科学知识现状	第六章	第三章、第五章	第二章
跨领域问题	深入研究跨领域问题(例如减少灾害风险、机构、技术、包容性)与所有可持续发展目标之间的相互联系,并检验各种相互关联的科学知识现状	第六章	第二章、第四章	第三章、第四章
处于特殊情况的国家	重点关注特殊情况下的一类或几类国家的总体进展、主要的或跨领域问题(最不发达国家、非正规部门发展中心、小岛屿发展中国家、非洲和中等收入国家)		第六章	

续表

章 节	大致描述	2014 年报告	2015 年报告	2016 年报告
数据和量化(量化进展)	采取大量措施,旨在用不同方式取得量化进展;重点强调关于具体主题或特定地区的创新数据方法	第五章	第八章	

例如,2014 年的报告提供了可持续发展长期进展情况的模板,以及涵盖大量主题领域的主要机构实施的可持续发展情况的综合经验。这些报告还包括对 4 个问题(气候、土地、能源和水资源,海洋和生活,工业化和可持续消费与生产,以及基础设施、不平等和复原力)以及跨领域问题(减少灾害风险、创新数据和测量方法、技术)的检验。这些贡献提供了如何从现有科学评估中收集与政策有关的结论。

在 2016 年高层政治论坛后,全球可持续发展报告进入了一个新的阶段,即动员各类科学团体总结出经验教训以及为此目的而开展合作,为建立一个具有雄心壮志而又可行的,且能为高层政治论坛带来好处的长年性报告提供了一个有趣的平台。最终,《全球可持续发展报告》将成为科学政策界交流的互动参与平台。

附录 1

可持续发展目标中不同领域的战略实例以及它们如何带动落后地区的发展

1. 营养

(1) 背景

据估计，孕产妇营养不良每年造成约 80 万新生儿死亡，同时导致儿童营养不良，包括发育不良、消瘦和微量元素缺失，这又导致每年约 310 万儿童死亡。截至 2014 年，5 岁以下儿童发育不良的数量达 1.59 亿人，全球减少发育不良的进展情况不尽相同。2014 年，低收入国家中 5 岁以下儿童占世界 5 岁以下儿童总人口的 15%，但是儿童发育不良却占到世界儿童总数量的 1/4。同年，5 岁以下的儿童中，约有一半生活在中低收入国家，他们中的发育不良者占到了世界的 2/3。因发育不良造成的影响在新生儿出生 24 个月之后便很难扭转，所以各种干预措施往往针对孕妇和幼童。

(2) 常用策略

改善孕产妇和儿童营养不良的状况，这往往针对青少年女孩、妇女和出生 1 000 天以内的婴幼儿，采取的措施包括：推动最佳营养实践，满足微量元素需求，预防和治疗急性重症营养不良，展开疾病预防与管理。这些策略包括：促进母乳喂养，增加可能包含食物补充剂的补充喂养，进行微量元素干预，一般的家庭和社区营养支持性策略，减轻因疾病带来的负担等。

一旦确立以孕妇和婴幼儿为目标，便可采用一项通用的方法进行有效的营养干预，即关注不能获取安全食品的群体，或关注急性重症营养不良人口

(那些最严重的人群)。例如,在对43个有关营养干预方法的全面审查中,我们发现,其中13个被证明是有效的,11个可在目标群体中广泛实施,1个具有自然普遍适用性(比如,碘盐电离),还有1个可用于急性重症营养不良。

(3)"不让任何一个人掉队"策略与其他策略比较

就营养状况或脆弱性来说,关注最落后地区的营养状况对于减少营养不良,效果尤其显著。在评估了增加特殊营养套餐对儿童存活率的潜在影响之后,我们得出结论,针对急性重症营养不良的治疗性喂养能挽救62万—91.7万条生命,其所能挽救的生命数量是其他各项干预措施挽救生命数量的总和。此外,据估计,扩大营养干预将最大程度地惠及最贫穷的1/5人口。一项对农业、社会安全网络、儿童早期发育和教育等领域的营养项目回顾表明,除了针对收入或地理位置之外,重点针对营养缺失将能更好地发挥这些项目的潜力。

但是,我们也应注意到,针对性不那么强的预防性干预可能比具有很强针对性的恢复性策略更有效。例如,海地实施的一项大型纲领性的干预项目表明,考虑到解决36个月以上儿童发育不良问题的难度,采取另外一项措施,为所有年龄在6—23个月之间的儿童增加食物供给、改变行为交流,能更好地减少儿童体重过轻和发育不良等问题,相比于为5岁以下儿童进行针对性的恢复和食物支持策略能起到更好的效果。

如何识别掉队群体和"掉在最后面的人": 如果按照身高相对体重Z评分(WHZ)的值<-3,那么就是急性重症营养不良;如果WHZ<-2,那么就是急性中度营养不良;如果是处于稳定的非紧急情况下的普遍性营养不良,那么急性中度营养不良往往还可能伴随着发育不良。

2. 健康计划

(1) 背景

国内和国际政策讨论前沿要求触及的最严重的问题领域中(虽然并不一定是"首要"的),健康是个很好的例子。从国家层面来讲,国家要求全面普及健康医疗,这正反映了国际上对这一问题的讨论,而且过去20年中很多国家都已经很清楚地意识到了这个问题。如何设计健康覆盖系统亦是一个令人持续担忧的问题。例如,穷人所需支付的药物价格和医疗费用。在国际层面,与罕见疾病做斗争的努力——尤其是非洲——带来了更多创新性的政策方法(如先期市场承诺)。降低药品价格的努力也同样无处不在,从而激起国际组织(如世界贸易组织)的行动。面对艾滋病,单个国家和国际社会都采取了一系列回应措施,包括国际行动计划、联合国艾滋病规划署的创立、世界贸易组织的行动及其他措施等。

"不让任何一个人掉队"的挑战在于,享受相关的社会和医疗保障通常与人口群体的需求形成矛盾。换句话说,迫切需要医疗保障的群体往往是获得医疗保障最少的群体。这一点尤其重要,因为低收入群体不仅得病概率更高,而且共病概率也更高。通过事实可知,这些弱势群体,如农村人口和贫困人口,也更容易缺乏清洁饮用水、卫生与保健,而这些对人类健康至关重要。

(2) 常用策略

一个常用的策略是全民医疗保健,它试图为全体人民提供全面的医疗覆盖。例如,在澳大利亚,社会上的弱势群体通过医疗保险获得公共医疗保障,但实际上,由于等待时间过久以及预约困难等问题,他们所享受到的医疗服务其实很有限。相反地,那些购买私人医疗保险的人则可通过私人预约,在合理的等待时间内享受就医服务。

一些全民医疗保健项目重点关注那些掉在最后的人。例如西班牙,它在全国范围内建立了初级保健中心,但优先考虑的是那些社会贫困率最高的地区,从而极大地降低了这些地区的死亡率,产生了良性效果。在泰国,人们可通过以下几种方式获得医疗保险:公务员医疗福利计划、私营部门工作人员的社会保障计划,以及专门为非私营企业劳动者、非工作家庭成员和儿童提供的"30泰铢计划"。"30泰铢计划"是财政补贴项目,目的是给弱势群体提供医疗保障。

很多策略针对的是一些具体的群体,尤其关注经济弱势群体——如失业人员、打零工者和社会弱势群体(如妇女、儿童和老人)。据文献分析,很多健康不平等其实是在生命早期阶段便决定了的。因此,我们推荐优先考虑在生命初期进行干预。

一些北欧国家和部分加拿大的省份希望通过控制医疗分配来保证医疗平等，对于医疗设备完善的地区，它们拒绝报销或给医生支付费用。美国在贫困地区拓展社区卫生中心网络，这带来的好处是：降低了新生儿体重不足的比重，提高了医疗质量和预防服务水平。很多发展中国家在迈向全民医疗覆盖过程中取得了巨大进展。一项针对24个发展中国家（包括牙买加、印度尼西亚、危地马拉、加纳和尼日利亚）努力达成全民医疗覆盖的分析研究表明，这些国家正在采用两项广泛方法：一是"供给侧项目"，通过增加投资（如人力资源）和提高服务供给能力进行改革，比如增加公共诊所人员招聘的灵活性和财务自主权，构建强大的组织协议和明确的绩效指标等；二是"需求侧项目"，将资源用于识别不同群体及其所需服务，它们通常会识别和登记目标人口，并通过外包支付的方式为这些人口购买医疗服务。

(3)"不让任何一个人掉队"策略与其他策略比较

"不让任何一个人掉队"的策略首先在健康文献中被不断强调。研究表明，即便将追求全民医疗服务作为一项积极追求的目标，实际的医疗资源也仍然可能向富人一侧倾斜。例如，21个经合组织国家中，大多数都有自己明确的政策目标，以确保人们可公平获得医疗保险，但是高收入人群拥有健康专家的比例比低收入人群高出很多。在大多数国家中，这种情况都很常见。这种模式某种程度上倾向于使医生的总利用率偏向富人一方，而在私人保险和私人医疗供给的领域里，这类情况更为严重。虽然定价问题是实现全民健康覆盖的重要组成部分，但地理覆盖和获得最近卫生设施的距离，以及医疗质量不高等，都是实现全民健康覆盖的阻碍因素。

有人认为，健康不平等可在考虑宏观因素和其他经济社会政策时得到改善。社会阶级指标（如住房条件差、犯罪率和失业率高等）影响了个人风险因素与健康之间的关系。举例来说，虽然早期的产前护理能降低新生儿体重不足的风险，但是产前护理的保护作用却极度依赖居住环境。高风险社区的保护作用偏低，而低风险社区则能更大程度地受益于产前护理。因此，仅对个人层面展开分析可能会过高地估计个人层面的风险,导致干预性政策扭曲变形。

为了防止不平等继续扩大,我们需要对不同社群之间的不同理念持谨慎态度。实验研究表明,对孕妇进行安全预防教育、发放教育手册等措施会对这些地区的高阶级妇女产生更大的影响,从而加剧不平等,这也强调了在这些地区开展针对性干预的重要性。

3. 环境与健康

(1) 背景

对于保证健康的环境作为改善人类健康和幸福的一种手段,人们没有给予足够的重视。据估计,2012 年有 23%的过早死亡人口(全球过早死亡人口共计 1 260 万人)与环境和其他可变因素有关,贫困和其他弱势群体也不同比例地受到了环境因素的影响。空气质量差、水资源和卫生服务不足是影响全球健康最主要的环境风险(见 1.1.7 中的水和卫生)。家庭空气污染每年导致 430 万人过早死亡,这些人几乎全部分布在低收入和中等收入国家。其中受影响最大的是妇女和儿童,他们更容易接触到烹饪过程中固体燃料产生的油烟;工作条件和住房条件差,住所、学校和工作场所靠近污染区域等使他们更容易暴露在有毒化学物质中,这也增加了疾病带来的负担,而且其影响越来越明显。营养不良无疑是在污染的基础上雪上加霜,例如,它会影响人的神经认知发展。暴露于有毒物质所带来的损害也可能从母亲身上转移到孩子身上,加剧代际之间的不平等传递。

此外,世界上最贫穷的 35 亿人口更加依赖环境来满足其基本生活需求,比如水、食物和住所,所以生态系统恶化对他们的影响最为严重。气候变化对水量和水质、土壤退化、疾病类型、干旱发生频率和强度以及极端天气造成了影响,给贫困人口带来更多隐患。受影响最大的人口正是那些无法享有或无法完全享有基础设施、服务和支持系统的人们。目前,有超过 5 亿的儿童生活在洪水极端高发区,近 1.6 亿儿童生活在干旱多发或极端干旱地区。

(2) 常用策略

解决环境问题带来的健康好处往往无法量化。所以,针对环境问题的投资和政策也相对缺乏。此外，大多数情况下，主流环境政策也并未针对最贫穷和最弱势的群体。而就一些环境问题而言，针对某个特殊群体的政策实际上也没必要，他们往往能从有效的全球战略中分享好处。

例如，1987年通过的《蒙特利尔议定书》中《关于消耗臭氧层物质的蒙特利尔议定书》得到落实，逐步淘汰了近100种消耗臭氧层的物质，到2030年，将可每年预防多达200万例的皮肤癌和数百万例的白内障疾病。此外，《蒙特利尔议定书》减少了平流层臭氧的损耗，减少了紫外线对农作物和海洋生态系统的损害，从而达到保护粮食安全的目的。1987—2060年间的累积预估显示，仅全球分阶段淘汰的氯氟烃一项便能带来预计约1.8万亿美元的全球健康效益，以及农业、渔业和材料等方面约460亿美元的收益。

然而，对于其他环境问题，同一方法对不同群体的效果却很不一样。如果是局部性问题或问题分布不均，那么未针对最贫困人口的环境政策可能会加剧不平等。集体行动能力不足或对政策制定和实施影响力不足的群体（社区、个人、国家）从投资中获得的利益可能比较少，甚至被排除在某些政策之外。在某些情况下，如果缺乏足够的政策，那么现存的社会经济不平等可能使得某些群体很容易将其生活和活动带来的环境成本转嫁到其他群体，而不是内部消化。

(3) “不让任何一个人掉队”策略与其他策略比较

不同的环境管理工具可能会对环境政策受益者的选择产生巨大影响。比如，对处理有毒物质的植物进行检查时，“警察巡逻”的方法是进行常规统一检查，而“火警”的方法则是对受影响的各方作出反应。后者往往能让那些权力更大的群体获得更多好处，却可能使最弱势的群体更加落后。要想不让任何一个人掉队，政策至少首先要在最不利的地区包含一项警察巡逻式的方法。保证从环境事件中获得信息、进行参与、保持公正，这是不让任何一个人掉队策略的必要组成部分。要做到不让任何一个人掉队，政策就要针对弱势社区的特殊需要。这方面的经验包括：积极的外联战略，使这些社区能够获得技术和财政支持、法律援助和环境方面的信息，从而发现和解决环境问题；法律赋予社区权力;在影响评估和许可标准中加入公平准则。

在一些情况下,带动最落后地区的政策也能有效地解决环境问题,带来全球效益。用现代燃料炉灶替代传统的生物质炉灶,用清洁生物质炉灶取代传统的烹饪和加热方式,将会带来巨大的健康效益,到 2050 年,这种方式减少的短期气候污染物将占控制全球气候变暖总份额的 25%。

(4) 如何识别掉队群体和"掉在最后面的人"

"掉队群体"的定义根据干涉类型的不同而不同。虽然常用的方法是以收入分配为标准,但是,针对那些最容易暴露于污染、恶劣环境、气候变化或自然灾害的人,对环境和健康联系的干预往往考虑到脆弱性和环境恶化问题。环境和健康不平等与很多其他社会经济因素有关,比如人的社会和经济地位、社会阶层、年龄、性别、民族、教育、就业、生活和收入水平等。这些因素决定了人的居住环境、饮食、如何以及何时暴露于污染,以及改变自身现状所面临的选择。

针对特别脆弱或负担过重的人口,以及那些不太可能意识到自身所面临风险或无法参与有效决策的人,一些司法管辖区采取了一种务实的方法。例如,在美国的马萨诸塞州,"环境正义"人群的操作性定义是:"年度家庭收入中位数等于或小于全国中位数的 65%,或 25%的人口是少数民族、外来人口或缺乏英语能力的社区。"加利福尼亚州采用了一种筛选工具,即"加州社区环境卫生筛选工具",借此来识别那些遭受污染影响最大的弱势群体,并且考虑污染源的位置和人口特征,比如儿童和老人的密度、新生儿体重不足、哮喘突发事件、教育水平、语言隔离、贫困和失业等。该工具从温室气体减排基金(一项限额交易计划)中获得资源。

4. 有条件的现金转移计划

(1) 背景

人们很久之前就已经意识到了贫困的多重性。贫困家庭很可能遭受多重贫困,包括教育、健康、就业,而且更容易受到冲击。有条件的现金转移(Conditional Cash Transfer, CCT)计划(Conditional Cash Transfer Programmes, CCTs)

旨在解决贫困家庭面临的多重贫困问题。这些项目通常的设计背景是，贫困家庭对其子女的投资能力不足，导致营养不良和教育结果不佳，以及使用童工的现象。

(2) 常用策略

CCTs 通常将教育、健康和儿童营养等因素结合起来，有条件的对教育、出生护理、疫苗接种等进行现金转移，旨在减轻当前贫困。以巴西的家庭补助计划(Bolsa Familia)为例，对孕妇的有条件现金转移指的是对她们进行及时的产前和产后护理；对所有 0—5 岁儿童的有条件现金转移指的是给他们及时接种疫苗并进行成长监测；对所有 6—15 岁孩子的有条件现金转移指的是他们的上学时间至少达到要求的 85%以上。

还有一些计划旨在给女孩和妇女提供特殊支持。以墨西哥的“机会计划”(Oportunidades Program)项目为例，它从中学阶段起，给予取得更高成绩的女孩更多的奖学金。现金转移的支付对象是家庭的女性户主。

此外，以更加灵活和适应性的方法鼓励人力资本投入，模糊有条件和无条件转移的界限(例如，肯尼亚、加纳和巴基斯坦的一些无条件现金转移计划就引入了一些相对不那么严厉的共同责任安排，这也就是所谓的“软条件”)，可以不断增加人们对有条件的现金转移计划的兴趣，尤其是增加贫困国家的兴趣。在非洲，CCTs 作为一个单独项目存在是极其罕见的。它们通常都是作为公共工程项目一揽子安全网络干预措施的一部分而存在的。撒哈拉以南非洲最大的 3 个 CCT 融资活动无一例外都是与公共工程部门结合起来，这 3 个融资活动分别是尼日利亚的青年就业和社会支持项目、坦桑尼亚的生产型社会安全网络项目以及加纳的社会机会项目。目前，埃及、汤加、布基纳法索、喀麦隆、刚果(布)、尼日尔、马达加斯加、乍得和马里都采用了人力资本投资与有条件的现金转移计划以及公共工程建设社区基础设施相结合的方法。

就定义而言，CCTs 旨在帮助那些在社会经济方面比较落后的人。此计划的成功程度也因国家不同而有所不同。CCTs 是社会安全网络获得评估最多的项目。最近几年，涌现了很多对 CCTs 影响的评估，而且戏剧性地从拉丁美洲(初期绝大多数评价都集中于此)转向低收入的非洲(过去3年中有一半的评价都集中在该地区)和亚洲。去年影响最大的公开评估项目包括了菲律宾的Pantawid Pamilyang项目。

CCTs,尤其是拉丁美洲的项目受到广泛评估,主要是积极结果。在墨西哥,受益家庭新生儿的体重比非受益家庭的重了127.3克,体重不足现象也低了44.5%。巴西的家庭补助计划推出之后,女孩入学率增加了8.2%;儿童在6个月内接受必要的7种疫苗接种的概率提高了12%—15%;孕妇接受产前护理到访的次数平均增加了1.5次。2012年对巴西家庭补助计划的一项评估指出,有证据表明,受益妇女的决策给孩子和妈妈都带来了更好的生活条件。家庭补助计划还和降低犯罪率联系了起来。对尼加拉瓜“Atención a Crisis”项目的评估强调了对儿童早期发展进行干预的长期健康效益。评估指出,接受该项目现金转移的家庭对儿童发展的关键支出(比如更多有营养的食物、对儿童进行更多的早期鼓励、采取更多的健康预防性措施)增加了。带来的效果是,受益家庭36个月大的儿童的认知得到改善,甚至项目结束后两年,这些积极效应依旧在持续。

拉丁美洲CCTs的成功激励了世界上更多的发展中国家采用类似的计划。但是,要想取得成功,需要给参与者提供高质量的服务,且要求公共部门具备运行相对复杂转移项目的能力。在某些情况下,这些前提条件意味着,那些最落后的地区,如农村地区,在实践中可能会被排除在外。例如,在尼加拉瓜,该方案最初是在满足最低行政和基础设施要求的部门实施的。哥伦比亚的家庭行动计划(Familias en Accion, FA)所包含的贫困市要满足以下条件:居民人数不足10万人,有一所银行和足够的教育、卫生基础设施。

一些国家加强了现金转移与儿童早期发展(ECD)之间的联系。有条件的现金转移计划除了更加传统地为穷人和弱势群体提供收入支持外,还可以作为促进幼儿营养、健康和发展的有效手段。在存在儿童早期教育服务的地方,现金转移项目可以帮助家庭克服准入障碍,如在健康访问、成长监测或幼儿园出勤率等方面。现金转移项目还可帮助改变养育孩子的方式,以提高儿童早期的营养、心理激励或健康。包括布基纳法索、吉布提、马里和尼日尔在内的国家已经尝试了类似的方法。

中等收入国家也实施了促进儿童早期教育的配套措施。在印度尼西亚，有条件的现金转移项目——“家庭希望计划”(program Keluarga Harapan，PKH)覆盖了全国30万贫困家庭。该项目不仅提供现金支持，还给受益母亲提供相关技巧。培训课程努力促进与幼儿教育和育儿实践相关的可持续行为变化，并将其延伸到与家庭财务或微型企业等的相关话题上。这些培训课程通常是在当地CCTs受益人每月的会面中进行，为期3年。所使用的视频通常是典型的有条件的现金转移计划家庭的日常情况，具有很强的代表性。

(3)“不让任何一个人掉队”策略与其他策略比较

一些CCTs除了包含对贫困家庭的支持之外，还涵盖了针对最落后人口的现金转移。比如，巴西家庭补助计划的转移中包含了一项有条件的支付条款，即如果一个“贫困”家庭有3个或以上的0—15岁儿童，且收入在人均收入以下，则进行支付转移；但是对于家庭收入低于人均最低收入的“极端贫困”家庭，则进行无条件现金转移。

一些计划也为解决一些特定问题提供额外的激励措施，如辍学问题。2008年，巴西出台了一个“Benefício Variável Jovem”补充项目，为16岁和17岁的孩子增加了可变支付和上学条件，要求他们的出勤率至少达到学时的80%。

其他方案包括支持贫困家庭(这些家庭尤其容易受灾害影响)灾后重建，以努力降低灾害事件对消除贫困造成的消极影响。这些计划包括智利的“Chile Solidario”项目、厄瓜多尔的“Bono de Desarrollo Humano”项目和墨西哥的“Prosepera，successor of Oportunidades”项目。

在巴拿马，“Red de Oportunidades Led”项目针对最贫困的人群和当地社区。根据一项评估，该项目使得当地土著聚居地的12—15岁童工减少了15.8%，学生入学率增加了7.9%。

(4) 如何识别掉队群体和“掉在最后面的人”

CCTs既能覆盖国家社会人口的一大部分(巴西约26%),又能覆盖很小一部分(尼加拉瓜约3%)。所以,该计划至关重要的有效性体现在其良好的目标识别和定位。

大多数拉丁美洲的CCTs都是通过代理人的方式对穷人进行鉴别。值得注意的是,巴西的家庭补助计划是个例外,它根据居民自行上报的人均家庭收入进行判断。有条件的现金转移计划也可通过地理分布来确定优先区域,可以是基于福利水平,或者是基于诸如最低基础设施等其他需求,或者是两者兼而有之。一些方案也会通过社区筛选测试来确定合格人选。

5. 生态系统服务付费计划

(1) 背景

生态系统服务付费(Payments for Ecosystem Services, PES)计划的设计初衷是满足保护目标而不是减贫目标。保护策略确实可能存在一些限制和挑战,特别是对那些被确定或指定为实施这些环境保护方案的地区或当地人民。这些挑战和限制包括社区缺乏或无法获得生态系统提供的服务。这些挑战直接影响到穷人和没有土地的人,因为他们因生计完全依赖这些资源,所以会加剧挑战。目前,人们对于诸如PES等激励计划的实施有了进一步了解和实践,平衡保护目标和社会经济发展也得到了广泛认可。让更多的当地居民或自然资源使用者参与到保护工作中来,并鼓励当地社区支持或参与保护工作,已经成了当下的标准惯例。过去30年里,快速增长的生态系统功能转变为以服务为特征,以货币方式估值,并小范围地被纳入PES计划之中。这些计划因此也成为管理环境问题的常用工具之一。

(2) 常用策略

在典型的生态或环境服务计划中,提供环境服务的一方同意对相应的资源或服务进行管理,并在满足某些要求的情况下为另一方提供利益流,以换取补偿。一些PES计划纯粹是私人项目。但绝大多数PES计划都是由政府资助,中介机构参与的,如非政府组织。目前,绝大多数计划都应用于缓和气候变化、流域服务和生物多样性保护等领域。

PES计划的首要关注点是维护或恢复生态系统，而不是减贫。但是，过去10年里，人们对PES的兴趣越来越高，除了环境目标之外，人们也开始关注其是否能达到并适应减贫目标，尤其是在发展中国家。一项对3个热带大陆进行观察的多国研究发现，贫穷地区的（环境）服务提供者更能广泛地参与PES计划，而且无论是在收入还是非收入方面，通常也能从参与中更好地获益。但是，该研究也指出，我们同时也需要关注生态系统服务付费计划对未参与该计划的用户的影响。几项研究，包括世界资源研究所2005年做的一项关于援助穷人PES计划所面临的挑战研究均发现：缺乏使用期保障、限制土地使用、高交易成本、缺乏信贷和启动资金等对那些被剥夺了获得福利机会的穷人来说，是十分严峻的挑战。

PES计划的参与者筛选原则包括偏向穷人和反穷人的意见，在触及最落后人口时不同机制产生了不同的结果。与国家的扶贫目标相比，定量的福利效应规模很小。研究发现，虽然可以通过PES计划达成一些支持贫穷人口的干预措施，但是PES计划的重点依旧应该是环境问题。

(3)“不让任何一个人掉队”策略与其他策略比较

如前所述，PES计划的设计目标并非明确针对减贫。严格的支付系统设置会影响款项在参与群体和非参与群体之间的分配；因此，PES计划或多或少地可以关注那些最落后的人口，但要视情况而定。审慎设计的PES计划可以更加关注那些落后人口（“最贫困人口”）和生活在贫困线以下的人口。

(4) 如何识别掉队群体和“掉在最后面的人”

在评价PES计划的亲贫属性时，收入及其衍生的贫穷指标是测量“掉队群体”时经常被用到的。但是，评价PES计划亲贫属性时也需包含其他贫困指标，如健康、教育和其他社会指标。

6. 住房

背景

发展中国家最近几十年的住房政策中，最明显的趋势与贫困人口的空间分布有关。虽然世界上绝大多数的贫困人口依旧生活在农村,但是贫困也越来越快地成为一个城市现象。如今与30年前已经很不一样了,很多国家——比如,俄罗斯、巴西、墨西哥——的绝大多数贫困人口都生活在城市。另外一些国家中,城市的贫困比率也比农村地区高。

过去几十年城市干预失败的表现之一是,无法消除贫民窟。虽然千年发展目标中关于贫民窟的目标已达成,但是贫民窟居民的绝对数量却在持续增长,据估计,2012年,贫民窟人口达到8.63亿人。这并不仅仅是因为发展中国家移民大量涌入城市所致。以对巴西和印度的调查为例,很多地方的贫民窟居民已经不单单是从农村迁入城市以求获得更好生计的人了。现如今,孟买10万街道居民的中的很多都是第二代居户,里约Favelas贫民窟也是相同情况。

过去30年中,大环境发生了很大的变化。城市化不再仅仅被认为是社会成长和专业化过程中促进增长的引擎。发达国家和发展中国家对住房和土地市场的运作模式都有了更深入的了解。现在,人们普遍可获得大量的信息,而且针对房地产经纪的研究十分活跃,尤其是针对发展中国家的研究。很多国家都已逐步形成了复杂的金融系统。例如,很多发展中国家目前都可获得市场利率住房融资。但在一些情况下,这往往也伴随着一定的危机。

(2) 常用策略

为城市居民提供住所的策略已经有几十年的历史了。在发展中国家,城市项目最初是由国际金融机构进行的,往往旨在帮助低收入国家发展城市和城市服务。大多数初期项目都在一国的首都城市进行,试图证明基本的住房服务,比如水和卫生设备,相较于当时公共部门提供的服务来说,成本可以做到更低。当时这种观点遭到的反对声音十分强大。大多数发展中国家的公共住房部门都是提供昂贵且严重依靠补贴的住房,远远无法满足必需人口的需求。这些项目也为很多国家拆除棚户区提供了另一种选择。援助计划的总体构想是,利用公共援助增强该部门的优势,而不是试图取代这个非正规部门,或将其视为一个“问题”。只要提供基本的服务和住房,贫困家庭就可随着时间推移，在他们的储蓄和资源允许的情况下扩大住房面积。他们也可利用自己的劳动维持和增加自身财富。转变发生在20世纪70年代初期，当时要求完善现有的贫民窟，而不是单单开发新的住宿地点。

第二次转变是，从单一的以住房为中心的项目转向更广泛的干预，包括城市财政、城市管理和政府间关系等。后来，其他类型的干预集中在住房金融，更广泛的住房政策环境以及灾难援助上。最后，到了20世纪90年代后期，小额住房信贷开始在进一步下调收入分配时成为提供住房融资的一种方式。住房市场的多种干预措施继续针对低收入的租住行业（无论是公共还是私人）。

（3）“不让任何一个人掉队”策略与其他策略比较

城市的政策干预和策略能多大程度上触及落后人口，这与具体的干预措施及当地环境密不可分。但是，我们还是可以吸取一些一般教训。整体来说，补贴工具并不是解决贫困人口问题的灵丹妙药。

就像贫民窟为城市里最落后的人提供庇护一样，针对贫民窟的干预政策可对这个方面的问题产生影响。但是，影响程度却取决于城市干预的目的和落实情况。

（4）如何识别掉队群体和“掉在最后面的人”

对“掉队群体”的定义根据干预的不同类型而有所不同。比如，旨在扩大个人按揭市场的干预措施将更关注那些处于正常购房融资边缘的人群，这些人通常并不处于收入分配的底层。对贫民窟的干预是基于区域的，此外，特定干预措施内的额外标准可能会进一步针对那些最脆弱最贫穷的人或家庭。

7. 饮用水和卫生设备

（1）背景

提高安全饮用水和卫生设备的可获得性，长期以来就被认为是可持续发展的主要挑战之一，相较于其他人类生存健康相关的领域而言，不恰当的水源管理会对人类健康、生态系统、食品和能源安全带来直接影响。147个国家达成了千年发展目标中与饮用水相关的目标,95 个达成了卫生设备相关目标。目前,世界上 90%以上人口的饮用水源得到了改善,68%的人口的卫生设备得到了改善。家庭可获得水源和卫生设备的改善所带来的价值包括:直接净储蓄或替代购水供应商带来的开支减少;治疗水传疾病的医疗支出减少;取水距离或时间缩短带来的家庭间接效益;改善营养;增加学校出勤率,尤其是女生出勤率;改善卫生设备状况使得其更加安全,更加文明,比如公厕替代传统的排便设施。在绝大多数发展中国家,卫生设施还没有普遍使用,城市卫生设施的改善度要高于农村地区。无法接入自来水管网络的家庭必须依赖其他替代水源,而这些替代水源的价格往往比自来水厂提供的水源贵得多。人口稠密的城区,因空间不足,服务供应商缺乏等因素,住户往往在更好的卫生设备和清理社区排泄物方面缺乏选择。

长期以来,投资水源和卫生设备已被认为是具有高社会回报率了的。例如,世界卫生组织和联合国儿童基金会估计,2004 年,发展中国家水和卫生设备每美元的投资回报率在 5—28 美元之间。改善安全水源和卫生设备也会给其他领域带来附带收益。比如,水、卫生设施和卫生意识不足导致的腹泻案例,从 1990 年的 180 万例下降至 842 000 例,所有的地区都在迅速下降。

(2) 常用策略

全球各项策略的终极目标都是为了普及安全饮用水和基本的卫生设施。从这个方面来讲,它们的目标就是“不让任何一个人掉队”。很多国家普及饮用水的策略都是使住户接入自来水厂的水网系统。各个国家公共事业具体的制度特征和政府的自治程度变化很大。但是,政府面临的挑战却是相同的——确保以可承受的价格获得可靠的安全水源,而不损害供水系统财政的长期可持续性。普及卫生设施覆盖率的策略既依赖公共服务的延伸(下水道系统和化粪池系统),又要鼓励完善卫生设施的私人投资。对于那些很大一部分人口还无法获得安全水源和卫生设施的国家(比如,大量的农村人口)来说,规划人员可首先着手于改善供水和废水处理的结构网络,将现有的用水网络或水厂连接起来扩大范围,然后再考虑覆盖那些最落后最偏远地区的人口。

从全球范围来看，无法获得安全水源和更好的卫生设施的农村人口分别占总数的80%和70%，就短期和中期来看，在这些地区建设水网和卫生设施系统目前依然不太可行，所以社区运营和管理的低成本解决方案依旧是主要选择。对于那些大多数人都能获得安全用水和卫生设施的国家，覆盖最落后的人口则应成为战略重点。

传统上，水费和相关补贴是政府解决这些问题的首选工具。大多数针对家庭的用水补贴都是通过提供较低的用水费费率来实现的。用水补贴的常用方式是分档费率，第一档的用水费率会得到补贴，而最高一档的成本则最高。污水收集和处理的成本常常是由水费收入进行交叉补贴的。对于低收入家庭来说，卫生设备系统的建设和维护是个巨大的经济负担，但是大量没有卫生设施的贫困住户对政府来说也是个难题——有限的预算无法提供高效补贴。

回顾不同国家的用水补贴经验，我们可吸取一些有益教训。低税方式的消费补贴通常不能很好地惠及最贫穷的家庭。对穷人有偏见的接入方式通过低水价的补贴不太可能惠及穷人。非贫困家庭接入用水网络的可能性也往往高于贫困家庭。在实践中，水费补贴方案往往导致再分配机制更加不公平。

过去几十年中出现了新的补贴方案。供水中越来越常用的一种形式是，不同质量的服务与不同的收费挂钩。一般来说，低质量的服务往往伴随着补贴。目标是将补贴用于穷人住户或社区，住户可自行选择想要的服务形式，但是他们更可能选择低质量（有补贴）的服务。另一个目标是，在同等的投资水平之下，实现更大范围的覆盖面积，低质量的服务比如社区水龙头，成本更低，但是覆盖面却比私人接入用水更广。

如果住户满足几项标准（收入低是最明显的标准），那么则会给予直接消费补贴，可抵消其水费账单中的一部分开支。直接补贴系统最先由智利政府于1990年推出，它的推出在当时成功地缓和了单一成本反映式的水费分配带来的影响。直接补贴的主要优势是透明、清楚，并能最小化公共用水系统和消费者行为的扭曲。最主要的缺点是,很难界定合适的评判标准,以及识别合格住户过程中产生的行政成本。

接入水网补贴的使用变得越来越频繁,但前提是要认识到,对于一些群体来说,主要的障碍是最初接入水网所需支付的费用,而不是每月的水费账单。入网补贴同时也为用水供应商扩大水网提供了强大的激励。

一种新兴的方法是,在产出的基础上提供硬件补贴,而不是在输入的基础上。以产出为基础可以确保每项补贴都是实实在在实施的,而且在刺激需求和平衡私人投资方面效果显著。同时,它还可刺激供应商降低成本,投资那些他们平时不会考虑的领域。

(3)"不让任何一个人掉队"策略与其他策略比较

一般来说,以现有网络或供水中心为基础进行水网拓展相对更容易一些。从某种程度上来说,那些最落后的人口一般也居住得离现有服务范围最远,拓展水网的策略可能不会同时覆盖那些最落后的人口。要覆盖最落后的人口,需要有意地将最偏远的地区和群体纳入优先考虑范围。

(4)如何识别掉队群体和"掉在最后面的人"

国家层面最常用的指标是,获得安全饮用水源和基本卫生设施的住户比率。但是,也有其他一些衡量指标和分类方法,不同的监测过程对获得水和卫生设施的定义也不相同。为改善穷人用水状况所实施的行政计划中,不同形式的行政目标正在越来越多地被使用。从分类目标到基于家庭结构和位置的选择等,最复杂的依据是支付能力调查。基于家庭大小的单一选择对最贫困住户的针对性往往表现不佳。地理针对性的效果很大程度上取决于住户贫困程度与所处位置之间的关系。地理针对性方法在尼泊尔取得了很好的效果,但是在哥伦比亚和塞内加尔的效果则很一般。卫生设施补贴也采取了一系列方法,包括地理针对性、支付能力针对性、社区针对性、自我选择针对性等,其中,后两者比支付能力针对性效果更佳,支付能力测试成本高昂,且会产生激励倒错现象。

8. 残疾人

(1) 背景

在几乎所有可持续发展目标的最落后人口中，残疾人的比例都是很高的。如果家庭中有一个残疾人，那么这个家庭经历物质困难的可能性很高，包括食品不安全、住房困难、缺乏安全饮用水和卫生设施，医疗保健不足等。残疾儿童接受教育的可能性更低，成年后就业的可能性和建立自己家庭的可能性都更低，生活在贫困中的概率更高。在全球市场内，残疾人失业的概率更高，即便被录用收入也往往很低。在经合组织内，残疾人的收入水平比全国平均水平低大约15%，在一些国家内甚至可能低至20%—30%。残疾人在寻找、接收信息和知识时也受到限制，尤其是那些公开可获得的，且可支付的以适当文本形式出现的信息和知识。这对他们从教育阶段过渡到工作阶段，乃至社会生活都造成了限制。在面对灾害时，他们更易死亡，疏散过程中更容易被落下，或者可能无法进入紧急避难所和交通系统，但是针对残疾人的灾害风险削减计划却是个例外。

(2) 常用策略

解决残疾人的需求通常需要双管齐下：通过针对残疾人的具体项目和通过增加主流社区政策干预的规定。

例如，为了解决就业市场对残疾人的排外问题，各个国家采取了各种措施机制，比如反歧视性法律和监管条例，提供定额工作岗位和激励机制(税收抵免，帮助雇主为残疾人提供住宿或进行工作环境改造)，特殊就业支持，培训计划和针对自主创业的小额信贷等。

残疾人在获取医疗保障中面临各种障碍，从支付问题到身体限制，再到与医护专业人员的沟通等。某些情况下，为残疾人提供初级医疗保健和特殊服务可能是最好的解决方案。这在帮助残疾人解决精神问题、减少污名和歧视中，取得了很好的效果，且已被证实。但是，针对性的干预措施也可在更广泛的范围内推广，以帮助更多人。比如，巴西和印度扩展服务范围，帮助脊髓损伤患者解决诸如皮肤护理、直肠和膀胱问题、关节和肌肉问题，以及疼痛问题等,他们也努力用残疾人可读懂且接受的宣传材料(比如配手语的视频)对残障人士进行艾滋病宣传和教育。在某些情况下,一些实际的转变可能会带来很好的效果,比如,医院和医疗中心建立轮椅坡道,或者购买无法站立的残疾女性可使用的乳房 X 光检查设备等。许多生产商们考虑更多更广泛用户的需求,对主流信息和通信技术设备的设计做了很大调整,给残疾人获取信息和知识提供了新机会。

将残疾人纳入其中的策略也针对了那些掉在后边的人。但是,在某些情况下这些策略(比如增加就业机会的策略)的实际影响、成本和收益依旧有待验证,有待我们作出更多研究。

(3) “不让任何一个人掉队”策略与其他策略比较

一些策略旨在针对最落后的人群,比如一些国家致力于帮助残疾儿童实现公平。津巴布韦的地区法院为残疾儿童提供有针对性的服务,并且一旦残疾儿童被证实是幸存者、目击者或被指控者,警方会为他们寻求专业服务。地方法庭还建立了残疾专家备用团队。在虐待和侵权案件中,方便了法庭仲裁者的沟通和对证据的阐释,因此,法官和检察官在审理未决案件中能够更加有效、持续和迅速。就包容性的社会保护计划而言,以牙买加为例,它将有条件的现金转移计划与针对残疾人士的无条件现金转移计划结合起来,为拥有 17 岁以下残疾儿童的家庭提供无条件的现金转移,并提供免费上门医疗保健。一些国家一开始采购的开放远程教育系统就要求满足残疾人使用标准和要求,以确保残疾学生能够获得信息和知识。

(4) 如何识别掉队群体和“掉在最后面的人”

残疾是一项复杂的多维经历,对测量标准提出了若干挑战。不同国家对残疾的测量标准不同,导致研究和评论的结果各异。过去,由于对残疾的定义不同,且数据质量不佳,所以各种公开报告的评估结论也有很大不同。但是,近年来针对这种现象,业界作出了很大努力,目前对成年残疾人士的估算概率变得越来越可信,各项评估的质量也比较接近。世界卫生组织制定了《国际功能、残疾和健康分类》(*The International Classification of Functioning*,

Disability and Health)体系,也就是通常所说的ICF,从个人和人口两个层面对健康和残疾进行测量。个人残疾和功能性障碍的发生往往有一定的背景,因此ICF也列举了一系列环境因素。因残疾儿童成长的自然环境不同,不同文化对儿童的期望值不同,以及被调查对象的代理回答人各异等,导致基于调查数据的儿童残疾定义也很复杂。最近,联合国儿童基金会(UNICEF)和联合国统计委员会华盛顿残疾数据小组(UN Statistical Commission's Washington Group on Disability Statistics)开发了一个调查模块,以查明调查中残疾儿童的情况。

就"不让任何一个人掉队"而言,一些计划对那些具有多重脆弱人口进行了特别关注,比如残疾儿童。

9. 获得初等教育

(1) 背景

在初等教育方面,世界各国在千年发展目标阶段都取得了长足进展。例如,发展中地区的小学入学率从2000年的83%升至2015年的91%。但是,贫困、儿童性别、社会阶层、民族和语言背景、种族、残疾状况、地理位置和童工现象等依然是阻碍很多儿童获得教育的障碍。如果维持目前的趋势,那么将会有800万6—11岁的男童无法进入小学获得读写能力,而同年龄段女童的这一数字将高达1 600万人。在南亚和西亚,大约有400万女童无法进入小学获得读写能力,男孩约为100万人。但是,发达国家未来面临的挑战似乎完全不同。最近经合组织的一项研究表明,几乎所有国家的"国际学生评估项目"(PISA)结果都显示,女童在阅读的方面胜过男童。这种差距在一些结果较好的国家尤其严重,几乎所有阅读能力不佳的孩子都是男孩,这也要求我们制定特殊策略解决这一差距。虽然最近几十年状况有所改善,但是残疾儿童和青年入学的概率仍然比其他儿童低,进入高等教育的入学率也低于其他儿童。在一项对11个发展中国家的研究中,我们发现,残疾是阻碍入学率的最大阻碍因素,超越了性别和社会经济阶层。2012年,冲突国家的学龄儿童占全球儿童的比重仅为17%,但是无法入学的儿童比率却超过了1/3

(36%)。这意味着,冲突或不稳定地区的学龄儿童辍学率近乎是发展中国家所有儿童的两倍。

(2) 常用策略

许多国家都将教育视为一种帮助落后人口的主要政策杠杆,同时也被视为增加贫困家庭或社区儿童学习机会和民主化的关键手段。虽然不同国家教育系统提供的方式很不一样,但是很多国家都提供免费的中小学教育,一些甚至对弱势社区的学区投资额外资源。普及小学教育的关键因素包括:取消学费;通过诸如现金转移、学校餐饮计划和家庭供给等来增加教育需求;增加学校和教室供给,提高教师教学质量,增加教师激励机制,以及投资健康和基础设施等。

旨在解决教育公平问题的实证性政策和策略包括:通过现金转移等方案减免费用,提供学校膳食/营养和健康服务,提供师生教材和交通服务,制定二次机会/再入学计划,提供包容性的学校设施,对包容性教育的教师进行培训,落实排外性的语言政策等。为了保证教育系统内的性别平等,政府和合伙人主要面临着教师教学、课程和监管程序方面的性别歧视问题,但它们致力于消除教育机构的性别歧视和暴力现象,以确保创造一个公平的教学环境,无论是女童和男童、女性和男性都能被公平对待,消除性别不平等的固化观念,促进性别平等。证据表明,采取特别措施保证女童和女性在教育机构内部、往返途中的人身安全十分重要,尤其是那些冲突和危机多发地区。

(3)“不让任何一个人掉队”策略与其他策略比较

教育战略和政策涵盖了一些针对某些特定弱势群体的措施。根据现有的环境和资源,针对残疾儿童,各国正在采取不同策略发展包容性教育,以期让所有学生都能公平地进入所有正规学校,不断发展更加包容性的社会。在一些国家,对残疾儿童的隔离性教育仍然很普遍。还有一些国家选择了更加包容性的模式,包括:采取全日制学校政策来减少各个学校的特殊教育规定;开发更加包容性的政策,以满足更广泛的学习需求;促进生源多样化。还有一些模式是在保证发展包容性正规学校和教育方法的前提下,仍然保留了一些单独的专门性教育机构和理念，尤其是在针对某些特殊类型的残疾儿童时，直至建立真正的完全包容性学校政策。最后，也有一些方法对容纳残疾儿童的学校进行额外资助，比如分配更多资源，增加针对入学率的奖励机制等。

（4）如何识别掉队群体和“掉在最后面的人”

很多国家都拥有全面评价各级学校儿童教育水平的评价标准。在很多国家，我们都能获得学生上学难或遭受其他损害的详细学校数据，甚至是详细的班级数据。但是，在某些情况下，为了能发现那些最落后的学生，我们需要进行家庭调查或采取一些其他方法。联合国教科文组织统计研究所（The UNESCO Institute for Statistic）基于官方行政数据对 3 个年龄段的辍学儿童进行了估计，分别是小学适龄儿童、中学适龄少年和高中适龄青年。每个年龄段内，只有接受正规小学或中学教育的孩子才会被列为在校学生。

尾注

① Liu L.; Johnson H. L.; Cousens S.; J. Perin; S. Scott; J. E Lawn; I. Rudan; H. Campbell; R. Cibulskis; M. Li; C. Mathers; R. E Black, for the Child Health Epidemiology Reference Group of WHO and UNICEF (2012). Global, regional, and national causes of child mortality: an updated systematic analysis for 2010 with time trends since 2000. Lancet 2012; 379: 2151 - 61.

② Levels and Trends in Child Malnutrition: 2015 edition, 2015, UNICEF, WHO and World Bank Group, Available at: http://data.unicef.org/resources/levels-and-trends-in-child-malnutrition - 2015 - edition.html.

③ Bhutta, Z. A.; Das, J. K.; Rizvi, A.; Gaffey, M. F.; Walker, N.; Horton, S.; Webb, P.; Lartey, A. Black, R. E. (2013). Evidencebased interventions for improvement of maternal and child nutrition: what can be done and at what cost? The Lancet, 382, 9890, 452 - 477.

④ Bhutta, Z. A.; Ahmed, T.; Black, R. E.; Cousens, S.; Dewey, K.; Giugliani, E.; Haider, B. A.; Kirkwood, B.; Morris, S. S.; Sachdev, H. P. S.; Shekar, M., for the Maternal and Child Undernutrition Group (2008). What works? Interventions for maternal and child undernutrition and survival. The Lancet 2008; 371: 417 - 40.

⑤ Ibid.

⑥ Bhutta, Z. A.; Das, J. K.; Rizvi, A.; Gaffey, M. F.; Walker, N.; Horton, S.; Webb, P.; Lartey, A. Black, R. E. (2013). Evidencebased interventions for improvement of maternal and child nutrition: what can be done and at what cost? The Lancet, 382, 9890, 452 - 477.

⑦ Ibid.

⑧ Ruel, M. T.; Alderman, H., and the Maternal and Child Nutrition Study Group (2013). Nutrition-sensitive interventions and programmes: how can they help to accelerate progress in improving maternal and child nutrition?, The Lancet; 382: 536 - 51.

⑨ Bhutta, Z. A.; Ahmed, T.; Black, R. E.; Cousens, S.; Dewey, K.; Giugliani, E.; Haider, B. A.; Kirkwood, B.; Morris, S. S.; Sachdev, H. P. S.; Shekar, M., for the Maternal and Child Undernutrition Group (2008). What works? Interventions for maternal and child undernutrition and survival. The Lancet 2008; 371: 417 - 40.

⑩ The full definition is more complex. Severe acute malnutrition is defined as the percentage of children aged 6 to 59 months whose weight for height is below minus three standard deviations from the median of the WHO Child Growth Standards, or by a mid-upper-arm circumference less than 115 mm, with or without nutritional oedema.

⑪ Bhutta, Z. A.; Ahmed, T.; Black, R. E.; Cousens, S.; Dewey, K.; Giugliani, E.; Haider, B. A.; Kirkwood, B.; Morris, S. S.; Sachdev, H. P. S.; Shekar, M., for the Maternal and Child Undernutrition Group (2008). What works? Interventions for maternal and child undernutrition and survival. The Lancet 2008; 371: 417 - 40.

⑫ Proposed by Julian Hart in 1971, this "the inverse care law" describes one of the central issues that healthcare interventions have to address.

⑬ Starfield, B (2006). "State of the Art in Research on Equity in Health." Journal of Health Politics, Policy and Law 31.1 (2006): 11 - 32. Web.

⑭ Worlth Health Organization (2014), the UN-Water global analysis and assessment of sanitation and drinking-water (GLAAS) report.

⑮ Meyer, S. B., T. C. Luong, L. Mamerow, P. R. Ward (2013). "Inequities in Access to Healthcare: Analysis of National Survey Data across Six Asia-Pacific Countries." BMC Health Services Research BMC Health Serv Res 13.1 (2013): 238.

⑯ Starfield, B (2006). "State of the Art in Research on Equity in Health." Journal of Health Politics, Policy and Law 31.1 (2006): 11 - 32. Web.

⑰ Meyer, S. B., T. C. Luong, L. Mamerow, P. R. Ward (2013). "Inequities in Access to Healthcare: Analysis of National Survey Data across Six Asia-Pacific Countries." BMC Health Services Research BMC Health Serv Res 13.1 (2013): 238.

⑱ Ibid.

⑲ Starfield, B (2006). "State of the Art in Research on Equity in Health." Journal of Health Politics, Policy and Law 31.1 (2006): 11 - 32. Web.

⑳ Cotlear, D. Nagpal S., Smith, O., Tandon A,, Cortez R., Goin Universal; How 24 Developing Countries Are Implementing Universal Health, Coverage Reforms from the Bottom Up, 2015 International Bank for Reconstruction and Development/The World Bank, Washington, DC.

㉑ Van Doorslaer, E., Masseria, C., & Koolman, X. (2006). Inequalities in access to medical care by income in developed countries. CMAJ, 174(2), 177 - 183. doi: 10.1503/cmaj.050584.

㉒ UNICEF, contribution to the GSDR 2016.

㉓ O'Campo, P, Xiaonan, X, Mei-Cheng, W, & Caughy, M 1997, 'Neighborhood Risk Factors for Low Birthweight in Baltimore: A Multilevel Analysis', *American Journal Of Public Health*, 87, 7, pp. 1113 - 1118, Academic Search Premier, EBSCO*host*, viewed 22 April 2016.

㉔ Arblaster, L, Lambert, M, Entwistle, V, Forster, M, Fullerton, D, Sheldon, T, & Watt, I 1996, 'A Systematic Review of the Effectiveness of Health Service Interventions Aimed at Reducing Inequalities in Health', *Journal Of Health Services Research And Policy*, 1, 2, p. 93, Supplemental Index, EBSCOhost, viewed 22 April 2016.

㉕ US welfare programs, such as Special Supplemental Food Programme for Women, Infants and Children in 1972 and Project Head Start in 1965, were successful in improving not only health-related deficiencies but also taking a multidisciplinary approach by including social and educational interventions.

㉖ O'Campo, P, Xiaonan, X, Mei-Cheng, W, & Caughy, M 1997, 'Neighborhood Risk Factors for Low Birthweight in Baltimore: A Multilevel Analysis', *American Journal Of Public Health*, 87, 7, pp. 1113 - 1118, Academic Search Premier, EBSCOhost, viewed 25 April 2016.

㉗ Arblaster, L, Lambert, M, Entwistle, V, Forster, M, Fullerton, D, Sheldon, T, & Watt, I 1996, 'A Systematic Review of the Effectiveness of Health Service Interventions Aimed at Reducing Inequalities in Health', *Journal Of Health Services Research And Policy*, 1, 2, p. 93, Supplemental Index, EBSCOhost, viewed 22 April 2016.

㉘ WHO (2016) *Preventing disease through healthy environments. A global assessment of the burden of disease from environmental risks.*

㉙ WHO (2014b) *Burden of disease from Household Air Pollution for* 2012.

㉚ The WHO global burden of disease (GBD) measures burden of disease using the disability-adjusted-life-year (DALY). This time-based measure combines years of life lost due to premature mortality and years of life lost due to time lived in states of less than full health.

㉛ Currie, Janet (2011) "Inequality at Birth: Some Causes and Consequences," American Economic Review, Ely lecture, May 2011. http://www.princeton.edu/~jcurrie/hemicalsns/Inequality% 20at% 20Birth% 20Some% 20Causes% 20and% 20Consequences.pdf.

㉜ Alan，M（2015）. Available from https://giwps. georgetown. edu/sites/giwps/files/Women%20and%20Climate%20Change.pdf.

㉝ United Nations Children's Fund，*Unless we act now. The Impacts of climate change on children*（2015）.

㉞ UNEP（2015）*The Montreal Protocol and Human Health. How global action protects us from the ravages of ultraviolet radiation.*

㉟ Boyce，James K.，（1994）"Inequality as a cause of environmental degradation"，Ecological Economics 11，169 - 178.

㊱ Hamilton，James T.（1995）"Testing for environmental racism：Prejudice，Profits，Political Power" Journal of Policy Analysis and Management，Vol. 14，No. 1（Winter，1995），pp. 107 - 132.

㊲ See，for example，Environmental Protection Agency（EPA）（2015），"Guidance on Considering Environmental Justice During the Development of Regulatory Actions"，https://www. epa. gov/sites/production/files/2015 - 06/documents/considering-ej-in-rulemaking-guide-final.pdf.

㊳ UNDP（2014），*Environmental Justice：Comparative Experiences in Legal Empowerment.* http://www. undp. org/content/dam/undp/library/Democratic%20Governance/Access% 20to% 20Justice% 20and% 20Rule% 20of% 20Law/Environmental-Justice-Comparative-Experiences.pdf.

㊴ Walker，Gordon，Helen Fay y Gordon Mitchell（2005），"Environmental Justice Impact Assessment An evaluation of requirements and tools for distributional analysis". Friends of the Earth. https://www. foe. co. uk/sites/default/files/downloads/ej _ impact _ assessment.pdf.

㊵ "Environmental Justice Policy of the Executive Office of Environmental Affairs"，http://www.mass.gov/eea/docs/eea/ej/ej-policy-english.pdf.

㊶ California Environmental Protection Agency（2014）. "Approaches to identifying disadvantaged communities". http://oehha. ca. gov/ej/pdf/ApproachesnIdentify Disadvantaged CommunitiesAug2014.pdf.

㊷ The impact of Brazil's Bolsa Família conditional cash transfer program on children's health care utilization and health outcomes，Amie Shei，Federico Costa，Mitermayer G Reis and Albert Ko，BMC International Health and Human Rights，April 2014.

㊸ World Bank，contribution to the GSDR 2016.

㊹ Fizsbein a. et al 2008 Conditional Cash Transfers：Reducing Present and Future Poverty：Policy Research Report. Washington，DC：World Bank.

㊺ World Bank. 2015. The State of Social Safety Nets 2015. Washington，DC：World Bank.

㊻ Chaudhury，N.，J. Friedman，and J. Onishi. 2014. Philippines Conditional Cash Transfer Program：Impact Evaluation 2012. Washington，DC：World Bank.

㊼ Barber，Sarah，and Paul Gertler，'Empowering Women：How Mexico's conditional cash transfer programme raised prenatal care quality and birth weight'，Journal of

Development Effectiveness, vol. 2, issue 1, 2010, pp. 51-73.

㊽ de Brauw, A., Gilligan, D. O., Hoddinott, J., & Roy, S. (2015). The Impact of Bolsa Família on Schooling. *World Development*, 70, 30 3-316.

㊾ de Brauw, Alan, et al., 'The Impact of Bolsa Família on Education and Health Outcomes in Brazil', International Food Policy Research Institute, Washington, DC, 2010.

㊿ DeBrauw (2012).

(51) Spillovers from Conditional Cash Transfer Programs: Bolsa Família and Crime in Urban Brazil, Laura Chioda, João M. P. De Mello, Rodrigo R. Soares, April 2013.

(52) Macours et al (2012).

(53) Comparative Case Studies, Review of IDB Institutional Support to Conditional Cash Transfers in Three Lower-Middle-Income Countries, Office of Evaluation and Oversight, Inter-American Development Bank, November 2015.

(54) Impact Evaluation of a Conditional Cash Transfer Program: The Nicaraguan Red de Proteccion Social, IFPRI Research Report 4. Washington, DC, International Food Policy Research Institute.

(55) Attanasio, O., Battistin, E., Fitzsimons, E., Mesnard, A. and Vera-Hernandez, N. (2005) How effective are conditional cash transfers? Evidence from Colombia? IFS Briefing Note No 54, IFS London.

(56) World Bank, contribution to the GSDR 2016.

(57) UNEP, contribution to the GSDR 2016.

(58) Arraiz, Irani, and Sandra Rozo, 'Same Bureaucracy, Different Outcomes in Human Capital? How indigenous and rural nonindigenous areas in Panama responded to the CCT', Working Paper, InterAmerican Development Bank, Washington, DC, May 2011.

(59) Bastagli, Francesca (2010) Poverty, inequality and public cash transfers: lessons from Latin America. Background Paper for the European Report on Development (ERD) 2010 on Social Protection for Inclusive Development, European University Institute, Florence.

(60) Bastagli, Francesca (2010) Poverty, inequality and public cash transfers: lessons from Latin America. Background Paper for the European Report on Development (ERD) 2010 on Social Protection for Inclusive Development, European University Institute, Florence.

(61) Ariel Fiszbein and Norbert Schady with Francisco H.G. Ferreira, Margaret Grosh, Nial Kelleher, Pedro Olinto, and Emmanuel Skoufias, 2009, Conditional cash transfers reducing present and future poverty, The World Bank, Washington, DC.

(62) Gomez-Baggethun, E., R. de Groot, P. Loma, C. Montes, 2010, The history of ecosystem services in economic theory and practice: From early notions to markets and payment schemes, *Ecological Economics*, 69, 1209-1218.

(63) Source: Wikipedia, payments for ecosystem services.

(64) Wunder, S. (2008). Payments for environmental services and the poor: Concepts and

preliminary evidence. *Environment and Development Economics*, 13(3), 279 - 297.

⑥⑤ Wunder, S. (2008). Payments for environmental services and the poor: Concepts and preliminary evidence. *Environment and Development Economics*, 13(3), 279 - 297.

⑥⑥ Important parameters that influence the distributional, social and equity aspects of the benefits across participating and non-participating groups found in the literature include: participatory co-design with a strong governance dimension; finding the right combination of short and long-term incentives; combination of both regulatory and market incentives; the setting up of communities-managed funds; and transparent payments systems.

⑥⑦ The Millennium Development Goals Report 2012, United Nations, New York, 2012.

⑥⑧ SPARC, 2002,. We the Invisible: Revisited. www.sparcindia.org.

⑥⑨ Perlman (2002).

⑦⓪ World Bank, 2006, Thirty years of World Bank shelter lending: What Have we Learned?, Robert Buckley and Jerry Kalarickal, eds., the World Bank, 2006.

⑦① World Bank, 2009, Housing Finance Policy in Emerging Markets, Loic Chiquier and Michael Lea, eds., 2009, the World Bank, Washington, DC, ISBN 978 - 0 - 8213 - 7750 - 5.

⑦② WHO and UNICEF, 2015, *Progress on sanitation and drinking water - 2015 update and MDG assessment*, Geneva, Switzerland, ISBN 978 92 4 150914 5.

⑦③ Kariuki, M., and J. Schwartz, 2005, *Small-Scale Private Service Providers of Water Supply and Electricity: A Review of Incidence, Structure, Pricing, and Operating Characteristics*, Energy and Water Department, World Bank, Washington, DC.

⑦④ WHO (2004) *Evaluation of the Costs and Benefits of Water and Sanitation Improvements at the Global Level.*

⑦⑤ *WHO (2015) Health in 2015: from MDGs to SDGs.*

⑦⑥ Le Blanc, D., 2008, A Framework for Analyzing Tariffs and Subsidies in Water Provision to Urban Households in Developing Countries, *DESA Working paper* #63, January.

⑦⑦ Trémolet, S., Kolsky, P., and Perez, E., 2010, Financing onsite sanitation for the poor, *Water and Sanitation Program Technical Paper*, World Bank, Washington, DC.

⑦⑧ Komives, K., V. Foster, J. Halpern, Q. Wodon, with support from R. Abdullah, 2005, Water, Electricity, and the Poor-Who Benefits from Utility Subsidies?, World Bank, Washington, DC.

⑦⑨ Drees-Gross, F. J. Schwartz, M. Sotomayor, 2005, Outputbased Aid in Water-lessons in implementation from a pilot in Paraguay, OBApproaches note number 07.

⑧⓪ Trémolet, S., Kolsky, P., and Perez, E., 2010, Financing onsite sanitation for the poor, *Water and Sanitation Program Technical Paper*, World Bank, Washington, DC.

⑧① The WHO/UNICEF Joint Monitoring Programme defines "safe drinking water" as water with microbial, chemical and physical characteristics that meet WHO guidelines or national standards on drinking water quality. More information available at: http://www.who.int/water_sanitation_health/mdg1/en/. MDG monitoring has measured access to an improved source of drinking water, which includes sources that, by nature of their construction or through active intervention, are protected from outside contamination, particularly faecal matter. It comprises piped water on premises such as piped household water connection located inside the user's dwelling, plot or yard. Other improved drinking water sources include public taps or standpipes, tube wells or boreholes, protected dug wells, protected springs and rainwater collection. Improved sanitation facilities, which are likely to ensure hygienic separation of human excreta from human contact, include flush toilets connected to sewers, septic tanks, and protected pit latrines. Shared facilities are not considered improved for MDG reporting purposes.

(82) Coady, D., M. Grosh, and J. Hoddinott, 2004, *Targeting of Transfers in Developing Countries: Review of Lessons and Experience*, World Bank regional and sectoral studies. ISBN 0-8213-5769-7.

(83) Le Blanc, D., 2008, A Framework for Analyzing Tariffs and Subsidies in Water Provision to Urban Households in Developing Countries, DESA Working paper #63, January.

(84) Trémolet, S., Kolsky, P., and Perez, E., 2010, Financing onsite sanitation for the poor, *Water and Sanitation Program Technical Paper*, World Bank, Washington, DC.

(85) Beresford, B. with Rhodes, D. (2008) Housing and disabled children, Round-up: Reviewing the Evidence, Joseph Rowntree Foundation, York.

(86) World report on disability, World Health Organization, World Bank 2011, available at: http://www.who.int/disabilities/world_report/2011/en/.

(87) She P, Livermore GA. Material hardship, poverty and disability among working-age adults. Social Science Quarterly, 2007, 88: 970-989.

(88) World Bank Economic Review 22.1 (2008): 141-163.

(89) World report on disability, World Health Organization, World Bank 2011, available at: http://www.who.int/disabilities/world_report/2011/en/.

(90) Sickness, disability and work: breaking the barriers. A synthesis of findings across OECD countries. Paris, Organisation for Economic Co-operation and Development, 2010.

(91) Global Report, Opening New Avenues for Empowerment: ICTs to Access Information and Knowledge for Persons with Disabilities, UNESCO 2013, available at: http://unesdoc.unesco.org/images/0021/002197/219767e.pdf.

(92) Building social resilience of the poor: protecting and empowering those most at risk, Global Facility for Disaster Reduction and Recovery (GFDRR), input to the Global Assessment of Risk 2015, 2014, Available at: http://www.preventionweb.net/english/hyogo/gar/2015/en/bgdocs/GFDRR,%202014d.pdf.

(93) IFRC, HI and CBM (2015), All under one roof: Disabilityinclusive shelter and

settlements in emergencies.

⑭ Global Assessment of Risk 2015, UNISDR, 2015, Geneva, Available at: http://www.preventionweb.net/english/hyogo/gar/2015/en/home/index.html.

⑮ Scheer, J., Kroll, T., Neri, M. T., & Beatty, P. (2003). Access barriers for persons with disabilities: The consumer's perspective. Journal of Disability Policy Studies, 13, 221-230.

⑯ World report on disability, World Health Organization, World Bank 2011, available at: http://www.who.int/disabilities/world_report/2011/en/.

⑰ Integrating mental health into primary care : a global perspective, World Health Organization and World Organization of Family Doctors (Wonca), 2008.

⑱ Strengthening care for the injured: Success stories and lessons learned from around the world. Geneva, World Health Organization, 2010.

⑲ Final technical report: Raising the voice of the African Decade of Disabled Persons: Phase II: Training emerging leaders in the disability community, promoting disability rights and developing HIV/AIDS awareness and prevention programs for adolescents and young adults with disabilities in Africa. New York, Rehabilitation International, 2007.

⑩ Kaplan C. Special issues in contraception: caring for women with disabilities. Journal of Midwifery & Women's Health, 2006,51: 450-456. doi: 10.1016/j.jmwh.2006.07.009 PMID: 17081935.

⑩ World report on disability, World Health Organization, World Bank 2011, available at: http://www.who.int/disabilities/world_report/2011/en/.

⑩ UNICEF Zimbabwe, Country Office Annual Report 2014.

⑩ UNICEF (2012), Integrated Social Protection Systems: Enhancing Equity for Children, UNICEF, New York.

⑩ World report on disability, World Health Organization, World Bank 2011, available at: http://www.who.int/disabilities/world_report/2011/en/.

⑩ Available at: http://www.who.int/classifications/icf/en/.

⑩ UNICEF, Monitoring Child Disability in Developing Countries: Results from the Multiple Indicator Cluster Survey, (2008).

⑩ The Millennium Development Goals Report 2015, United Nations, 2015, New York.

⑩ EFA Global Monitoring report, EDUCATION FOR ALL 2000-2015: achievements and challenges, United Nations Educational, Scientific and Cultural Organization, Paris, 2015, available at: http://unesdoc.unesco.org/images/0023/002322/232205e.pdf.

⑩ UIS. UNESCO eAtlas of Gender Inequality in Education, http://www.tellmaps.com/uis/gender/#!/tellmap/1152163451.

⑪ UIS. UNESCO eAtlas of Gender Inequality in Education, http://www.tellmaps.com/uis/gender/#!/tellmap/1152163451.

⑪ PISA 2012 Results in Focus What 15-year-olds know and what they can do with what they know, OECD, Paris, 2012, available at: https://www.oecd.org/pisa/keyfindings/

pisa－2012－results-overview.pdf.

⑫ World report on disability，World Health Organization，World Bank 2011，available at：http：//www.who.int/disabilities/world_report/2011/en/.

⑬ Filmer，Deon. "Disability，poverty，and schooling in developing countries：results from 14 household surveys." *The World Bank Economic Review* 22.1 (2008)：141－163.

⑭ Based on updated UNESCO Institute for Statistics calculations.

⑮ Improving educational outcomes for poor children，Brian A. Jacob and Jens Ludwig，Focus Vol. 26，No. 2，Fall 2009，Available at：http：//www.irp.wisc.edu/publications/focus/pdfs/foc262j.pdf.

⑯ Schools in Disadvantaged Areas：Recognising Context and Raising Quality，Ruth Lupton，CASEpaper 76 Centre for Analysis of Social Exclusion January 2004 London School of Economics.

⑰ EFA Global Monitoring report，EDUCATION FOR ALL 2000－2015：achievements and challenges，United Nations Educational，Scientific and Cultural Organization，Paris，2015，available at：http：//unesdoc.unesco.org/images/0023/002322/232205e.pdf.

⑱ UNESCO (2015)：Education 2030 Framework for Action. Available at：http：//unesdoc.unesco.org/images/0024/002432/243278e.pdf.

⑲ UNESCO (2015)：Education 2030 Framework for Action. Available at：http：//unesdoc.unesco.org/images/0024/002432/243278e.pdf.

⑳ UNICEF Children with Disabilities in Malaysia：Mapping the policies，programmes，interventions and stakeholders，20 14 and Contributions to the OHCHR study on the Right to Education of Persons with Disabilities，Malaysia.

㉑ Sharma U.，Shaukat S. and Furlonger Br.，Attitudes and self-efficacy of pre-service teachers towards inclusion in Pakistan in Journal if Research in Special Education Needs，June 2014，pp. 1－7. See p.6.

㉒ Bines H. and Lei Ph.，Disability and education：the longest road to inclusion in the International Journal of Educational Development 31，2011，pp.423.

附录 2

第二章的方法论

在分析相互联系时，本文遵循了所谓的“现实主义审查”方法，该方法被认为是分析多学科异质数据的一种严格方法，用以确认不同概念之间的联系。该方法包括四大要素。第一步是搜集相关信息以及与 3 个领域主题相关的科学论文，主要由以下内容构成：（1）由作者组合而成的相互联系，并在这些联系的基础上构筑初步地图。（2）一份电子书目搜索，确定了 201 篇相关文章。（3）基于这些文章提供的作者信息，识别并衍生联系了 147 位专家。24 位专家提供了更多的信息，包括对联系的鉴别以及其他 97 篇相关的科学文章。（4）与联合国系统内的专家取得联系，收集相关的科学研究信息。（5）与联合国系统外的专家取得联系，搜集信息。（6）检索前 4 步中所得相关文章的参考文献。

尾注

① For an example of the use of the method see Kastner, M, Makarski, J, Hayden, L, Durocher, L, Chatterjee, A, Brouwers, M, & Bhattacharyya, O 2013, 'Making sense of complex data: a mapping process for analyzing findings of a realist review on guideline implementability', BMC Medical Research Methodology, 13, 1, pp. 1 - 8, Academic Search Premier, EBSCOhost, viewed 30 March 2016.

② The list of all papers identified is available at https://sustainabledevelopment.un.org/globalsdreport/2016/chapter 2.

附录 3

科学家对 2030 年以前重要新兴技术对可持续发展目标造成影响的观点

1. 生物技术

生物技术、基因组学和蛋白质组学，是现在生物科学的主要驱动力，它们被越来越多地应用于环境问题研究、药物治疗和制药研究、感染病研究以及粮食作物的改良研究。

在解决一系列可持续发展问题的过程中，生物技术潜力巨大。例如，转基因生物可帮助解决发展中国家的粮食不安全问题，但是它们对生态系统、人类健康和社区价值观念的影响则需要人们更多地去理解，从而将其作为一项真正的可持续性的解决方案。经验表明，发展这种技术需要考虑当地的实际情况以及可能的利害取舍。

合成生物学既充满希望，又具有一定风险。量身定制的医疗解决方案，基因疗法，食品工业的技术突破，生物工程制药，以及精准的生物药物传递系统等，这些新方法针对特定的感染细胞和干细胞，使得该领域的未来发展充满希望。但是，如果利用不当，也可能对人类健康及环境造成不可逆转的改变。利用有效的政策和框架来管理合成技术生命周期的各个级段是十分必要的，包括管理制造、分配、使用，以及安全处置和有效回收等。

新兴的基因编辑技术及其对生物科技和医药学带来的影响、收益和潜在的伦理问题已经引起国际上的广泛讨论，包括提议建立人们可接受的人类生殖细胞编辑技术和和谐的监管条例。真正的“人类工程”可能就在不远的未来,当基因编辑、干细胞和人类大脑计算模型等技术融合之时,也就是“人类工程”来临之时。

2. 数字技术

数字信息和通信技术持续快速发展。现在几乎世界所有的地方都被这些技术所覆盖。非洲的用户手机持有量现在可以和美国比肩,几乎人手一部。然而,虽然一些数据差距被弥合了,但是随着新技术的发展,另外一些差距又出现了。在非洲实施可持续性发展目标的背景之下,信息和通信技术可能会扮演至关重要的角色,就好像工业革命时代机器取代人工一样。但是,与机器取代人工不同的是,工业革命时代的机器是地方性的孤立且单个的人工制品,但是信息和通信技术,以及知识的创造却是以一个更高级别的网络存在的,它们能衍生创新。

巨大的技术潜能往往也伴随着同样巨大的担忧,人们为这些技术可能对社会、政治、经济和环境产生的巨大影响而感到担忧。相较于传统手机而言,5G 手机大大地增加了数据之间的互联互通能力。“物联网”正在兴起,它能将有形的物品与无形的网络连接起来。3D 打印技术把数字文件转化为实实在在的三维物体,3D 技术与机器人技术的结合有可能会大大地改变全球制造业的地理分布,从而对全球劳动力市场的均衡带来重大影响。“大数据”技术转变了政府、公民和公司的行事方式,但是它们对人类隐私和自由的威胁也令人们十分担忧。同样地,无线传感器网络能大大地提高很多领域的运作效率,但是它们同样可能对隐私、自由和发展带来威胁。

在超大数据集和网络传感器的帮助之下,大数据及物联网给现存的可持续发展领域(比如,健康、农业、食品安全、城市化等)提供了很多可能,但同时也给数据隐私和安全带来了威胁。云计算平台为获取低成本的计算储存能力,以及免费开源大数据和物联网技术提供了可能,在这些技术的帮助下,不用进行巨额投资,也能开展适宜当地的扶贫创新项目。但是,这要求当地的人才根据当地的实际需要量身定制解决方案。国家政府必须考虑大数据分析的局限性(尤其是对因果推论和政策分析),必须考虑这些技术如何在尊重公民隐私和安全的前提下，服务于现存的国家发展计划和监管框架，必须考虑如何有效利用这些工具巩固人力资源并更好地发展生态系统。

“大数据”改变了我们所能获取信息的体量、速度和性质，实际上影响着人类生活的方方面面。在全球可持续发展治理方面，提高透明度和问责制的在线参与工具，使公民社会、国际组织和会员国能更好更大程度地分享实质性信息，从而更好地处理问题、实现《2030 年议程》。与此同时，科学界还强调，要把数字革命最深刻的成果引进到发展中社区，最可持续的方法是，让他们参与创造自己的技术工具，并为自身问题寻找解决方案。

3D 打印技术可通过低产量、定制化和高价值的生产链，有效降低生产市场上的投入和产出成本。它可能能帮助那些没有参与工业革命的国家和地区开发新的制造能力，特别是对一些低容量、高复杂度的生产。应用范围从汽车和航空航天制造到快速成型、医疗和教育等领域。低成本的 3D 打印机可帮助发展中国家和发达国家的当地人口生产一系列有用的产品——从基本的辅助技术到教育辅助设备。例如，印度和乌干达快速基金会的项目表明，低成本的打印机很容易在偏远地区建立、使用、修复或修改。通过专家培训，任何人都可以在几个小时以内学会如何使用这些打印机。最近国际理论物理中心的一本开放书目详细介绍了如何利用该技术在科学、教育和可持续发展方面进一步降低成本。

3D 打印也带来了一系列挑战，包括其可能扰乱现有的全球制造业价值链，减少对住房和建筑业的劳动力需求，并有可能使非法 3D 模型的生产成为可能，从而给经济和安全带来威胁。如果 3D 打印技术能取代现有的货物和产品运输及物流路线，那么将可能带来很好的环境效益（能耗低、资源需求量低、二氧化碳排放少）。最近的一项研究表明：“如果 3D 打印技术能适用于更大产量的汽车消费品生产，那么它（理论上）是完全有可能分离能量和二氧化碳的。”但是，预计到 2025 年，3D 打印技术将仍然是一项小众技术，不可能大规模减少工业制造的二氧化碳排放强度。

大规模的开放性在线课程可为资源贫乏的地区和个人提供更公平的世界

级教育内容。广泛的全球互联网学习资源正在影响我们的学习方式,不同的在线学习平台向公众开放,慕课便是其中之一。广泛认可的教育内容和资源可以低成本复制,个性化的自主学习方式,以及交互式数据驱动的用户界面使得学生有能力接触到大量以前他们无法触及的内容。但是,慕课可能并不会为特定的国家和地区量身定制与本地相关的教育内容。除此之外,慕课也可取代现有教师职位,扩大教育差距(比如,那些能接入互联网和在线教育的人便获得了极大的优势)。位于卢旺达的一所非营利性大学便将在线学习资源与面对面的研讨会结合起来,开发与当地相关的学位课程,并适当定价,刺激当地就业。从这一点来看,我们需要对慕课的潜在影响进行更多的深入研究,无论是从全球范围内,还是针对特定国家背景下的用户,以及其对教育系统和就业的影响。

优化利用无线电、移动电话、地理信息系统和遥感技术被认为是转变农村人口状况的关键。

我们可利用地理信息系统前所未有的高瞬时分辨率技术来监测更多因素,因此我们也能够持续不断地监测多种环境因素,从而落实法规的执行,这在之前是不可能的。

然而,对许多国家来说,数据管理仍然是一个挑战,他们既缺乏有效搜集或汇报可靠数据的专业人才,又缺乏相应的技术。许多常用的空间数据库平台都是专有的,它们对于发展中国家的多数组织来说都太昂贵了。

3. 纳米技术

纳米技术领域既充满无限的可能,又存在着巨大的挑战。据报道,纳米技术在促进能源、水、化工、医药、制药等行业的可持续发展中具有巨大潜力。纳米压印技术有望引领纳米科技产品的大规模制造,给可持续发展带来各种积极和消极的影响。纳米产品可能会在未来几年内引发很多领域的变革,比如医药、电子、能源、水和食品行业等。目前,人们对高性能纳米材质的太阳能电池期望颇高,同时对运用纳米技术进行海水淡化、污水处理和脱盐等也寄予厚望。最近,新加坡的科学家已经证实,我们可利用光和胺化二氧化钛纳米粒子将二氧化碳转化为甲烷，这意味着太阳能可以天然气的形式间歇性存储，再以碳中和的方式进行燃烧。

对纳米技术不道德以及不受控制的利用在科学界引起了激烈讨论，人们担心其危害和可能对环境造成的影响（比如纳米废物）。经合组织和世界自然保护联盟目前正与一些政府进行合作，开发适宜有效的法规和政策，敦促各级以更加统一和协调的方式解决这个潜在威胁，大家进行经验和知识共享，协调研究活动，为生产商、用户和废物处理厂开发指导方针，并对现存指导方针或政策进行重新审视。

由于纳米技术可能对环境和人类健康造成损害，所以我们需要开发出有效的政策和框架来管理其生命周期的各个阶段，包括制造、分配、使用，以及安全处置和有效回收。

无论是无机还是有机纳米材料，未来都前景广阔。比如钙钛矿结构、金纳米粒子、石墨烯、碳纳米管、碳纳米点和导电聚合物。碳基纳米材料引人关注，它们蕴含丰富的碳资源且前景广阔，此外，对于很多稀缺且提取难度大又耗时的资源具有很好的替代性。铁、钴和镍纳米粒子可以替代诸如铂、铑和金等稀缺金属作催化材料。例如，相比于稀土基超级磁铁，层状的铁和镍纳米材料是一种更可持续化的替代材料。

4. 神经技术

智能技术将是2030年乃至以后的关键技术。它们将帮助社会监测、检测和应对环境的变化。智能技术已经并且将成为我们日常生活的一部分。例如，智能电表已经解决了由于盗窃而造成的电力损失问题。

人工智能技术受到越来越多的关注，计算机系统开始能完成一些一般人类才能完成的任务，比如语言识别和决策制定。另外一个例子是机器人，它们指的是能自动完成任务的机器或机械系统。

Mesoscienc驱动了虚拟现实技术的发展，让我们有可能看到问题、物理模型、数值方法和硬件之间的逻辑与结构一致性，这与迅猛发展的计算机技术一起，为虚拟现实打开了一个新时代。

数字自动化标志着计算机认知能力的不断发展,能完成越来越多的任务,不仅仅是物理层面的,还包括最近的无人驾驶汽车,IBM Watson 认知计算机系统、法律案件的电子取证平台,以及网络搜索、电子商务和社交网络的个性化算法。自动化和人工智能对就业的潜在影响还有待估计,计算技术和机器智能的不断发展还可能会影响医疗、教育、隐私和网络安全,以及能源和环境管理。最近大量的研究表明,大量的工作或工作任务可通过自动化技术完成,这就导致了就业的两极分化——中等收入的工作岗位减少了,但是非日常的认知工作(如财务分析或计算机编程)和非日常的手工工作(比如理发)则受到的影响很小。就这一点来说,我们需要更多的研究来理解其对特定国家背景下的就业和社会经济发展的影响。

自动或无人驾驶车辆有望增加交通运作效率、产能、减轻拥堵和污染,并降低驾驶时间。2016 年,"迪拜自主运输战略"宣布,到 2030 年,该国的无人驾驶比重要达到 25%。"自主运输挑战"申请将迪拜作为这一技术应用的全球研发中心。这将使迪拜成为全球最大的无人驾驶研发实验室。

5. 绿色技术

绿色科技指的是环境友好型技术。当下的绿色技术,还包括纳米技术、生物科技和数字技术,它们将会以新的形式用于替代不可再生资源,支持生态系统。

能源和材料行业的技术转变是关键。发达国家的能源领域,专家建议发展的关键技术包括智能电网、高效节能建筑、大幅度改善的廉价电池、核能、氢燃料汽车和基础设施及天然气的供给技术。在发展中国家,这些关键技术包括新的电气化方式、以反渗透为前提的海水淡化、中小型核反应堆以及基于间歇性可再生能源的小型电网。

我们需要更便宜、更节能的化石燃料发电厂。用以控制交通流量的高效车辆技术将会十分重要,包括混合动力汽车和智能交通系统。大规模发展太阳能,以及铝等影响力大的材料的替代技术也同样重要。盐度梯度动力技术未来可能会提供全球所需能源的 80%。被动住房技术可能会对能源使用产生很大的影响，因它能带来超低能耗的建筑，几乎不需要能源进行空间加热或制冷。

未来几年，分散的电力系统有望发挥重要作用，特别是在确保全方位覆盖中。为此，这样的系统（高效设备，间歇性太阳能、风能供给）以及在与热泵交互（来进行空间加热、热量和动力存储及电力流动）的过程中，研究、设计与开发是必需的。在可靠性、可承受性、可持续性、安全性和隐私等方面，有必要发展创新型社区和创新型商业模式来运作这些系统。这一新兴技术系统的另一个组成部分是城乡整体流动性，尤其是功能完善的公共交通基础设施，新的出行选择（比如电动自行车、电动汽车、绿色车轮），以及一些地区的生物燃料供给链。因此，发展和部署离网电力系统，甚至是直流电都可能成为实现可持续发展目标的核心解决方案。我们应该给予此类研究足够的资金。例如，离网电力可用以烘干谷物，存储和运输易腐食物，从而减少食物浪费。制度创新不仅促进了技术发展和技术应用，而且也为思考模式的转变奠定了基础。在中国，家庭用电的分档电价加速了 LED 灯对白炽灯的取代过程。风力发电和太阳能光伏发电以低价进入电力市场，被认为是导致中国成为世界上风力和太阳能光伏装机容量最大的国家。

相较于传统炉灶来说，液化气炉灶的大规模普及和使用将带来很大好处，它们在达成可持续发展目标中将发挥重要作用。目前，全球有超过 20 亿人口使用传统的生物燃料烹饪和加热，他们很难获得清洁高效的照明能源。清洁高效炉灶和燃料的不断使用，也可确保我们在消除贫困、粮食安全、健康和福利、教育、性别平等、经济增长、减少不平等、可持续城市、环境保护和减缓气候变化等领域取得持久包容性的增长。有效地推广这些技术需要妇女的大规模参与。开发者在理念选择、设计和开发阶段都应该以女性用户为焦点。

到 2030 年，污染净化技术将变得至关重要。新技术将用于雨水、饮用水、废水处理和再利用的监测和去污。未来，每辆汽油动力汽车都将配备排放净化装置，污染企业也都将安装综合净化设备。与此同时，环境友好型能源将在不同行业得到广泛推广和利用。

新技术正在不断兴起,助力我们向循环经济过渡。这些技术包括再制造技术、产品生命周期延长技术,比如再利用和翻新技术、回收技术等。社会创新也将发挥重要作用。但是其绩效水平和推广程度将取决于物资流和特定的环境。欧盟 2015 年提出的“循环经济计划”指出,到 2030 年,城市固体废物的回收率可达到 65%。

技术进步应该能够促进城市自身的推陈出新,而不是依靠其他地区来供应资源和排放废物,这将是不可持续的。在这个方面,新的循环和再利用技术,以及多功能基础设施将扮演重要角色。用于提供能源和饮用水等的集中系统和分散系统一体化技术也正在兴起。

一系列新的深海采矿技术也正在出现,但是其中的很多都还没商业化。鉴于它们对全球资源利用的影响以及对岛国潜在发展的影响,这些技术可能会对可持续发展产生重大影响。全球半数人口的粮食生产依旧依赖固氮肥料——通过哈勃—博施法将氮固化。固氮技术的能耗低,且能避免极高的 H_2 压力,是很理想的。生物有机合成和材料化学的发展大大提高了仿生固氮酶的生成效率,这是一种可在室温和室压下固定的大气氮,无需要求氢分子。

通过海洋生物技术的应用,对海底的地球物理研究和地震勘探得到改进,使得替代对海洋生物造成负面影响的气枪成为可能。

人工光合作用技术将很快商业化。目前,已经可以利用阳光直接从二氧化碳和水中生产不同的碳水化合物了。由低成本的无线薄膜非晶硅多接点细胞组成的人造树叶,若将其浸泡在水中便可直接产生氢和氧。

尾注

① *Biotechnology* means the use of genetic engineering and its associated techniques. *Genomics* is the study of the genomes of organisms, i.e., the complete set of DNA within a single cell of an organism. *Proteomics* is the large-scale study of proteins, particularly their structures and functions.

② Stan Willems, *Biocatalysis in Sustainable Development*, Brief for GSDR. https://

sustainabledevelopment.un.org/content/documents/5614Bio-catalysis.pdf.

③ Ademola A. Adenle, *Role of Modern Biotechnology in Sustainable Development; Addressing Social-Political Dispute of GMOs that Influences Decision-Making in Developing countries*, Brief for GSDR. https://sustainabledevelopment.un.org/content/documents/6539117_Adenle_Addressing Social_Political Dispute of GMOs that Influences Decision_Making in Developing countries.pdf.

④ Qin et al. Integrated resource policies for energy and water resources, with case studies of China and the UK, Brief for GSDR. https://sustainabledevelopment.un.org/content/documents/644499-Qin-Integrated resource policies for energy and water resources.pdf.

⑤ Parens, E., Johnston, J., and Moses, J. (2009) Ethical issues in synthetic biology: an overview of the debates. The Hastings Center, Garrison, New York.

⑥ Kwok, R. (2010) Five hard truths for synthetic biology. Nature, 463: 288-290.

⑦ Kolodziejczyk, Bartlomiej (2016), submission to UN survey among scientists on technology and the SDGs, conducted in April 2016.

⑧ Parens, E., Johnston, J., and Moses, J. (2009) Ethical issues in synthetic biology: an overview of the debates. The Hastings Center, Garrison, New York.

⑨ Kwok, R. (2010) Five hard truths for synthetic biology. Nature, 463: 288-290.

⑩ Soltau, Friedrich (2016). *CRISPR/Cas9 - gene-editing technology takes off*. Science-Policy Brief for GSDR 2016.

⑪ Houghton, J., & Sheehan, P. (2000) "A Primer on the Knowledge Economy" CSES Working Paper No. 18. Centre for Strategic Economic Studies Victoria University of Technology http://www. business. vu. edu. au/cses/documents/working_papers/cses/wp18_2000_cses.pdf.

⑫ Evoh, C. (2015) Evoh, Chijioke J. (2015) "ICT and African Transition to the Knowledge Economy: Issues and Challenges Facing Nigeria" in Funso Adesola, Iwebunor Okwechime, Ronke Ako-Nai and Akin Iwilade (eds.) (2015), State, Governance and Security in Africa: A Festschrift in Honour of Professor Bamitale Idowu Omole, Tallahassee, (Florida, USA), SokheChapke Publishing Inc.

⑬ Chijioke Josiah Evoh (2016), submission to UN survey among scientists on technology and the SDGs, conducted in April 2016.

⑭ UNCTAD submission for GSDR 2016.

⑮ Lucy Fagan, Balancing Big Data and the Right to Health: Strategies for Maximising Ethical and Sustainable Impact, Brief for GSDR.

⑯ Carole-Anne Sénit, Strengthening democratic legitimacy in intergovernmental policy-making on sustainable development: the contribution of web-based civil society consultations, Brief for GSDR.

⑰ Ivana Gadjanski, Fabrication laboratories-fab labs-tools for sustainable development, Brief for GSDR.

⑱ O'Connor, Caroline (2016), submission to UN survey among scientists on technology and the SDGs, conducted in April 2016. Further information: http://www.therapidfoundation.com/home.html.

⑲ ICTP (2013). Open Book on "Low-cost 3D Printing for Science, Education and Sustainable Development", The Abdus Salam International Centre for Theoretical Physics (ICTP), http://sdu.ictp.it/3D/book.html.

⑳ Gebler, M., et al., A global sustainability perspective on 3D printing technologies. Energy Policy (2014), http://dx.doi.org/10.1016/j.enpol.2014.08.033i.

㉑ Soltau, Friedrich. *Automation and artificial intelligence-what could it mean for sustainable development?*

㉒ Yimer, Mohammed (2016), submission to UN survey among scientists on technology and the SDGs, conducted in April 2016.

㉓ Hughes, Alice (2016), submission to UN survey among scientists on technology and the SDGs, conducted in April 2016.

㉔ see http://www.globalforestwatch.org/.

㉕ Brinkmann, Bob (2016), submission to UN survey among scientists on technology and the SDGs, conducted in April 2016.

㉖ Nanotechnology as the manipulation of matter with at least one dimension sized from 1 to 100 nanometers.

㉗ Addie, Ali J. (2016). *Nanotechnology and Sustainable Development in Iraq*. Science-Policy Brief for GSDR 2016.

㉘ Saidam, Muhammad (2016), submission to UN survey among scientists on technology and the SDGs, conducted in April 2016.

㉙ Muller N., Nowack B., Wang J., Ulrich A. and Bucha J. (2012) Nanomaterials in waste incineration and landfills. EMPA, Swiss Federal Laboratories for Materials Science and Technology.

㉚ Part, F., Zecha, G., Causon, T., Sinner, E. and Humer, M. (2015). Current limitations and challenges in nanowaste detection, characterization and monitoring. Waste Management, 43: 407 - 420.

㉛ Hincapie I., Caballero-Guzman A. and Nowack B. (2015) Nanomaterials in Landfills Module 3: Nanomaterials in Construction Waste. EMPA, Swiss Federal Laboratories for Materials Science and Technology.

㉜ OECD Environment Policy Committee (2015) Landfilling of Waste Containing Nanomaterials and Nanowaste. Organization for Economic Co-operation and Development (OECD).

㉝ OECD Environment Policy Committee (2015) Incineration of Waste Containing Nanomaterials. Organization for Economic Co-operation and Development (OECD).

㉞ Kolodziejczyk, Bartlomiej. *Nanotechnology, Nanowaste and Their Effects on Ecosystems: A Need for Efficient Monitoring, Disposal and Recycling*.

㉟ Part, F., Zecha, G., Causon, T., Sinner, E. and Humer, M. (2015). Current limitations and challenges in nanowaste detection, characterization and monitoring. Waste Management, 43: 407 - 420.

㊱ OECD Environment Policy Committee (2015) Incineration of Waste Containing Nanomaterials. Organization for Economic Co-operation and Development (OECD).

㊲ Gatzweiler, Franz, (2016), submission to UN survey among scientists on technology and the SDGs, conducted in April 2016.

㊳ Elizabeth A. Peyton, *Technology's Role in Eradicating Poverty: The Importance of Advanced Metering Infrastructure in Karachi*, Brief for GSDR. https://sustainabledevelopment.un.org/content/documents/5591Technologys role in eradicating poverty-the importance of advanced metering infrastructure in Karachi.pdf.

㊴ Mesoscience studies structures and devices in a size range from a few micrometres down to 10 nanometres.

㊵ Kamp, Adriaan (2016), submission to UN survey among scientists on technology and the SDGs, conducted in April 2016.

㊶ Reuter, Thomas (2016), submission to UN survey among scientists on technology and the SDGs, conducted in April 2016.

㊷ Rogner, H., (2016), submission to UN survey among scientists on technology and the SDGs, conducted in April 2016.

㊸ K. Akimoto et al. (2014). Assessment of the emission reduction target of halving CO2 emissions by 2050: Macrofactors analysis and model analysis under newly developed socio-economic scenarios, Energy Strategy Reviews, 2, 3 - 4, 246 - 256.

㊹ Akimoto, Keigo (2016), submission to UN survey among scientists on technology and the SDGs, conducted in April 2016.

㊺ Reuter, Thomas (2016), submission to UN survey among scientists on technology and the SDGs, conducted in April 2016.

㊻ David Acuña Mora and Arvid de Rijck, *CentreBlue Energy: Salinity Gradient Power in Practice*, Wageningen University and Research Centre. https://sustainabledevelopment.un.org/content/documents/5734Blue Energy.pdf.

㊼ de Vries, Bert (2016), submission to UN survey among scientists on technology and the SDGs, conducted in April 2016.

㊽ Kinn, M. (2011a). Benefits of Direct Current Electricity Supply for Domestic Application. (MPhil Thesis), The University of Manchester. Retrieved from http://www.dcisthefuture.org/papers.

㊾ Kinn, M. (2011b). Proposed components for the design of a smart nano-grid for a domestic electrical system that operates at below 50V DC. Paper presented at the Innovative Smart Grid Technologies (ISGT Europe), 2011 2nd IEEE PES International Conference and Exhibition on.

㊿ Kinn, M, C, & Abbot, C. (2014). The use of direct current voltage systems to increase a city's resilience and reduce the vulnerability of economic activity from a disaster.

51 Kinn, Moshe, & Abbott, Carl. (2014). To what Extent is Electricity Central to Resilience and Disaster Management of the Built Environment? Procedia Economics and Finance, 18(0), 238 - 246. doi: http://dx.doi.org/10.1016/S2212 - 5671(14)00936 - 8.

52 IMECHE (2013). Global food waste not want not (pp. 31). Institution of Mechanical Engineers.

53 J. Gustavsson, C.Cederberg, U. Sonesson. (2011). Global food losses and food waste: FAOUN.

54 For more information, please see http://www.dcisthefuture.org/papers.

55 Kinn, Moshe (2016), submission to UN survey among scientists on technology and the SDGs, conducted in April 2016.

56 Pan, Jiahua (2015a). China's Environmental Governing and Ecological Civilization. China Social Science Press and Springer-Verlag Berlin.

57 Pan, Jiahua (2015b). Ecological Civilization: A New Development Paradigm China Economist Vol.10, No.4, July-August 2015 (p 44 - 71).

58 Pan, Jiahua (2015c). Environmental Sustainability in Megacities: Technological Breakthroughs and the Rigidity of Environmental Constraints. Chinese Journal of Urban and Environmental Studies Vol. 3, No. 4 (2015) 1550027 (10 pages), World Scientific Publishing Company. DOI: 10.1142/S234574811550027X.

59 C. Venkataraman, A.D. Sagar, G. Habib, N. Lam, K.R. Smith, "The Indian National Initiative for Advanced Biomass Cookstoves: The benefits of clean combustion," Energy for Sustainable Development, 14(2): 63 - 72 (2010).

60 Sagar, Ambuj (2016), submission to UN survey among scientists on technology and the SDGs, conducted in April 2016.

61 Shankar, Anita (2016), submission to UN survey among scientists on technology and the SDGs, conducted in April 2016.

62 Qinqi Dai and Yu Yang (2016), submission to UN survey among scientists on technology and the SDGs, conducted in April 2016.

63 Wijkman, A. and Skanberg, K. (2015). The circular economy and benefits for society. The Club of Rome. http://www. clubofrome. org/wp-content/uploads/2016/03/The-Circular-Economy-and-Benefits-for-Society.pdf (accessed 24 April 2016).

64 Kusch, Sigrid (2016), submission to UN survey among scientists on technology and the SDGs, conducted in April 2016.

65 EC (2016). Circular economy strategy. Thematic website, European Commission, Brussels http://ec.europa.eu/environment/circular-economy/index_en.htm (accessed 24 April 2016).

66 Brenner, N. (2014). "Implosions/Explosions. Towards a Study of Planetary Urbanization".

67 The suggestions above are based on on-going empirical research carried out within WaterPower research project (www. waterpower. science) and the Governance and

Sustainability Lab, Trier University.

⑥⑧ Alba, R. and A. Bruns (2016). "Beyond the pipe: rethinking urban water supply in African cities", Paper presented at Southern African Cities Studies Conference 2016, 17 - 19 March, Durban South Africa.

⑥⑨ Silver, J. (2014). "Incremental infrastructures: material improvisation and social collaboration across post-colonial Accra." Urban Geography 35.6: 788 - 804.

⑦⓪ Stoler, J. (2012) "Improved but unsustainable: accounting for sachet water in post - 2015 goals for global safe water." Tropical Medicine & International Health 17.12: 1506 - 1508.

⑦① Bruns, Antje, and Alba, Rosella (2016), submission to UN survey among scientists on technology and the SDGs, conducted in April 2016.

⑦② Attri, V.N. (2016), submission to UN survey among scientists on technology and the SDGs, conducted in April 2016.

⑦③ Weilgart, L (2016). Alternative Quieting Technology to Seismic Airguns for Oil & Gas exploration and Geophysical Research. Science-Policy Brief for GSDR 2016.

⑦④ Martinez, Javier Garcia (2016). Tackling the Big Challenges of the Future-the Role of Chemistry. Chemistry International May 2016 - Feature in production. Private communications.

附录 4

分析国家可持续发展委员会的研究

研　　究	主 要 内 容
地球议会(1997),A Vision and Practical Measures for National Councils as Effective Mechanisms for Sustainable Development,附录 1	该报告是可持续发展国家委员会工作组在巴西举办的"里约+5"会议的成果,它为国家可持续发展委员会未来的强化提供了建议
拉丁美洲和加勒比经济委员会(2000),Sustainable Development Latin American and Caribbean Perspective	该报告评估了可持续发展实施的区域经验
联合国非洲经济委员会(2005),National Councils for Sustainable Development in Africa:A review of Institutions and their Functioning,亚的斯亚贝巴	该报告在可持续发展的经济、社会和环境维度的均衡一体化的要求背景之下,评估了在非洲建立国家可持续发展委员会及其行动
Niestroy, I. (2012), Stimulating informed debate — Sustainable Development Councils in EU Member States. A compilation of tasks, capacities, and best practice	受德国可持续发展理事会委托,该论文探索 2006 年欧盟可持续发展战略分配给欧盟成员国的可持续发展理事会的两个任务和职能,即促进有关可持续发展和涉及民间社会的广泛辩论
Berger, G. 和 Steurer, R.(2009),Horizontal policy integration and sustainable development: conceptual remarks and governance examples,欧洲可持续发展网络季度报告,2009 年 6 月	该报告研究在可持续发展背景下横向政策整合的意义。它强调了公共行政管理的运作可能会妨碍这一目标的实现,以及政府能做什么来克服现存的障碍
Busch 和 Jorgens(2009),Governance by diffusion. International environmental policy coordination in the era of globalization,学位论文,柏林自由大学,2009	该论文系统探讨了作为国际政策协调的独特模式的扩散能力,其运作和相对重要性以及更集中的转向机制

续表

研　　究	主 要 内 容
Niestroy，I.（2012），Sustainable Development Councils at National and Sub-national Levels Stimulating Informed Debate：Stocktaking，可持续发展目标利益相关者论坛，2012 年 5 月	该论文的目标是提供有关国家可持续发展委员会的有用的经验教训。它关注国家可持续发展委员会的目的、结构和职能，并仔细研究共同趋势和最佳实践
Cornforth，J.，I. Niestroy 和 D. Osborn（2013）：The governance of scaling up successful sustainability practices：How can National Councils for Sustainable Development organise the wider use of national and regional examples?	该论文讨论管理的扩展，关注影响成功实践的可转移性的各种因素，并研究可用于国家可持续发展委员会扩大机制的例子
Osborn，D.，Cornforth，J. 和 Ullah，F.，(2014)，National Councils for Sustainable Development：Lessons from the past and present，利益相关者论坛	该报告运用一项侧重于国家可持续发展委员会已经运作良好的国家调查案例，尝试找出最佳实践和成功因素
Olsen，S. H. and Zusman，E.（2014），Governance and National Sustainable Development Strategies，全球环境战略研究所政策报告	亚洲的 5 个细节案例：泰国、印度尼西亚、菲律宾、韩国和不丹
De Vries，M.（2015），The Role of National Sustainable Development Councils in Europe in Implementing the UN's Sustainable Development Goals：Overview and Conclusion，背景文件受德国可持续发展理事会和欧洲环境与可持续发展顾问委员会网络委托	该报告分析了欧洲国家可持续发展委员会的主要挑战任务和运作情况，以及它们有效参与可持续发展目标实施的能力
Niestroy，I.（2015），Governance approaches and tools for SD integration：good practice（what has worked where and why）at national level，联合国经济社会事务部/联合国环境规划署技术能力建设研讨会可持续发展整合工具，2015 年 10 月 14—15 日	该论文提出在国家政策和流程方面所要采取的关键步骤，以阐释可持续发展目标，并强调关键治理原则和各自的集成方法

尾注

① Available at http://www.un.org/documents/ga/docs/S-19/plenary/as19-9.htm.

② http://www.un.org/esa/sustdev/publications/sdlac_perspective_book.pdf.

③ Available at http://www.uncsd2012.org/content/documents/UNECA.pdf.

④ Available at http://www.ncsds.org/index.php/resources/think-pieces/190 - stimulating-informed-debate-sustainabledevelopment-councils-in-eu-member-states-a-compilationof-tasks-capacities-and-best-practice.

⑤ Available at http://www. stakeholderforum. org/fileadmin/files/NiestroySDG%20thinkpiece%20 -%20FINAL2.pdf.

⑥ Published online by the Global Network of National Sustainable Development Councils NCSDs.

⑦ Available at http://www.sdplannet.org.

⑧ Available at http://pub. iges. or. jp/modules/envirolib/upload/4973/attach/NSDS_report_combined_25_03_14.pdf.

⑨ Available at http://www. eesc. europa. eu/? i = portal. en. events-and-activities-sustainable-development-goalsdocuments.

附录 5

联合国机构开展的新兴议题进程/机制的事例

本质和描述	议　　题
食品安全与营养 食品安全与营养问题高级专家小组成立于 2010 年，是联合国世界粮食安全委员会的科学-政策接口	在食品安全与营养背景下，一份 2013 年关注的新兴问题强调了 4 个挑战：(a) 许多学科涉及问题的认定和框架，许多不同方法将它们与食品安全的 4 个维度联系起来；(b) 问题出现特别是由于增加的相互依存关系，例如，农业和其他领域（运输）的问题；(c) 未来可能会出现问题，因此，需要预见性工具；(d) 语境变化与问题变化，要求定期重审它们调查的参与者被要求提供关于他们所提出的新问题的影响的深入分类信息，以及他们的地理位置、性别和弱势群体。方法论方面已经符合《2030 年议程》"不让任何一个人掉队"的主要前提 **最近完成的报告**：Water for food security and nutrition (2015); Food losses and waste in the context of sustainable food systems (2014); Sustainable fisheries and aquaculture for food security and nutrition(2014) **进行中**：Sustainable agriculture development for FSN, including the role of livestock (2016); Sustainable forestry for food security and nutrition (2016)
环境——联合国环境规划署 联合国环境规划署的新兴议题项目已经确认了 2015/2016 年关注的 10 个主要议题，基于区域和政策相关性、紧急性、理据性和新奇性	议题如下：1. 海洋塑料与生物降解能力；2. 微粒和化妆品，新的人畜共通传染病；4. 干旱与植物毒性；5. 土壤固碳与评估；6. 丢失与损坏；7. 水风险金融股票定价；8. 粉尘、沙尘暴和沙漠化；9. 非法野生动物贸易；10. 新材料和 3D 打印

续表

本质和描述	议题
海洋环境污染——海洋环境保护科学领域联合专家组 海洋环境保护科学领域联合专家组是一个成立于1969年的咨询机构，由8个联合国的机构(即国际海事组织、联合国粮农组织、联合国教科文组织-政府间海洋学委员会、联合国工发组织、世界气象组织、国际原子能机构、联合国环境规划署和联合国开发署)提名的专家组成。海洋环境保护科学领域联合专家组的首要任务是给赞助机构提供关于海洋环境的预防、减灾和恶化控制的科学建议	海洋环境保护科学领域联合专家组的新议题方案——在2015年会议中，提出了海洋环境汇总的慢性溢油残留物的影响，认为其是一个特别值得关注的问题。海洋环境保护科学领域联合专家组被要求进行一项关于消毒副产物和生物污损的研究，来为主题增加更多的知识(海洋环境保护科学领域联合专家组第42次会议报告，2015)
科学——联合国教科文组织 科学报告绘制了过去20年科学、技术和发明每年的产物。《2015年联合国教科文组织科学报告》指出，到2030年，分析2009—2015年中期在科学、技术和发明方面的政策与治理的趋势和发展，目的在于提供必要的基准信息，有关于国家的关心和优先事项，这些应该转向实施并驱动《2030年议程》的评估	《2015年联合国教科文组织科学报告》在对新问题的看法一章中包含5篇文章：(a) 大学所扮演的角色越来越重要，包括相关的机会，如教育合作、人才环流的爆炸性增长和数字颠覆，而且缩小创新差距的需求也被认为是挑战之一；(b) 第二代万维网和开放科学的相互关联性增加，通过信息共享和数据再用，帮助发展了一个科学的现代方法；(c) 具有关键作用的科学将在《2030年议程》中得到贯彻实施，且需要采取集成方法来达到这一目标；(d) 需要一个新的全球科学政策框架；(e) 地方和本土知识对科学-政策接口的贡献
灾害风险——联合国大学-环境与人类安全研究所 联合国大学-环境与人类安全研究所和联盟发展促进组织发布了年度《世界风险报告》，这一报告系统性地考虑了国家的脆弱性，并以灾害风险为基础，根据自然风险的暴露程度，对世界各国进行了排名	《2015年联合国教科文组织科学报告》审查了食品安全和灾害风险之间的联系，绘制了世界风险指数报告。报告的建议之一是食品安全的投资应确保降低社会在面对灾难时的脆弱性。先前的报告认为城市是一个风险区域(2014)、健康和保健区域(2013)
数字红利——世界银行 《2016年世界发展报告》，题为《数字红利》，分析了数字技术对发展的贡献。报告注意到它们在世界各地地迅速传播，它还认识到使用这些技术所带来的更广泛的发展已经变得落后	《2016年世界发展报告》还探讨了6种新的或即将出现的技术，这些技术有望对发展产生深远的影响。它们分别是：5G手机，具有比现存手机更快的输出连接速度；人工智能，计算机系统执行通常为人类执行的任务，如语音识别和决策；机器人技术，可以理解为能自动处理任务的机

续表

本质和描述	议　　题
	器或机械系统；无人驾驶车辆或自主驾驶车辆；物联网，指的是物体与互联网基础设施的相互关联；3D 打印，一种能够从数字文件生成三维物体的过程
联合国秘书长科学咨询委员会 2014 年 12 月，联合国秘书长邀请科学咨询委员会共商想法——“关于人类和地球未来的科学关注”。委员会作出回应，通过使用德尔菲法确定了人类和地球未来的首要挑战，为秘书长确定“大思想”，并让其寻求全球反应	同一个海洋，很多个国家。结果列出了前八大挑战。这八大挑战是：建设可持续发展的“蓝色经济”；处理有关生物多样性的威胁并为全球热带地区建立一个新范式；建立对抗传染源的全面战略，包括应急响应全球系统；确保在基础研究和基础科学教育的投资占 GDP 的一部分；通过预报和免排放技术避免巨大的人类损失；改变化石燃料的范式；为所有人提供饮用水；为不堪重负的世界(不平等的资源使用和持续的人口增长)寻找解决方法
联合国教科文组织的政府间海洋学委员会(政府间海洋学委员会) 委员会的目标是促进国际合作，协调研究、服务和能力建设等方面的计划，为了更多地了解有关海洋和沿海地区的自然和资源，并运用这些知识来帮助改善管理、可持续发展、保护海洋环境，以及成员国的决策等	由政府间海洋学委员会-联合国教科文组织赞助的海洋学家国际组织研究的全球脱氧的威胁，总结了 10 个主要的海洋氧气问题：温度升高将降低未来海洋储存氧气的能力；河口、沿海地区和公海的最小含氧区的缺氧情况预计将恶化；将来海洋生产氧气的能力会降低；栖息地的丧失预计将恶化，导致物种的纵横向迁徙；缺氧将会改变生物地球化学循环和食物网络；更低的氧浓度将会导致生殖能力下降和生物多样性的减少；商业重要品种和水产养殖产量会有重要的局部减少；缺氧引发的水底富营养可能会导致有害藻化；海洋氧浓度的降低将导致温室气体排放量增加，从而加剧气候变化；氧气的未来情景取决于全球环境变化和土地使用的驱动关联组合，它们会共同影响海洋生态系统——因此，一个综合多样的方法是非常重要的

附录 6

更广泛的基础问题框架内的新兴问题事例：扩展矩阵

新兴问题	持续价值	威　　胁	机　　遇	因果机制	回应/行动	关键的新特征
应对影响越来越大的气候变化	可持续发展	威胁全球基础设施建设、迁移、农业、环境、生物多样性，等等； 气候变化的非对称影响将对最不发达国家造成最严重的危害，因为它们最容易遭到风险	现代能源系统的使用将使二氧化碳的排放量减少； 国家之间排放差距缩小； 科学方法的发展推动了全球经济	按照目前的政治步伐，《2030年议程》是不可能达成的； 进展缓慢是因为科学家和政治家之间的合作不成熟	扩大各级利益相关者之间的对话和基础设施建设； 将未记录/未发现的二氧化碳排放(源)加入计算； 需要政治对称性； 对处于风险中的国家进行预警培训； 大数据融资为偏远和发展中地区提供本地语言的公共访问途径； 为利益相关者提供积极案例中的响应实例作为缓释工具	政治行动与气候变化影响之间存在时间差，气候变化超过预期和响应率； 某些威胁尚未被发现，也就不能制定相应的机制来避免； 大数据缺失拖延了政治行动

续表

新兴问题	持续价值	威　　胁	机　　遇	因果机制	回应/行动	关键的新特征
食物、水和能源之间的联系	食品和水安全； 经济环境和社会的稳定； 向脱碳世界进行能源转型	私营部门现有的农业技术新知识受限于专利权，导致无法利用基本知识； 可再生能源受制于经济可行性；石油价格下降使可再生能源对投资者的吸引力下降； 水污染和废水处理不当	雨水收集可能确保水和食品的安全； 改进农业用水的收集方式将增加农业产出； 清洁燃料和能源技术的大规模分布； 可再生能源的比例增加； 整合景观管理有更多的政策框架		倡导发展中国家重新把重点放在农村地区，因为它们通常在发展中被忽视； 贫困和水之间相互关联的曝光使发展中国家可以通过使用地下水源获取资金； 以人工合成蛋白质作为对食品安全的回应； 在弱势群体中培养个体声音和机构； 让妇女参与清洁能源价值链、食品和卫生项目	因可再生能源难以在市场中进行价格竞争，已成为一个新问题； 气候变化加速了最易受风险影响的发展中国家的食品和水资源的不安全
需要发展替代经济模型，降低经济增长中的资源消耗，减少环境退化	社会融入和环境保护	当前的经济增长模型并没有将可持续性作为一个因素考虑在内，因为可持续发展的经济优势还没有实现	将可持续性考虑在内能使环境方面的可行性发展成为可能； 定价的可持续性将加速可持续能源的发展，因为投资增加	替代经济模型的融资，预示着可持续性的积极影响将为经济模型增加更多的投资和资金	定价可持续性的维度需要被加进模型中，以突出可持续发展的经济优势，即废物管理收入； 在日常生活和模型中增加行为、认知的变化； 使转型更具吸引力，以克服对成本的恐惧； 推进绿色就业和更高的资源效率	可持续发展在经济上是有利的，但还并没有在经济模型中被描绘成那样，从而对可持续性的资金分配产生负面影响

续表

新兴问题	持续价值	威　　胁	机　　遇	因果机制	回应/行动	关键的新特征
全球性的贫困持续存在，包括富裕国家的穷人；各国之间和国家之内的家庭财富分配高度不均，包括性别平等	道德问题	社会凝聚力低； 各种人道主义问题； 失业； 穷人在富裕国家更加落后，强大的中产阶级限制了下层阶级的机会； 在发展中国家内部、偏远地区和城市地区的区域差距扩大	增强对穷人的服务，让他们能缩小贫困差距； 加强基于心理和社会创新前沿的行为干预		教育、训练、技能发展和社会服务，尤其是对于女性，因为她们是最脆弱的； 重新审查贫困指标； 在所有部门部署技术； 整治行动需要透明度，包括议程； 应用大数据来克服或支持贫困教育/贫困映射； 加强劳动力市场制度和社会保障系统	增长不再保证减少失业和贫困
可持续发展路径的综合评估	可持续发展	缺乏对可持续发展道路的理解将阻碍可持续发展，并增加所有相关威胁的影响	现有系统可能是低效率的，必须加以扩展，并将可持续发展考虑其中	新兴技术可能并不像经济学家之前预测的那样昂贵； 实例已经证明了可持续道路的可行性		
海洋鱼类资源枯竭与海洋资源开发	健康的生态系统； 内在价值(生物多样性)；	专属经济区：北欧 200 英里的海岸线，哪个国家有控制权(或	专属经济区是可持续管理的一个契机； 食品安全；		全球海洋政策论坛； 把重点放在三角洲地区，因为它们会受到很大影响；	公海有领土问题，会使可持续发展变得非常困难； 海洋生态环境的枯

续表

新兴问题	持续价值	威　　胁	机　　遇	因果机制	回应/行动	关键的新特征
	食品安全	有机会)； 过度捕捞； 生态破坏； IRU 捕鱼； 污染对鱼群和生态系统有负面影响。受污染的鱼群将对消费者产生负面影响； 深海开发	经济增长		让内陆国家参与决策过程； 为发展中国家提供获得可再生能源的机制； 需要给发展中国家提供用于监视专属经济区的技术，来限制非法捕鱼； 需要考虑面对气候变化时鱼类的迁徙； 水产养殖有环境影响，在对个别案件进行计算时需要计算积极影响	竭将导致食品不安全、健康威胁和进一步的未知后果
由于人口统计、气候等各种原因，出现了人口迁移及各种形式的跨国界移动	社会安全与稳定； 文化、知识和专业技能交流	社会混乱； 对经济、社会系统和环境的压力； “人才流失”：受教育的、高技能人才的流失削弱了国家经济	迁移人员提供应用所缺乏的专业知识； 个人能克服贫穷，如果他们的专长在另一个国家得到资助； 语言和文化对经济有积极影响	高速迁移阻碍了可持续发展； 综合可持续的方法能发展地方至全球的经济	未来海岸线作为战略性区域规划的方法； 制定《全球移民法》； 考虑跨境迁移及当地居民； 迁移是面对风险的一种回应； 低、中、高技能移民的不同驱动因素； 应该强调迁移中的“双赢”； 确定迁移的新因素； 东道主/经济体能积极利用专业文化和不同语言的能力	如今的移民正出现在各种经济、政治、环境和社会风险的不同参数之下

续表

新兴问题	持续价值	威　　胁	机　　遇	因果机制	回应/行动	关键的新特征
收入和财富不平等的加剧导致政治不稳定和社会动荡（换句话说：和平与可持续发展的相互作用）	和平； 解决普遍不平等和冲突； 结构平衡	政治不稳定和社会动荡； 对全面小康的威胁； 暴力； 不公平情况	维护和平	收入差距增大； 普遍失业； 地缘政治对抗； 资源竞争	建立底层框架来减少冲突； 为可持续发展减少冲突； 公正再投资：资源的重新使用； 投资预防和研究； 加强劳动力市场制度和社会保障系统	政治不稳定变得更加突出； 资源转变和相关冲突； 可持续发展的综合参与法将导致资源的重新配置
部署实施《2030年议程》所需的融合的治理形式和方法	良好治理的本质应该持续下去	由于其垂直属性，现有的政府类型复杂，在可持续问题上的运转不灵	环境的快速变化及控制影响的快节奏行动带来了重新控制的机会； 有将主流可持续发展目标知识纳入政策过程的机会	政治家有用政策回应的动机，因为环境变化的影响可能在他们自己的任期内发生	政府行动与政府意愿相一致； 跨政府行动/机制； 其他利益相关者应参与议程的执行； 在制定政策时，各部门需要考虑不同的激励措施； 问责整合； 制定针对自然灾害的互助应对措施； 告知公众/消费者持续存在的环境风险，赋予他们权利	影响的加速迫使政治层面迅速作出反应； 全球变化的影响并不停留在国界之内，要求治理形式和方法相融合

续表

新兴问题	持续价值	威　　胁	机　　遇	因果机制	回应/行动	关键的新特征
制度机制和伙伴关系	政治稳定与责任制	“治理”的使用；责任制：责任制的多重关系；社会问责	涉及更广阔的外部来源制度网络	投入运行的机构是为了有所行动； 机构是做任何事情的必要条件	政府不仅应该参与其中，还要允许民间组织发挥作用； 为可持续发展目标建立治理机制，从全球到地区、国家和地方各级	包罗万象的制度安排； 非集中控制的行动； 更广泛的利益相关者参与其中； 公众意识：社会参与
保护和修复生态系统的必要性	生态系统和生态服务	气候变化的影响增加； 消耗和开发； 迁移； 污染； 城市化	减少不平等、对抗环境退化和气候变化； 发展替代的经济模式； 为缓解和适应气候变化，了解当地知识的潜在好处	科学发现和政策行动的时间间隔； 世界上一些地区对生态系统的认识不足； 自然资源竞争	在发展中国家加强社会和环境保护； 对可持续发展路径的综合及审议评估； 部署实施《2030年议程》所需的融合的治理形式和方法，包括分布式和多层次治理； 让原住民参与保护管理规划； 设计一个不限于城市环境的计划	关注“应对气候变化日益增加的影响”

续表

新兴问题	持续价值	威　　胁	机　　遇	因果机制	回应/行动	关键的新特征
加强发展中国家的社会保护和环境保护，作为减少不平等和抗击环境退化、气候变化的一种手段	社会和环境保护	气候压力加剧使得传统的解决方案面临压力； 社会和经济压力； 国家放弃的风险； 破坏传统保护形式的风险	类似社会保险的社会保护系统，使不同社会阶层或不同国家能共同分担风险； 创新经济机制为保护支持系统提供资助； 新银行系统和金融方法的发展潜力	气候变化和经济全球化要求我们在处理这些问题时进行创新	加强社会保障网络/社会保障体系； 建立更具弹性的社区来预防风险，并发展外部保护机制； 适应策略； 为能提供新的社会安全网的新设备提供发展机遇	全球和国家非政府部门社会转移资金的潜在积累； 全球伙伴关系：国家和全球参与的政策框架； 公共资金流入迫使传统社会保护变得更加脆弱
增加城市和人类居住区的可持续性、包容性、安全性和恢复力	包容性、可持续发展的城市； 社会融入； 社会的多元文化/多语现象	“贫民窟化”(卫生、疾病、水、多重抗药性、犯罪等)； 负面的社会动态	智慧城市：使用科学、技术和数据为最脆弱的人群提供服务； 资源利用率：城市领导者能更有效地利用资源(如降低能耗、运输)			随着全球人口的迅速增长和资源的减少，城市的恢复力成为可持续发展的一个重要特征

图书在版编目(CIP)数据

全球可持续发展报告.2016/联合国经济和社会事务部编;上海社会科学院信息研究所译.——上海:上海社会科学院出版社,2018

(联合国经济和社会事务部旗舰报告精选)

ISBN 978-7-5520-2385-5

Ⅰ.①全… Ⅱ.①联… ②上… Ⅲ.①世界经济—经济可持续发展—研究报告—2016 Ⅳ.①F11

中国版本图书馆 CIP 数据核字(2018)第 166156 号

全球可持续发展报告(2016)

编　　者:联合国经济和社会事务部
责任编辑:熊　艳
封面设计:广　岛(Alvin)
出版发行:上海社会科学院出版社
　　　　　上海顺昌路 622 号　邮编 200025
　　　　　电话总机 021-63315900　销售热线 021-53063735
　　　　　http://www.sassp.org.cn　E-mail:sassp@sass.org.cn
排　　版:南京展望文化发展有限公司
印　　刷:上海万卷印刷股份有限公司
开　　本:710×1010 毫米 1/16 开
印　　张:17
字　　数:238 千字
版　　次:2018 年 9 月第 1 版　　2018 年 9 月第 1 次印刷

ISBN 978-7-5520-2385-5/F·525　　定价:88.00 元